老字号新故事

传承人篇

（第一辑）

北京市商务委员会　主编

商务印书馆
创于1897　The Commercial Press

2017年·北京

图书在版编目（CIP）数据

老字号新故事. 传承人篇. 第1辑 / 北京市商务委员
会主编. — 北京：商务印书馆，2017
ISBN 978-7-100-13003-5

Ⅰ. ①老… Ⅱ. ①北… Ⅲ. ①老字号—介绍—中国②
民间艺人—生平事迹—中国—现代 Ⅳ. ①F279.24
②K825.7

中国版本图书馆CIP数据核字（2017）第042914号

老字号新故事
传承人篇
（第一辑）

北京市商务委员会　主编

商 务 印 书 馆 出 版
（北京王府井大街36号　邮政编码 100710）
商 务 印 书 馆 发 行
北京利丰雅高长城印刷有限公司印制
ISBN 978-7-100-13003-5

2017年11月第1版　　开本 710×1000　1/16
2017年11月第1次印刷　印张 22

定价：90.00元

老字号新故事系列丛书
编委会名单

主　　编　　闫立刚

副主编　　孙　尧

编　　委　　刘小虹　邵　全　耿英贞　马宇泰

　　　　　　仵文贞　朱英男　张　青　陈　鹏

老字号新故事·传承人篇（第一辑）
编委会名单

（按姓氏笔画排序）

于鹏飞　于殿利　王丽英　王嘉伟　邢　颖

刘　燕　衣福成　李有军　李美珍　杨有成

张　坤　张天怀　范存刚　周延龙　赵育贤

赵雪萍　柏德元　秦　朔　高建林　曹文仲

韩香臣　程来祥

序 言

　　经过一年的筹备，在北京老字号协会和企业的密切协作共同努力下，《老字号新故事·传承人篇》终于同广大读者见面了。这是一项具有重大意义的工作，对于弘扬中华民族优秀传统文化，挖掘和整理非物质文化遗产技艺，传承创新、与时俱进有着承前启后的重大作用。在此，我们衷心地祝贺它的问世。

　　中国是举世闻名的文明古国。北京是有着3000多年的文明史和800多年建都史的历史城市。老字号几百年来一代一代地延续发展，书写众多可歌可泣、弥足珍贵的历史篇章。北京老字号企业有着悠久的优秀文化和独特的绝技绝活，目前，北京有老字号166家。被列入国家级"非遗"项目的企业有32家，市级"非遗"项目企业22家。其中市级以上"非遗"项目有40多家传承人工作室。

　　为更好地总结和宣传老字号独特的传统技艺和经营管理经验，记述传承人的工匠精神和技艺特点并作为珍贵的资料加以鉴赏和保存。不断地扩大老字号新故事的内容和影响力，推动老字号传承、传播及老字号进校园、进社区、进媒体活动的深入开展，我们编纂出版这套老字号新故事系列丛书。这套丛书内容丰富、资料翔实，融知识性、科学性、趣味性和实用性于一体，不仅是老字号企业的珍藏，更是广大读者特别是广大青少年学习中华优秀传统文化，学习大国"工匠精神"的生动教材。我们殷切希望得到广大热心读者的支持、不吝赐教和批评指正。

2017 年 5 月

目 录

敢于担当　无悔使命

　　——记便宜坊焖炉烤鸭制作技艺及其传承人白永明 / 1

留住手艺　传承技艺

　　——记东来顺牛羊肉烹饪技艺·涮羊肉技艺传承人陈立新 / 14

稳站三尺灶台　书写烹饪春秋

　　——记鸿宾楼饭庄全羊席制作技艺传承人朱长安 / 30

甘当人梯　开拓创新

　　——记烤肉宛饭庄传承人王刚 / 36

从"单杆"相传到"多杆"相传

　　——记全聚德挂炉烤鸭技艺及其传承人 / 42

厚德务实　薪火相传

　　——记六必居酱菜制作技艺及其传承人杨银喜 / 52

传承创新　青春永驻

　　——记王致和食品有限公司腐乳酿造技艺及其代表性传承人 / 66

月盛斋酱烧牛羊肉制作技艺

　　——北京月盛斋老字号的前世今生 / 81

坚守传统精气神　开拓创新内联升

　　——记中华老字号内联升及内联升千层底布鞋制作技艺代表性传承人

　　　何凯英 / 100

勤奋钻研　锐意创新

　　——记盛锡福皮帽制作技艺传承人李金善 / 115

人品如茶品　至清至纯得真味

　　——张一元茉莉花茶制作技艺及国家级非物质文化遗产代表性传承人

　　　王秀兰 / 125

化腐朽为神奇

　　——记中国书店古籍修复技艺四代传承人 / 137

三百年老字号的文化传承

　　——记中华老字号荣宝斋及国家级非物质文化遗产木版水印技艺与

　　　装裱修复技艺的当代传承人 / 152

传承经典　铸就辉煌

　　——记北京（京珐）景泰蓝制作技艺及其代表性传承人 / 175

一场传承的文化苦旅

　　——金漆镶嵌髹饰技艺国家级非物质文化遗产代表性传承人柏德元 / 193

百年老字号成就古典家具名片

　　——记龙顺成"京作"硬木家具制作技艺及其传承人 / 208

双手织就经纬文章

　　——北京宫毯织造技艺国家级非物质文化遗产代表性传承人康玉生 / 225

精诚之心　推陈出新

　　——记鹤年堂中医药养生文化及其传承人雷雨霖 / 242

目 录

胸怀一颗仁心　守护千万黎民

　　——记北京同仁堂中医药大师芦广荣平凡人生的伟大奉献 / 250

心怀酿酒梦想　弘扬传统技艺

　　——北京二锅头酒传统酿造技艺传承人高景炎的故事 / 259

清香芬芳　纯正典雅

　　——记北京牛栏山二锅头酒传统酿造技艺及其传承人 / 281

王晓伟和菊花白的故事

　　——记北京仁和酒业配制酒传统酿造技艺·菊花白酒传统酿造技艺传承人

　　　王晓伟 / 291

百炼成钢方成金

　　——记王麻子剪刀传统锻制技艺国家级非物质文化遗产传承人史徐平 / 301

昌明教育　开启民智

　　——120 年文化引领和传承中的商务印书馆 / 316

Contents

Shoulder the Responsibility and Honor the Task:
Bai Yongming, inheritor of Bianyifang duck braising art /1

Preserve the Skill and Pass on the Artistry:
Chen Lixin, inheritor of Peking Eastern House beef and mutton cooking
   skill · Instant-boiled mutton cooking art /14

A Legend of Cooking Around the Kitchen Stove:
Zhu Changan, inheritor of Hongbinlou Restaurant whole-sheep cooking art/30

A Cornerstone on the Road of Innovation:
Wang Gang, inheritor of Barbecue Wan Restaurant/36

Inheritance from "Single Bar" to "Multiple Bars":
Quanjude hanging-roast duck cooking art and its inheritors/42

A Tradition Carried Forward with Pragmatic Virtue:
Liubiju pickles making art and its inheritor Yang Yinxi/52

Evergreen Inheritance and Innovation:
Fermented bean curd brewing art of Wangzhihe Food Co.,Ltd. and its
    representative inheritors/66

Yueshengzhai Sauced Beef and Mutton Cooking Art:
Past and Present of Yueshengzhai, a time-honored Beijing brand /81

A Brand Preserving Traditional Spirit While Blazing New Trails:
Neiliansheng, a time-honored Chinese brand and He Kaiying, inheritor of its
    multi-layered cloth shoes making art /100

Diligent Study and Keen Innovation:
Li Jinshan, inheritor of Shengxifu leather hat making art/115

A Virtue as Refreshing and Pure as the True Flavor of Tea:
Zhang Yiyuan jasmine tea making art and Wang Xiulan, national-class
    representative inheritor of Intangible Cultural Heritage/125

The Decayed Transformed into a Magical Life:
The 4th-generation inheritor of ancient Chinese books repairing art/137

Cultural Heritage of a 300-Year-Old Brand:
Rongbaozhai, a lifetime-honored Chinese brand and contemporary inheritor
    of Woodblock Printing Art and Mounting Skill, a national-class Intangible
    Cultural Heritages/152

Inherit Classics and Forge Resplendence:
Beijing Cloisonné Enamel (Peking Enamel) making art and its representative
    inheritors/175

Contents

An Agonized Cultural Travel of Inheritance:

Bo Deyuan, inheritor of Gold Mosaic Lacquer Art, a national-class Intangible
    Cultural Heritage/193

Renowned Classic Furniture Forged by A Lifetime-honored Brand:

Long Shuncheng "Crafted in Beijing" classic hardwood furniture making art
    and its inheritor/208

Legendary Weaving Art:

Kang Yusheng, inheritor of Beijing Palace Carpet Weaving Art, a national-class
    Intangible Cultural Heritage/225

Innovation Sustained by Absolute Sincerity:

Heniantang Chinese medicine health-preserving culture and its inheritor Lei
    Yulin/242

A Kind Heart Caring for the Common People:

The ordinary life and extraordinary contribution of Lu Guangrong, master of
    Chinese medicine of Tongrentang, Beijing/250

A Cherished Brewery Dream and a Developing Traditional Art:

The story of Gao Jingyan, inheritor of traditional Beijing Erguotou Liquor
    brewing art /259

Delicate Fragrance and Pure Elegance:

Traditional Beijing Niulanshan Erguotou liquor brewing art and its inheritor/281

The Story of Wang Xiaowei and Ju Huabai:

Wang Xiaowei, inheritor of Traditional Compound Spirit brewing art of Beijing
    Renhe Liquor Group · Traditional Juhuabai Liquor brewing art/291

Iron Tempered into Steel as Fine as Gold:

Shi Xuping, inheritor of traditional Wang Mazi Scissors Forging Art, a national-
    class Intangible Cultural Heritage/301

Advocating Education and Enlightening the People:

The 120-year-old Commercial Press as a leader and inheritor of culture/316

敢于担当　无悔使命
——记便宜坊焖炉烤鸭制作技艺及其传承人白永明

北京便宜坊烤鸭集团有限公司是国有控股餐饮集团。旗下拥有众多老字号餐饮品牌：建于明永乐十四年（1416）以焖炉烤鸭技艺独树一帜的便宜坊烤鸭店；建于清乾隆三年（1738）由乾隆皇帝亲赐蝠头匾的都一处烧麦馆；建于清乾隆五十年（1785）光绪皇帝曾御驾光临的壹条龙饭庄；建于清道光二十三年（1843）北京"八大楼"之一的正阳楼饭庄；建于民国十一年（1922）经营佛家净素菜肴的功德林素菜饭庄；建于民国十五年（1926）以经营清真小吃著称的锦芳小吃店；以经营北京炒肝闻名的天兴居；以经营北京小吃著称的锦馨豆汁店；以经营宫廷风味驰名的御膳饭庄；以经营上海菜为主的老正兴饭庄；以经营川味为主、郭沫若先生为餐厅题写"力力"匾额的力力豆花庄以经营老北京特色小吃为主的红湖小吃等众

便宜坊烤鸭

1

多餐饮品牌。其中，便宜坊、都一处、壹条龙、天兴居、力力、锦芳是国家商务部认定的中华老字号。

集团已拥有非物质文化遗产项目10个，其中便宜坊焖炉烤鸭技艺、都一处烧麦制作技艺被列入国家级非物质文化遗产保护名录；壹条龙涮肉制作技艺、北京豆汁习俗列入北京市级非物质文化遗产保护名录；都一处炸三角制作技艺、都一处马莲肉制作技艺、正阳楼传统蟹宴制作技艺、老正兴寿桃制作技艺、锦芳元宵制作技艺、天兴居炒肝制作技艺被列入北京市东城区非物质文化遗产保护名录。

便宜坊焖炉烤鸭技艺的起源与历史沿革

起源与早期发展

焖炉烤鸭的制作方法最早是从南方传入北京的，据考证，北京烤鸭的前身为南京烧鸭，由燕王朱棣带进北京，成为宫廷御膳后改名为"北京烤填鸭"，是宫廷每年正月十五的主要菜肴。焖炉烤鸭的特点是"鸭子不见明火"。所谓"焖炉"，其实是一种地炉，炉身用砖砌成，大小约一米见方。焖烤鸭子之前，需把秫秸等燃料放入炉内点燃，将炉膛烧至适当的温度后，将其灭掉，然后将鸭坯放在炉中铁罩上，关上炉门，故焖炉烤鸭是靠炉壁热量焖烤而成。掌炉人要求具有很高的技术，必须掌握好炉内的温度，温度过高，鸭子会被烤煳，反之则不熟。烤好的焖炉烤鸭呈枣红色，外皮油亮酥脆，肉质洁白、细嫩、口味鲜美。由于焖炉烤鸭"不见明火"，所以在烤制过程中干净卫生，对环境污染小。受御膳房影响，北京民间的烤鸭技艺日益精进，其中典型的代表就是便宜坊。有学者明确指出："北京烤鸭的推广与普及，归功于便宜坊。便宜坊之于北京烤鸭居功至伟。"便宜坊的创办，开辟了焖炉烤鸭的新时代。

最早的便宜坊在宣武门外米市胡同，是由一个南方人开办的连家铺小作坊，以经营焖炉烤鸭和筒子鸡为主，也无店名。店铺虽小，但是由于烤鸭、筒子鸡的味道好，售价比其他店便宜，很受顾客欢迎。天长日久，大家称之为"便宜坊"。明嘉靖三十年（1551），时任兵部员外郎、家住宣武门外达智桥的杨继盛（字仲芳，号椒山）在朝堂之上严词弹劾奸相严嵩，反被严嵩诬陷。下得朝来，内心苦闷，饥肠辘辘，逶迤来至菜市口米市胡同。忽闻香气四溢，见一小店便推门而入：店堂不大，却干净优雅，宾客满堂，遂捡席而坐，点了烤鸭与些许酒菜，大快朵颐，把个烦闷与不快早抛掷九霄云外。有人认出他是爱国名臣良将，便报于店主。店主颇露钦佩之色，亲自端鸭斟酒，与之攀谈起来。杨继盛得知此店名为便宜坊，又见待客周到，生意兴隆，便呼来笔、墨、纸、砚，俯案一挥而就"便宜坊"三个大字，众客皆呼好。此后，杨继盛与众大臣频频光顾，便宜坊也由此名声远播。

到了清代，烤鸭在皇宫内受到更大的重视，御膳房专门设立了为皇帝制作烤鸭的"巴哈房"。朝廷统治者把潮白河畔的白河蒲鸭（北京鸭）迁到地肥水美的玉泉山一带放养，以方便食用。不仅皇帝爱吃烤鸭，朝廷的一些官员，每逢会议、宴请封疆大吏等，也都吃烤鸭。《燕京杂记》记载"北京膳填鸭，有至八九斤者，席中心必以全鸭为主菜，著名者为'便宜坊'"。当时一些外国人，如美国人安格联在《北京杂志》中述："昔日在游历北京名胜风景，品尝多种风味之后，认定便宜坊之焖炉烤鸭为'京中第一'。"

道光八年（1828），一位很有生意头脑的年轻后生，接管了便宜坊，由于思想灵活，经营巧妙，生意愈来愈好，又因一个人实在忙不过来，寻思找一个伙计帮忙，恰巧隔壁馒头铺从山东来了一位叫孙子久的小伙子，便请过来当了本店的伙计。孙子久聪明伶俐，吃苦耐劳，每天早起晚睡，店里的活样样干得很好，深得掌柜喜欢。学徒三年期满后，学会了全套本领，但他不想另立门户，仍在柜上出力。后来，掌柜便把便宜坊交给孙子久经营。孙子久为了提高鸡、鸭的质量，进货不怕价高，挑选肥嫩的鸡、鸭，经过精心加工，制作出来的鸡、鸭比同行都好，大宅门、大饭庄都愿意用便宜坊的货，因此，生意更加红火。由于生意繁忙，人手不够，便从山东荣城老家陆续招来一些徒工，伙计从四五个人发展到十三四个人。

便宜坊生意兴隆，招来了众多的同业仿效者。几个手艺好的便宜坊伙计被人从便宜坊拉出去自立门户。到了清朝末年，京城出现了很多经营焖炉烤鸭的"便宜坊"，如鲜鱼口便宜坊、东四牌楼便宜坊、新街口南大街便宜坊、地安门外大街便宜坊、观音寺便宜坊、舍饭寺便宜坊等。另外，带"坊"字的烤鸭店也很多，如六合坊、顺意坊、仁和坊、明义坊、天意坊、春和坊等。据统计，清代末年至民国初年套用"便宜坊"或略改一字作为字号的北京焖炉烤鸭店共计32家，"便宜坊"的焖炉烤鸭成为北京烤鸭业中一支规模浩大的流派。为了强调正宗，米市胡同便宜坊在清咸丰年间改店名为"老便宜坊"。

鲜鱼口便宜坊的创业发展史

清咸丰五年（1855），一个姓王的古玩商与米市胡同老便宜坊合股，在前门鲜鱼口开了一个"便意坊"（后改"便宜坊"），即现在鲜鱼口便宜坊烤鸭店的前身。创业之初，王老板从老便宜坊请来一位姓刘的师傅主厨，尽得老号的真传，经营的品种除焖炉烤鸭外，还有筒子鸡、清酱肉、驴肉、香肠等十几种。由于品种多、加工考究、独具特色，深受人们的欢迎，且鲜鱼口便宜坊是处于闹市区的两层临街门脸，生意一直好于其他烤鸭店，一度在京城餐饮业的名气无人能敌。直到清末民初，大宅门、商号的主顾依然很多，伙计每天提着食盒把烤鸭和其他饭菜送到顾客家中，所以，有的顾客将烤鸭店称为"盒子铺"。

鲜鱼口便宜坊的第一任创业东家姓王，第二任东家是北京人王存甫，第三任东家是山东人于振文，第四任东家是王音堂，第五任东家是古玩经济人王少甫。从民国初年的军阀混战到日本侵华、北京沦陷，北京的烤鸭行业经历了一个十分困难的时期，鲜鱼口便宜坊之所以能够延续，一是因处于繁华的前门商业区；二是由于原料纯正、制作精细、售价低廉、口味独特；三是其他"便宜坊"相继倒闭，只剩一家，一些喜欢吃焖炉烤鸭的顾客都集中到鲜鱼口便宜坊烤鸭店。

民国三年（1914）四月，鲜鱼口便宜坊加入了饭庄同业公会。1945年，学艺于著名东兴楼饭庄的鲁菜厨师苏德海来到鲜鱼口便宜坊，从此，鲜鱼口便宜坊除经营焖炉烤鸭外，开始经营山东风味炒菜，并承办酒席宴会。苏大师不但技艺精湛，而且对鲁菜的渊源与特色也知之甚深，把便宜坊经营得有声有色，一直到北京解放。

解放前，鲜鱼口便宜坊的伙计最多时达到17人，新中国成立后，鲜鱼口便宜坊受到政府的关注和扶持，逐步恢复了往日的繁荣景象。1956年，鲜鱼口便宜坊实现公私合营，王少甫任私方经理（1968年去世）。公私合营后，便宜坊有了很大的发展，是北京市唯一一家正宗的焖炉烤鸭店。"文化大革命"期间，鲜鱼口便宜坊改称"首都烤鸭店"，后又改为"京鲁餐厅"，墙壁上刻有店名的砖制牌匾以"破四旧"为名被打碎。有一段时间，鲜鱼口便宜坊变成其他餐饮企业的库房。"文化大革命"后期，一些老字号被恢复，鲜鱼口便宜坊才重新回到人们的视野中。

便宜坊焖炉烤鸭技艺目前的发展状况

数百年来，便宜坊独树一帜的焖炉烤鸭吸引着众多食客。明朝抗倭名将杨继盛曾为便宜坊题匾。乾隆皇帝，美国早期游记作家安格联，当代名人卢光照，党和国家领导人周恩来、万里，前美国总统老布什等都曾光顾便宜坊，品尝焖炉烤鸭，并留下铭文墨宝。便宜坊在六百年的风雨变迁中，积淀了独有的技艺和文化，产生了广泛的社会影响，是老北京珍贵的"活态"记忆。

20 世纪 80 年代至 21 世纪初，北京乃至全国经营正宗焖炉烤鸭的餐馆只有三家，即鲜鱼口便宜坊烤鸭店、崇文门便宜坊烤鸭店和东侧路的便宜坊烤鸭店西号。崇文门便宜坊烤鸭店隶属于北京哈德门饭店，鲜鱼口便宜坊烤鸭店和东侧路的便宜坊烤鸭店西号隶属于北京先达饮食集团公司。2002 年 6 月 6 日，经北京市崇文区政府批准，北京哈德门饭店和北京先达饮食集团公司通过资产重组、改制，成立北京便宜坊烤鸭集团有限公司，一脉相传的三家焖炉烤鸭店又走到了一起。

北京便宜坊烤鸭集团有限公司成立以后，在对哈德门（崇文门）店、鲜鱼口店、玉蜓桥（东侧路）店进行装修改造提升硬件，进行管理再造提升软件的基础上，加快了对外拓展的步伐。2003 年便宜坊幸福店开业；2004 年便宜坊安华店开业；2006 年便宜坊航天店开业；2007 年便宜坊新世界店开业；2008 年便宜坊食府开业；2010 年便宜坊哈德门店重张开业；2013 年便宜坊亦庄博兴店开业；2014 年便宜坊甜水园店开业；2015 年便宜坊荣华店、便宜坊贵园里店、便宜坊台湾高雄店开业。

2004 年下半年，集团提出了"振兴中华老字号，创造精品便宜坊"的发展目标，逐步完善了以焖炉烤鸭为龙头，精品鲁菜为基础，引进粤菜技术，尝试中菜西做的"便宜坊菜系"，突出了"便宜坊"的品牌特色，迅速提升了"便宜坊"的知名度，呈现出前所未有的良好发展势头。

便宜坊焖炉烤鸭技艺传承人名单及谱系

几百年来便宜坊焖炉烤鸭，从砌炉、选鸭、制坯、烤制到片鸭这种手工技艺是靠师徒传承的。目前，便宜坊焖炉烤鸭技艺的传承关系可以追溯的有：孙子久——梁得泰、汪炳文——李文芳、李维琢——唐春滋——白永明等。

目前，白永明师傅是便宜坊烤鸭嫡传的第一人，他 1978 年进入便宜坊烤鸭店，师从李维琢、唐春滋等学习烤鸭技艺。

便宜坊焖炉烤鸭技艺传承谱系

代别	姓名	出生时间	文化程度	传承方式	学艺时间	备注
第一代至第十六代	王姓商人及传人	不详	不详	创始、家传	1416—1837 年	真实姓名不详
第十七代	孙子久	不详	不详	师传	1837 年	学艺于王家
第十八代	梁德泰	不详	不详	师传	清末	学艺于孙子久
	汪炳文	不详	不详	师传	民初	学艺于孙子久
第十九代	李文芳	1919 年	高小	师传	1932 年	学艺于梁德泰
	李维琢	1928 年	高小	师传	1943 年	学艺于梁德泰
第二十代	唐春滋	1923 年	高小	师传	1948 年	学艺于李文芳
第二十一代	白永明	1958 年	中技	师传	1978 年	学艺于唐春滋
第二十二代	王铮	1978 年	职高	师传	1996 年	学艺于白永明
	李洋	1978 年	职高	师传	1996 年	学艺于白永明

传承人白永明

白永明，北京便宜坊焖炉传承研发工作室主任，国家级非物质文化遗产传承人，全国劳动模范。白师傅从 1978 年至今一直扎根在便宜坊，用他务实、无私的精神和勤勉的态度努力实现着个人价值，创造着企业价值和社会价值。

勇接重担

1978 年，白永明进入便宜坊烤鸭店，师从便宜坊焖炉烤鸭技艺第二十代传人唐春滋师傅学习烤鸭技艺。焖炉烤鸭看似简单，工序却十分复杂。那时的烤鸭店还没有温度计，煺鸭毛时的水温全是用手试出来的，而按便宜坊的规矩，煺鸭毛一定要用 58℃的水，多一度少一度都不行。为了练习准确拿捏水的温度，白永明的手几乎每天都会在热水中反复试上几千次。到后来，他只要手摸三下，就能判断水的温度。

凭着这股不怕吃苦的劲头，白永明的烤鸭技艺突飞猛进。两年后，唐师傅被派到美国开便宜坊分店，做事认真、踏实、好学的白永明受命任便宜坊烤鸭技艺的新师傅，那时白永明当学徒才两年半。

要当好便宜坊的师傅并不简单，更何况学徒时间如此短，还有很多没有学的技艺。白永明暗下决心：得学。上班时学，下班还得学，挤出所有可利

便宜坊白永明

用的时间来学习。白师傅有一阵因为学习时间过长，看书看得直恶心，大半夜的只好到马路上转几圈缓解一下症状，然后回家接着学。他需要将许多相关的知识背下来，因为时间紧就把记的内容先录音，在做饭时、带孩子时听录音。对一时吃不透的知识，他不厌其烦，直到理解为止。他还利用休息时间自费吃遍了京城 120 多家经营烤鸭的餐馆，无论人家的餐馆多么小，只要是有可学的地方，就一一记在本上，光记录的鸭坯烤制方法和体会就有 9 本之多。至今他还坚持自费订阅着《中国烹饪》《餐饮世界》等书刊。

实践出真知，功夫不负有心人，多年的刻苦学习练就了娴熟的烤鸭及相关的技术，2006 年白永明被集团聘为"烤鸭总厨师长"，2009 年被授予"国家级非物质文化遗产传承人"称号。

探索创新

便宜坊创立至今已有 600 年，其古老的技艺如何适应当今社会的快速发展呢？技艺虽然古老但必须与时俱进，要与现代科技相结合，要与现代文化创意相结合，才能展示活力，才有飞翔的力量。

随着国家对环境保护要求的提高，焖炉的燃料改为天然气。为保证焖炉烤鸭的质量和口味不因燃料的变化而改变，集团成立了研制小组。以白永明为代表的研制小组在短时间内，对鸭炉进行测量、设计，形成了合理有效的改造方案。时值夏季，也是业务高峰期。为了保证企业正常业务的开展，又能在短期内完成鸭炉改造工作。研制小组成员利用夜间企业停业时间进行改造。但由于白天炉温高，要使温度降下来需要较长的时间，影响改造进度。白永明同志一马当先，不等炉温降下来，就钻进炉内进行改造。经过紧张的施工，在短期内完成了鸭炉的技术改造。可白永明身上不是痱子就是烫伤，但他没有一点儿怨言，仍一如既往地投入到研制创新工作中，连续一个多月没有回家。改造后的鸭炉火力分布更加合理，炉温保持得更加稳定，而且大大节约了燃料，更加具有绿色环保功能。为了鸭子烤制后外在形态上的完整，以及色泽的均匀，避免鸭坯在晾制时相互蹭剐，白永明还找人设计了悬挂可移动式晾鸭钩，将原来的平面晾鸭改为立体晾鸭，充分利用了空间，保证了鸭坯的质量。

随着人们饮食口味的不断更新，追求饮食新异、环保、健康已成为一种时尚。莲，可谓全身是宝。滋补强身的效果明显，最适合老人、青少年食用。名茶入馔，历史悠久，独具健美作用，尤其适合爱美的女士们食用。枣，素有"活维生素丸"之称。对人体有极好的补益作用，最适于冬季进补食用。如果能将莲、茶、枣的味道入馔到烤鸭当中，一定会香味诱人，独具特色。

选定原料、确定口味后，白永明和其他几位同事开始了没有任何经验可借鉴的试制过程。为了让口味融入鸭坯中，又不破坏它的外表，研制小组不厌其烦地进行了一次次的试制，又一次次地推翻。失败乃成功之母，每一次的失败白永明都把它看作是向着成功迈进。在多种方法被淘汰的同时，他重新调整思路，将几种方法的可鉴之处综合到一起，不断调整配方，效果逐渐显现，烤制出的鸭子终于有了花香的味道。这只成功了一半。鸭子虽然有了花香的味道，但是色泽、口感却难以令人满意。在查阅了大量的资料并请教专家后，他们终于得知，原来所使用的原料是植物性原料，与鸭坯的表皮产生了化学反应，导致鸭皮发黑嚼不动。为了解决这个问题，白永明又和其他同志一道进行了上千次的试验，进行了大量细致的总结论证，终于找到了鸭坯入味的最佳方法。他们克服了一个又一个的难关，如鸭子烤熟后香味会慢慢地减弱的问题，他们经过认真分析，找出的原因是花香液的配比浓度和鸭坯的制作时间还不够完善。于是，又重新调试花香液比例，守在鸭炉旁，详细记录每一组数据，细心观察、比较、筛选，以便在下一次实验时加以改进。又经过了上千次的调整之后，终于使"花香酥"系列烤鸭日趋完善，达到了理想的要求。终于创制出了味型独特的"花香酥"系列烤鸭，即莲香酥烤鸭、茶香酥烤鸭、枣香酥烤鸭。"花香酥"系列烤鸭研制成功后，便宜坊没有急于将其投放市场，而是请专家进行了多次论证，请业内人士进行鉴定。经中国烹饪协会鉴定，确认"花香酥"系列烤鸭为创新品种。

传承研发

字号老，牌子老，并不意味着管理老。便宜坊工作室是以白永明为领导的技术团队，时常为企业的发展带来新点子。尤其在科学技术高速发展的今天，人才与科技的结合才能为传统工艺注入新的生命活力。

焖炉烤鸭制作是技术，也是艺术。整个过程共有二十道工序：打气、掏

白永明现场指导

膛、挂钩、烫皮、打糖、晾皮……每一道工序目的性都很强，没有一项是多余的。拿晾皮这道工序来说，必须把皮的水分完全晾干才能使烤制出来的烤鸭酥脆、膨化。但是一到夏天，空气湿度达90%以上，完全不符合晾皮的条件。从前，季节、湿度影响了烤鸭的品质；现在，出品美味的烤鸭不再受到这些因素的影响。科技的发展为烤鸭带来了一系列新的技术和工具，比如可控晾鸭房、便携式可移动烤箱等。在科技的帮助下，消费者可以一年四季品尝到便宜坊的美味烤鸭，这些机器烤制出来的烤鸭的品质可与人工烤鸭相媲美。

白师傅笑称："我们的晾鸭房比人生活的环境还要好，温度、湿度的控制随着季节不同进行调节，储存时间、储存情况等都有详细记载。"可以说，现代科技解决了由于当时条件不足，无法实现夏季出品高品质烤鸭的各种难题。

此外，白师傅也在焖炉上做了大量改进。在原有特点的基础上，炉身前方凸出向外鼓，便于从各个角度观察炉内鸭坯烤制程度，没有盲区。对燃料及烤鸭装置也进行了改进，保证出炉的烤鸭表面没有杂质，皮酥脆，肉细嫩。还研发出了一套高科技设施，强化对晾坯、冷藏排酸、二度晾坯、烤制、片鸭等各个环节的管理。现今，白永明自主改进、研发的多款机器设备申请了国家专利，用于烤鸭制作技艺的链条式传送喷淋一体机已获得国家专利。同时，焖炉烤鸭技艺传承研发工作室已引入更高新的科技，在未来的发展中，力争将烤鸭生产智能化。

团队建设

如今，便宜坊传承下来的不仅仅是舌尖上的美味烤鸭，而且是企业接纳、包容人才的宽广胸襟与开明、积极向上的企业文化。受这种文化的影响，白永明在自己的岗位上兢兢业业、勤勤恳恳地工作着。白永明深知，要想为顾客提供过硬的菜品质量光靠个人的力量是不行的，所以要用良好的品质和实际行动去影响带动周围的同事。

白永明亲自带徒，传授鸭炉搭建、烤制工艺。同事经常向他学习如何掌握火候的经验，为此他每天利用班前会的机会向同事们毫无保留地传授技艺。白永明认为"一花独放不是春，百花齐放春满园"，他最大的心愿就是为便宜坊焖炉烤鸭技艺的传承培养更多新人。

白永明在成绩面前永不满足，带领烤鸭班这个优秀集体开拓进取，以"把顾客的再次光临就是对我们最大的回报"作为座右铭。今天，便宜坊烤鸭集团又有了新的目标，那就是把中国传统饮食文化传遍世界各地。随着集团业务的拓展，外省市的加盟店逐步增加，白永明发扬一块砖的精神，集团哪里需要，就出现在哪里，天津、山东、山西、甘肃的鸭炉搭建，都是白永明带领徒弟操作。他的优秀表现得到了加盟方的高度认可，加盟方写来表扬信，说"从白师傅身上感受到了便宜坊人的精神风貌，对合作发展充满信心"。以白永明为代表的传承人队伍将焖炉烤鸭技艺这一非物质文化遗产在与时俱进中发扬光大，便宜坊正在对传统与现代的扬弃中，走向未来！

（北京便宜坊烤鸭集团有限公司）

留住手艺　传承技艺
——记东来顺牛羊肉烹饪技艺·涮羊肉技艺传承人陈立新

东来顺始建于清光绪二十九年（1903）。创始人丁德山（字子清），信奉伊斯兰教。丁德山家境贫寒，为了生活，他白手起家，从卖黄土、摆小吃摊、开"东来顺粥摊"，到挂起"东来顺羊肉馆"的招牌，经历了风风雨雨。为把涮羊肉做精做细，他艰苦创业，重金聘请名厨，不断扩大经营，增加爆、烤、炒、涮，在当时形成了"看东来顺师傅切肉是一景，吃东来顺涮肉是一种享受"的说法。

"东来顺要永远保存下去。"这是毛主席在 1956 年 12 月 7 日与工商界座谈会上说过的一句话。正是这句话，激励了当年及后来一大批有志的年轻人

百年东来顺

凝聚在东来顺，为了传承弘扬东来顺传统风味、历史文化努力奋斗，陈立新就是其中最具代表性的一位。

留住手艺

启蒙

1971 年 8 月，陈立新初中毕业，在昌平七一制镜厂劳动时，被东来顺派去招工的王满盈师傅选中。8 月 12 日，他随着 200 名昌平同乡来到东安市场（当时叫东风市场），接受为期一个月的培训，然后就是跟随指派的师傅站柜台实习。培训间隙，陈立新曾偷偷跑到东来顺去看，因为当时学员的宿舍在五芳斋（那时叫"饮食部"）楼上，就在东来顺隔壁。当年只有 16 岁的陈立新都不知道东来顺是经营什么的，还误把"涮羊肉"念成"刷羊肉"，闹了笑话。

培训结束后，陈立新就被分配到了东来顺饭庄（"文化大革命"期间改叫"民族饭庄"）。当时他对东来顺的了解几乎为零，只知道是一家饭馆。回到家，邻居来串门，聊起东来顺来滔滔不绝，很是替他高兴。但由于当时社会上普遍存在轻商意识，总认为分到工厂才是最理想的。所以，当陈立新得知自己

东来顺特色涮肉席

被分到东来顺并没有特别高兴。当时街坊的一句话把他逗乐了："干饭馆怎么啦？起码落一肚子好下水！"

到了东来顺，陈立新被分配到切肉组，专门从事手工切涮羊肉片。那时的东来顺涮羊肉供应是有季节的，每年八月十五到来年的五月端午。所以，陈立新到东来顺的时候切肉组的师傅们还没开始集中。他就先分配在伙食团实习待命，他的启蒙老师是伙食团的大师傅尚青玉。

刚到伙食团陈立新并没有看重这儿的工作。心想：不就是切个菜吗？不是吹牛，自己10岁开始就在家做饭了，对刀工并不陌生。切肉不敢说（那时一个星期家里才吃一回肉），论切菜，丝、丁、片、块还真有模有样的。俗话说"行家一伸手，便知有没有"。尚师傅一看他干活，就给指出问题了：你这两下子是家庭手法，不客气地讲，是家庭妇女的手艺，在伙食团还将就凑合，到饭馆就差远了，更甭说切涮羊肉片了。于是，尚师傅从站姿、握刀、左右手配合，下刀、运刀的动作一一纠正、示范。并且，把东来顺涮羊肉、切肉师傅的特点，谁的名气最大，谁的功底深厚，谁的刀工精巧，谁的口碑最好等，如数家珍般地给他详详细细地讲述。还再三叮嘱他：你小子运气不错，在东来顺涮羊肉是看家菜，好好学，俗话说，"不怕千招会，就怕一招鲜"，将来有了手艺，会有出息的。在短短一个星期，陈立新接受了名副其实的启蒙教育，为他在将来的岗位上成才打下了坚实基础。

师徒如父子

到了切肉组后，正式开始学徒。那时候切肉还是手工操作，当时东来顺切肉组名气最大的有两位，一位叫王增福，50多岁，因为患高血压，长期休病假。另一位叫何凤清，陈立新就拜他为师开始学艺。何凤清曾经参加过全国商业战线大比武，技术高超，为人和蔼，为陈立新的进步，没少倾注心血。

虽然陈立新在伙食团时对涮羊肉有了些了解，但真拿起2尺来长的切肉长刀，感觉还是有点儿不自信。何凤清师傅先教他切涮羊肉片的基本要求，比如，冻羊肉如何清除筋头巴脑，如何拼摆，各个部位的肉丝纹路特点如何搭配，还亲自切肉给他做示范。把羊肉码好后，先得用布把肉盖上，再用手摁着切，盖布叠几折，盖上多少，露出多少，缠手的布条用多长，怎么缠，都一一讲解清楚，让他反复演练。然后，讲解操刀要领：手要松、腕要活、大臂带动小臂、刀身上下要垂直、前后走直线，认刀要慢、准，运刀要稳、狠，等等。那时切肉组很忙，讲这些都是抽空讲，有时就在下班后讲，不知占了师傅多少个人时间。

师傅不光教了陈立新厨艺，还教了他厨德。经常给他讲自己学徒时的艰辛，教育陈立新学技术没有捷径，只能靠自己比别人多付出更多的辛苦。"要想人前显贵，必定背后受罪"，"台上三分钟，台下十年功"。

一次，陈立新提早到了单位，本想着既然到早了就提前多切出几盘羊肉备货，以免顾客多时供不应求。结果自己光顾了追求速度，切得就有点儿糙了。何凤清师傅端起他切的肉看了看，脸色立马就变了，厉声问："谁教你这么切肉的？！""外边排队的人那么多，我怕供不上，想切得快点。"陈立新怯生生地回答。于是，何师傅语重心长地说："要想切得快，应该在求细的基础上提高速度，而不能靠粗制滥造，外边排队的人多，是因为东来顺的涮羊肉与众不同。如果东来顺的涮羊肉像你这么切，还有人来排队吗？！学手艺要精益求精，由精细向粗糙变容易，再由粗糙向精细变就难了。"从那以后，陈立新对"质量是企业生存的根本"有了更深刻的认识。

何师傅还教育陈立新，学技术不管是不是上手活儿，都要认真。比如搞卫生：如何刷墩子、如何刷案子、如何使墩布，都讲究招式手法。

小时候在家，一年就搞有数的几次大扫除，到了东来顺才知道什么叫搞卫生。每天不管工作多晚，切肉的墩子、案子、地面都要用碱水刷，墩子、案子都要见干净，地面不留死角。干活陈立新不怕，就是不得要领：用板刷刷墩子、案子，溅一身水；墩地时被暖气片磕破……何师傅就手把手地教。师傅像呵护自己孩子一样，言传身教，使陈立新逐渐养成了办事认真、一丝不苟的好习惯。

人民大会堂代师献艺

东来顺不仅是深受广大消费者喜爱的著名餐馆，也是国家领导人宴请外国宾朋的重要场所。中美建交前后，邓小平曾两次在东来顺设宴款待美国国务卿基辛格。每次，东来顺都提前搞卫生，还特意为1楼至3楼的楼梯铺设了红地毯。

1975年，美国总统福特应邀访问中国，邓小平同志在人民大会堂设宴招待他，安排的是东来顺的涮羊肉。为了保证东来顺涮羊肉的原汁原味，手工切肉、面点、服务员等都由东来顺负责。

对东来顺来讲，这可是一件十分光荣的任务。而且参与的人员都必须要经过政审。何凤清师傅虽然技术高超，但很遗憾，在当时由于家庭出身问题，未能入选。而陈立新虽然技术不算拔尖，却很荣幸地入选了。于是，由陈立新代表何凤清，随着切肉组的组长和两名共产党员师傅，到人民大会堂服务。

他们经过细心准备，精心操练，展现了东来顺的风采。羊肉一水儿的新鲜羊上脑，每盘四十片，薄厚均匀，三条脂肪线，笔管条直；象形面点做得形象逼真，栩栩如生，就连手切的葱花、香菜都令大会堂的同行惊叹。

在大家的共同努力下，圆满地完成了服务任务。第二天，《人民日报》发表一条消息："邓小平副总理在人民大会堂会见美国总统福特一行，宾主进行了亲切友好的会谈。会谈后，邓小平副总理设宴招待了福特总统。"看到这里，大家的自豪感油然而生。

经受锻炼

从东来顺经营涮羊肉开始到 20 世纪 70 年代这段时期，由于没空调，所以当时有个惯例，每年过了五一劳动节，东来顺的涮羊肉对外就停止供应了。切肉组的师傅们都要充实到厨房、面案、小吃等繁忙的岗位去支援，只留几位师傅支应宴会外宾用肉和加工羊肉串。陈立新当时作为切肉组的新徒弟，留下继续锻炼深造。

提起羊肉串，那可是东来顺的一大特色。想当初，是师傅们从新疆驻京办事处（当时叫"西苑大旅社"）引进的，经过改良，形成了独特风味。每串一两净肉，只卖 2 角钱，十分抢手，一天能卖 2000 多串。

加工羊肉串要先选肉，每天把剔好的羊按部位分割。在这段时间，陈立新对羊肉的部位名称、用途等接受了系统培训，从部位的甄选到羊肉串的改块，从 10 余种调味品的比例，到羊肉串的肉丝纹路，师傅们掰开揉碎了讲，手把手地教，连肉串的腌制、搅拌的技巧都亲自示范。

烤羊肉串，那可是苦差事。当时，东来顺后厨切肉组的门外有一个一米宽的小夹道，前边是一扇窗户（窗外是一个天井，下雨还不能开），后边是一个洗手池，放上一个烤肉串的炭炉子，基本是紧靠着火作业。陈立新主动接过烤肉串的活儿，拿着一把破扇子，就上阵了。开始时，"无知者无畏"，一会儿就忙晕了。

当时，东来顺饭庄一楼卖饺子、肉饼；二楼、三楼经营炒菜。五一节后没了涮羊肉，羊肉串就成了最热门的。二楼送单子，三楼的服务员就对着窗户冲着陈立新喊数。当时他年轻，参加工作时间又短，所以还比较腼腆。比如，三楼喊"串儿10个"，陈立新也不敢答应，只是喊几个烤几个。那时候东来顺一开门，顾客就蜂拥而入，羊肉串就是人们解馋的首选。一会儿，1个、5个、10个、8个……数量多了，他就招架不住了，不是翻早了生熟不匀，就是翻晚了冒烟了，手忙脚乱、狼狈不堪。

这时，三楼有位老服务员，当年已经60来岁了，戴一副老花镜，说话嗓音沙哑，隔着窗户喊："那小孩儿，怎么回事啊？我那肉串烤得了烤不了啊？！"二楼的服务员也冲他埋怨不止，给他急得眼泪伴着汗水滴滴答答直往下掉。

在屋里切肉的何师傅，听外边这么热闹就出来了，一瞧陈立新的狼狈相儿，问了句原因后就把他扒拉到一边，用火筷子把炭炉的红炭扒拉匀，十分钟就烤出100串，一切才"风平浪静"了。

反过头来，何师傅就冲着陈立新数落道："干活儿，干活儿，就是要干'活'了，哪能那么死板呐。到了饭口，客人进门时间都差不多，只要一个服务员开始要串，你就甭等着，先整炉的烤两起儿，把大拨的打发走，零星的咱再现要现烤。再说了，大小伙子，不能太腼腆，三楼喊'串儿'必须及时答应，你不搭茬，人家知道你听见没听见呀。"

从那以后，陈立新懂得了一个道理：无论干什么活儿，都要掌握规律和窍门。一味地傻干，事倍功半，费力不讨好。于是，逐步进入状态，干活儿知道轻重缓急了。三楼喊串也能响亮地回答了，也能分清先后顺序了。闷得慌了，时不时地也能开上两句玩笑了。渴了，回身就喝自来水。现在他回想起这段经历还历历在目。想想，后来他能上台说相声，一年四季喝自来水，都是那段时间打下的基础。

团结友爱的集体

1973 年，在北京首都体育馆举办亚非拉乒乓球邀请赛，所有的运动员食宿安排在友谊宾馆。用餐分三个大餐厅，在比赛期间，每个餐厅安排一天涮羊肉。这项任务当时交给了东来顺。北京市委市政府十分重视，特批大红门清真屠宰厂为东来顺提供 100 只活羊，分三天屠宰，每天宰 30 多只活羊。

当时正是夏季，切肉组的师傅们都分散在各个班组，一声令下，全部集中，连磨刀的师傅都召回来了。当时，东来顺的经理叫米尽臣，他给大家做了动员，任务分配给当时切肉组的三位组长：王启光、张维久、何玉启。而去拉羊的差事交给了陈立新。羊拉回饭店后，师傅何玉启、李铁民、李振林、黄文兴等人干净利索地完成了整羊剔骨、部位截选等一系列工作。

分割好的羊肉要入冷库，难题来了。东来顺没有速冻库。当时米经理立即找到新侨饭店的领导协商，借用速冻库（1967 年至 1969 年东来顺拆建期间曾在新侨饭店借地经营），得到新侨饭店的大力支持。陈立新就和组长张维久蹬

20 世纪 70 年代切肉师傅工作照

上三轮车出发，把肉送入新侨饭店冷库摆放好，傍晚再蹬着三轮车去取肉。

晚上不到 7 点，切肉的各位师傅们就提前到岗了，按着肉，操刀就招呼上了。平时，东来顺的师傅们定额一天 90 盘，徒弟一天 60 盘。这一夜无论老少（最老的谭师傅当时已经 60 岁了，最小的陈立新刚出师，当年 19 岁），10 个人要切出 1000 盘肉片来，任务非常紧急。切肉在二楼，冷库在地下室，切好的肉片要码在托盘运到冷库保鲜。这活儿交给了剔羊师傅和刷碗的刘贵师傅。切到一半，安排休息。米经理一直陪着切肉师傅们为大伙儿助阵，还特意留下两位厨房的师傅为大家做宵夜：鸡蛋炒饭，四菜一汤。直到看着大家吃完饭才回办公室休息一会儿（第二天还得盯业务），吃过饭活动活动筋骨，接着工作。

当年东来顺切肉组的大组长是王启光，40 多岁，他兼任工会干部，人缘特别好，没一点儿架子，在东来顺是有名的"活宝"。为了给大伙儿鼓劲儿活跃气氛，王启光开始启发大家讲笑话。回想起这段经历，陈立新觉得，他今天身上这点儿幽默劲儿，估计是跟那时王师傅的熏陶有关系。第二天早上 8 点，大家提前完成任务，师傅们稍稍休息一会儿，又开始了白天的业务工作，又继续拉羊、剔肉、选肉、送新侨饭店速冻，休息一会儿，再取肉，夜班又连上了。就这样，切肉组的同志们，基本上三天昼夜连轴转，出色地完成了这次政治任务。

通过这件事，陈立新看到了东来顺每个人对工作的极大热忱，团结协作、顾全大局，别看平时每个人都很不起眼，关键时刻大伙儿拧成一股绳，绝不掉链子。东来顺的员工都具有敢打硬仗、能打硬仗的顽强精神。这使陈立新感到作为一名东来顺人，生活在这样团结奋进的集体里无比光荣与自豪。

传承技艺

陈立新在东来顺经过了近 20 年的培养和锻炼，逐步从一个懵懂的小徒弟，成长为一个能够独当一面的大师傅。不仅如此，他还被领导外派到东来顺连云港分店工作。自 1976 年起，每年都参加东来顺糖蒜制作的全过程。经过这段时间的锻炼他的技艺更加全面，个人工作能力得到快速提升。陈立新不仅走向了管理岗位，还开始收徒传艺，并在各种大赛中取得了一项项优异的成绩。

师徒互补

1991 年东来顺公司领导派陈立新到西罗园分店当经理。当听说让自己当经理，陈立新一时有点儿懵。心想，自己参加工作 20 年，只在切肉组，没换过岗，虽说当了 8 年组长，那也是在一个部门。当经理，没想过。在公司领导的鼓励下，在同志们的支持下，他硬着头皮上阵了。

多年来，陈立新在东来顺的熏陶下明白一个最基本的道理：质量是企业生存的根本。于是，他凭借自己在切肉组的常年实践积累的经验，首先对切肉组这个环节进行了整顿。包括切肉机维修保养、切肉技术培训等。为了保证涮羊肉的质量，他亲自动手，利用业余时间，加工羊肉坯。

这时他收了贾建喜为徒。贾建喜是山西忻州人，是切肉组的临时工。他为人憨厚耿直。工余闲聊时，与贾建喜说起 1990 年在河北宣化选羊肉时，食堂做的羊杂碎让他印象深刻，回味无穷。小贾说："师傅，来北京前俺在老家小饭馆里打工，学过做羊杂碎，不是吹，俺做的比那强。""是吗？明天你给咱食堂做一回，让大家鉴定一下怎么样？""没问题。"

第二天，贾建喜就为食堂精心制作了一大锅羊杂碎。确实有独到之处，无论是颜色，还是口感、味道，都无可挑剔，满满的一大锅，一碗没剩。从大家的一致称赞中，陈立新看到了商机：如果稍加改良，端到桌上，不也是一道独特风味的菜吗？于是，每次选完肉后，又增加了一道精选羊杂碎流程。为做好这道菜，陈立新虚心请教。选肉他是小贾的师傅，如何下刀分割、精选、搭茬、装盒，都毫无保留，耐心传授。加工羊杂碎时，陈立新又成了小贾的徒弟，用什么温度的水煺羊肚的草芽子，怎么冲洗肺头，怎么清洗羊心，陈立新都虚心求教，精益求精。

于是，这道从不登大雅之堂的羊杂碎，还真让东来顺做出了名堂。当年的东安集团于瑢总经理在西罗园请客，门外路边停着五六辆"大奔"，桌面上的主菜，就是白水羊头、白汤杂碎。就连丰台区政府宴请香港客人，除了传统涮肉、清真炒菜，也给安排了白汤杂碎。香港客人吃过之后，赞不绝口。"师徒互补"——徒弟的一个绝活，成了店里的招牌菜。

参加大赛为企业增光

1994年5月，东来顺王府井饭庄接到中国烹饪协会的通知，国家民族委员会、中国烹饪协会将联合举办"全国首届清真烹饪技术大赛"。当时王府井饭庄经理周月明召集大家开会，研究是否参加。大家态度十分明确，一定参加。因为大家一直为1993年因总店拆迁，没参加旅游局举办的"紫禁杯"大赛，而使别家餐馆获得了"涮羊肉风味奖"而耿耿于怀。这次全国比赛机会绝不能再错过。于是，大家商量后决定涮羊肉、面点、冷荤、热菜四个项目参赛，并马上组队备战。

　　虽然大家有勇气参赛，但真要代表企业参加全国大赛，个个心里还真是没底儿。这可不是拍胸脯就能解决的。因为，自从1973年东来顺为亚非拉乒乓球邀请赛供应涮羊肉服务后，当时任中共北京市委书记、市革命委员会副主任的万里同志看到东来顺的师傅们手工操作太辛苦，于是给第六机床厂下达任务，一定要实现涮羊肉切片的机械化。1975年在机床厂的科技人员、工人师傅和东来顺切肉师傅的共同研究、实验、调试下，终于成功研制出切肉机。所以，自那时起东来顺切肉就实现了机械化，很少人工切肉了。

　　虽说1992年春节，陈立新曾随师姐参加过在人民大会堂举办的"百行绝活表演"，可那是站在台上，每人只切一盘肉。这次可是正式的全国性比赛，有人监督，有人掐表。十来年没练了，能不心虚吗？于是，他赶紧进鲜肉，并精选冷冻，抽空就跑到切肉组练习。

　　俗话说"临阵磨枪不快也光"。经过几天的恢复性训练，陈立新的刀工逐步进入状态，黄瓜条、大三岔、小三岔、上脑、磨裆，切得有模有样了，虽说不上游刃有余，但也运刀自如了。经过几次彩排，参赛选手最后敲定。陈立新代表涮羊肉选手，同面点选手谢长明、冷荤选手边跃、热菜选手刘铁宝一起，在公司领导和同志们的陪伴下，信心百倍地去参赛了。

　　到了沈阳赛场，大家形成了一个团结的战斗集体，不管当天有没有自己的比赛项目，都到现场站脚助威。到陈立新上场时，那真是前呼后拥。徐峥点火锅、谢师傅烙烧饼、煮杂面、包小饺子；边跃切葱花香菜、冻豆腐；连火锅内的口蘑汤，经理周月明都在头天夜里亲自给泡好了。

　　三天的比赛结束了。东来顺在"全国首届清真烹饪技术大赛"上脱颖而出，冷荤菜品"锦鸡"、热菜菜品"菊花鱼"和"鸡茸鱼翅"获得铜牌；面点菜品"鸳鸯鱼"和"三色果冻"获得金牌；陈立新的手工切涮羊肉获得金牌，东来顺的涮羊肉还被评为"最佳风味食品"。

通过这次比赛，陈立新懂得了一个道理：一个人的能力是有限的，但如果能和企业的整体实力结合起来，就能得到极大的升华。切涮羊肉的金牌，虽然是通过自己的操作获得的，但那不过是自己作为东来顺的代表，把东来顺的闪光点展现在世人面前。其中既包含了几代东来顺人艰辛努力打造的金字招牌，也包含了为自己在岗位上能成才，身体力行言传身教的师傅、师兄们的抚育、栽培，更包含了整个参赛集体的共同努力。

获得金牌，一方面让他感到为企业赢得荣誉的欣慰，另一方面更让他坚定了报效东来顺的决心。他认为：是东来顺把自己从涉世不深的懵懂少年，通过灌输、培养，让自己对业务技能由生疏到熟练，又由熟练到精通，逐步成为具有专业技能的业务骨干。他要用自身所掌握的专业技能，为企业的质量管理、员工培训发挥作用，为企业的兴旺发达贡献力量。

"东来顺要永远保存下去"

2003年成立了北京东来顺集团有限责任公司，2004年东来顺进入北京首都旅游集团有限责任公司，成为首旅集团旗下十大品牌之一。在首旅集团"吃、住、行、游、购、娱"六大产业链的大家庭中，东来顺立足品牌文化，在坚持传承、创新、发展的思路中，开拓出品牌特色发展的经营之路。2008年6月14日，牛羊肉烹制技艺·东来顺涮羊肉制作技艺被正式列入国家级非物质文化遗产名录，体现了国家对饮食类民族文化的保护与支持，更激励了

牛羊肉烹制技艺·东来顺涮羊肉制作技艺被评为
国家级非物质文化遗产

东来顺集团不断发展壮大的信心。陈立新作为东来顺手工切肉技艺第四代代表性传承人，于 2008 年 12 月 19 日正式被纳入北京市文化局发布的第二批市级非物质文化遗产代表性传承人名录。从此，对于陈立新来说，他身上的担子更重了，

他不仅要把前辈们的手艺练得更加精湛，更要把东来顺传承百年的故事挖掘整理出来，把东来顺最具代表性的菜品挖掘整理出来，把一代代东来顺人的精神传承下去。

2011 年 7 月 5 日东来顺集团"非遗"技艺传承人工作室正式成立。由"非遗"技艺传承大师陈立新牵头负责。"非遗"工作室的设立，极大地增强了东来顺"以品质为生命"的老字号生存观念，为深入研究推广东来顺核心烹饪技艺搭建了技术平台。2011 年 8 月起，东来顺集团从各基层企业筛

选出 8 位"德、能、勤、技"突出的青年骨干厨师，列为东来顺"非遗"后备传承人，9 月 19 日在东来顺建店 108 周年大型庆典仪式上，举行了郑重的拜师仪式。2011 年东来顺集团投资建立"非遗"技艺实操训练基地，即东来

东来顺拜师收徒活动合影

顺紫竹桥饭庄。

2013 年陈立新荣获"首都劳动奖章"。2015 年 9 月荣获"全国商贸流通服务业劳动模范"称号。自 2008 年被认定为非物质文化遗产涮羊肉加工技艺代表性传承人后，陈立新全身心投入到东来顺的"非遗"传承保护工作中，积极编写教材，录制教学光盘，在全国直营店、连锁店中物色和培养"非遗"传承后备力量，目前已收 28 名传承徒弟，现每位徒弟又有 2 名左右弟子，共 56 人，东来顺在全国范围内整体传承团队已达 80 人左右。

近年来，陈立新先后编写了《涮羊肉整羊剔骨》《涮羊肉部位精选》《涮羊肉半成品加工制作》《手工切肉的技术要领》《切肉机的日常使用和维修》《东来顺糖蒜制作工艺》以及《东来顺羊肉基地质检员培训大纲》等文字教材和教学光盘，为培养新一代技术人才提供了教学依据。

为了挖掘传统清真饮食文化，梳理东来顺发展脉络，他先后走访了目前健在的老师傅 60 多人次，编写了较为详尽的《东来顺发展史》。他在多次与老师傅的座谈中体会到：东来顺在漫长的历史演变过程中，经历了不同的发展阶段，每个阶段都有代表性人物，每个代表人物身上不光有生动的传奇故事，还有他们的绝活、绝技……这使陈立新萌生了立体再现东来顺完整形象的想法。于是建议东来顺集团成立了由退休的 11 名老技师、老师傅组成的"非遗"技能传承团队，挖掘整理了具有代表性的清真菜肴 200 道，制定了分期分批培训的教学方案。

在培训传承人的过程中，师生都表现出极大的热情和专注。老师傅在每次讲课时，不光教授菜品的投料标准、成熟方法、火候味道、颜色形状等制作工艺，连站姿站位、刀功、勺工、调味品的选择都提出具体要求。通过培训为企业创新经营，提升品牌形象，提供了技术保障。在技艺技能培训的基础上，编辑印刷了《东来顺清真名菜谱》。不仅包括根据老师傅口述整理编写的老菜谱，还收录了为适应当代食材运用广泛发展、加工技艺不断提高、消费理念不断变化的形势，各企业新增的创新菜品。《东来顺清真名菜谱》的编印，凝聚着东来顺几代人的心血，为企业形成二元化经营，迈出了重要一步。

由于东来顺集团始终坚持传统不保守、创新不忘本，并在技术队伍的培养上下功夫，逐步收到了回报，在全国清真食品评比中，东来顺赢得"大众口碑奖"，2014 年还被中国商业联合会、中华老字号工作委员会授予"中华老字号清真第一涮"称号。

陈立新在东来顺工作已经 45 年了，他兢兢业业，勤勤恳恳，为传承东来顺涮羊肉技艺的精华，始终战斗在企业一线。为"东来顺要永远保存下去"，他愿奉献自己的全部力量！

（北京东来顺集团有限公司）

稳站三尺灶台　书写烹饪春秋

——记鸿宾楼饭庄全羊席制作技艺传承人朱长安

朱长安现任享有"京城清真餐饮第一楼"美誉的北京鸿宾楼餐饮有限责任公司副经理、行政总厨、高级烹饪技师，国家级非物质文化遗产全羊席制作技艺第七代技艺传承人。荣获"资深级中国烹饪大师"等称号，具有中式烹调国家级评委资格。他从事烹饪工作30多年来，在企业领导和同事们的支持帮助下，始终以企业为家，爱岗敬业，把烹饪当作事业来做，把三尺灶台作为施展个人才华的广阔舞台。他师承京城清真餐饮名厨蒋学仁、王继德、马永海、佟建国、李宝亮，勤奋学习，刻苦钻研，孜孜不倦，逐步由一名学徒工锻炼成长为鸿宾楼的技术当家人。他作为技术骨干，参与了鸿宾楼全羊席的挖掘研制工作，经过半年上百次的反复试验和刻苦攻关，终于使代表清真烹饪技术最高水平的全羊席重现人间。他积极进行技术改良和菜品创新，研制出了

牛羊肉烹制技艺·鸿宾楼全羊席制作技艺被评为国家级非物质文化遗产

启功题字

一大批如清汤茉莉、葡萄蹄筋、独鱼腐、鲍汁羊肉、红烧牛仔骨等备受顾客欢迎、经济效益突出、在全国大赛中摘金夺银的创新菜品。他厨德高尚，甘当人梯，充分发挥传帮带作用，培养和造就了一大批技艺高超、能够独当一面的青年骨干人才。他为鸿宾楼经济效益和社会效益双丰收做出了突出的贡献。

深入挖掘失传技艺，传承和发扬全羊席

全羊席在中国清真餐饮发展史上具有重要的地位，代表了清真烹饪技术的最高水平。历史上，鸿宾楼的全羊席独树一帜，它选料精细、刀工精湛、火候严谨、菜品丰盛、席面豪华，具有较好的文化价值和食用价值，但已经失传半个多世纪。著名美食评论家王仁兴在其有关清真菜全羊席的著作中，多次提到只有鸿宾楼的全羊席最全、最多、最具有权威性。鸿宾楼全羊席记载了120道菜品，但每个菜名都不带一个"羊"字，具有深刻的文化内涵。如："明开夜合"是取自羊上眼皮做主料的烩菜，羊眼皮白天睁开，夜晚闭合，这道菜以此命名，生动传神。烹调技法丰富多样，擅长烧、扒、煨、独、炖、㸆、爆、炒、煎、帖、塌、蒸、烤、炸等制作手法，对使用清

31

汤、浓汤、红白汁、糖色、咸面等调味品的技艺也有独到之处。鸿宾楼在聚德华天控股有限公司的大力支持下，为了传承和弘扬全羊席制作技艺，专门成立了全羊席研制小组，在经理蔺素琴的领导下，朱长安作为技术骨干认真研究全羊席的菜谱和相关资料，深入挖掘，反复试验，刻苦攻关，历经半年多的时间，终于使全羊席重现人间。新研制的全羊席由八个精美凉菜、八种美味甜点、十二道经典热菜和十二道爽口小菜组成，注重传统烹饪技法与现代烹饪思想的有机结合，具有席面丰富、口味时尚、突出技法、更富营养的特点，其经典菜品鞭打绣球、冰花松肉、焦溜脆、余千里风、独云花、探灵芝、蜈蚣岭等受到了美食家和广大顾客的一致好评。

鸿宾楼全羊席特点是：食羊不见羊，食羊不觉羊，每道菜都象形。例如鞭打绣球这道菜，朱长安和其他几位研制者在研发制作时，首先根据全羊席菜谱及相关材料构想出这道菜的大概模型，再与其他厨师一起研讨使用哪个部位的原材料制作更加合适。经过反复考虑和试制，最终选用脊髓作为制作鞭的材料，因脊髓细长，绣球则使用羊眼制作，将羊眼内掏空，酿上馅活，外圈再裹上三种不同颜色的丝料，其外形茸状极似绣球。朱师傅再带领其他几位厨师在刀工、火候、口味等多方面进行反复试验、经过几种㸆制、蒸制（脊髓㸆制、羊眼蒸制），将它形成两种味道，逐步细化最终定型。下面的图片展现给大家的就是席面上活灵活现的“鞭打绣球”。

如今，鸿宾楼的全羊席制作技艺已成为清真餐饮的代表作，并入选国家级非物质文化遗产名录、北京市市级非物质文化遗产名录、西城区级非物质文化遗产名录。朱长安作为该技艺的传承人，能够全面掌握全羊席的制作技术，为恢复和弘扬全羊席做出了重要贡献。

全羊席菜品之一：鞭打绣球

刻苦钻研烹饪技术，菜品创新成效显著

质量是企业的生命，创新是企业的灵魂。朱长安作为鸿宾楼主管质量的副经理和行政总厨对此有着深刻的认识。"打铁还需自身硬"，他不仅每天亲自上灶操作，率先垂范，而且严格制定菜品技术标准，严把菜品质量关。在他的努力和严格要求下，鸿宾楼的菜品始终保持了高质量、高品位，受到了社会各界的广泛赞誉。同时，在企业主要领导的支持下，他在保持鸿宾楼传统菜品不丢的基础上，通过学习和借鉴社会餐饮同仁的先进烹饪技法和先

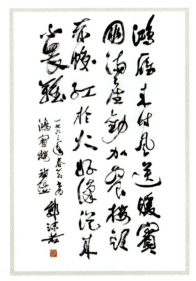

郭沫若题字

进经验，大胆进行技术革新和菜品创新，他的创新菜品酸沙大虾球、红烧牛仔骨、蟹籽冬瓜、浓汤四宝、富贵羊排、余千里风、八珍菌汤、烧汁肥牛等一经推出，就受到广大顾客的喜爱，不仅多次在全国清真烹饪大赛中摘得桂冠，而且为企业创造了良好的经济效益。如：他主持研制的创新菜品红烧牛仔骨，成为中西餐烹饪技法融会贯通的典范。此菜品年销售额高达140余万元，成为企业新的经济增长点。

呕心沥血培育新人，烹饪技艺薪火相传

朱长安作为鸿宾楼的技术带头人，始终恪守职业道德，勤奋钻研烹饪技术，取得了良好的工作业绩，为青年技术人才树立了良好的榜样。他始终为企业的长久发展着想，不仅自己"一点红"，还要大家"一片红"。他充分发挥传帮带的作用，把自己从事烹饪事业30多年来所积累的工作经验和技术

窍门毫无保留地传授给徒弟们，使他们不用走太多的弯路。近年来，他把自己精心研制的红烧牛仔骨、浓汤四宝等创新菜品手把手地教给徒弟们，全力以赴支持他们参加国际、全国和北京市的烹饪大赛，都取得了骄人的成绩。如：徒弟周艳宾多次参加全国和北京市的烹

周艳宾在师傅朱长安指导下制作全羊席菜品

饪技术大赛，均获得金牌，尤其是 2009 年参加第六届全国烹饪大赛总决赛荣获金牌，并被授予"中国烹饪名师"和"最佳厨师"称号，晋升为中式烹调高级技师。

鸿宾楼门脸

他不仅向徒弟传授技艺，还教给他们许多做人的道理，要求徒弟们先做人，后做事，做到德艺双馨。在他的领导下，鸿宾楼的烹饪技艺得到了很好的传承和发扬，一大批厨德高尚、技艺精湛的技术骨干脱颖而出，成为企业更好更快发展的中坚力量。

2012 年 12 月公司领导与鸿宾楼师徒合影

（北京鸿宾楼餐饮有限公司）

甘当人梯　开拓创新

——记烤肉宛饭庄传承人王刚

在京城餐饮业享有"南宛北季"声誉（"南宛"是指烤肉宛，"北季"是指烤肉季）的烤肉宛饭庄创建于清代康熙二十五年（1686），迄今已有330多年的历史，是京城资历最深的中华老字号企业之一，目前是聚德华天控股有限公司旗下的支柱型企业之一。烤肉宛原址在西城宣武门附近的安儿胡同西口，被称为"安儿胡同烤肉"，因店主姓宛，故称烤肉宛。20世纪90年代末期，西单、宣武门地区进行改造，烤肉宛拆离原址，几经辗转，2004年终于在西城区南礼士路58号落下脚来。

现在的烤肉宛是国家特级餐馆、北京市清真特色餐厅、北京市卫生A级餐厅，2008年烤肉技艺列入国家级非物质文化遗产名录，2009年"烤肉宛"成为北京市著名商标。烤肉宛主营的北京清真烤肉有"肥而不腻，瘦而不柴，鲜嫩赛豆腐"之美誉。经营的北京清真炒菜色正味醇，其经久不衰的重要原因就在于它的质量特色，在于它的

郭沫若书

技艺和技法的独特之处。近年来，烤肉宛饭庄发展迅速，拥有总店、分店和加盟店，企业效益增长迅速，由 2004 年的 1000 万元，发展到 2015 年的 6000 多万元，在公司系统名列前茅。企业的技术力量雄厚，菜品创新处于同行业先进水平。这些成绩的取得离不

牛羊肉烹制技艺·北京烤肉制作技艺被评为
国家级非物质文化遗产

开聚德华天控股有限公司领导的大力支持，离不开韩香臣经理和干部员工们的团结奋斗，同时更离不开企业技艺传承创新的核心人物——企业副经理、行政总厨王刚的辛勤付出。

　　王刚，中共党员，现任聚德华天控股有限公司烤肉宛饭庄行政总厨，高级烹饪技师，中国烹饪大师，国家级职业技能鉴定高级考评员和中式烹调高级裁判员。2003 年他以创新菜品焦炒牛肉荣获全国烹饪技术大赛金牌。2005年、2006 年被评为北京市经济技术创新标兵。2008 年、2009 年连续荣获中国烹饪协会颁发的“中华金厨奖”等荣誉称号，2013 年王刚被评为高技能人才，享受北京市政府特殊津贴。他自 1985 年到烤肉宛工作以来，始终与企业同呼吸，共命运，三十多年如一日，把烹饪工作作为自己终生奋斗的事业来追求，以老黄牛的精神爱岗敬业、勤奋工作，以孺子牛的精神甘当人梯、无私奉献，以拓荒牛的精神奋发进取、开拓创新，从一名普通厨师成长为企业的技术带头人，为京城著名中华清真老字号烤肉宛饭庄的发展壮大付出了大量的心血，为国家级非物质文化遗产烤肉宛烤肉技艺和清真烹饪技艺的传承、弘扬做出了突出的贡献。

发扬老黄牛精神，为老字号企业发展呕心沥血添光彩

老黄牛，负重前行，只问耕耘，默默无言，纵使千辛万苦，犹自不悔。王刚投身烹饪事业三十多年，师承著名中国烹饪大师马占甫先生，以老黄牛精神刻苦钻研，虚心请教，博采众长，练就了一身精湛的烹饪技艺，成为烤肉宛饭庄的技术带头人。他把菜品质量当作关系企业生死存亡的大事来抓，严把菜品质量关，对不合格菜品坚决不出厨房、不上餐桌，切实保证了烤肉宛菜品质量的高水平。烤肉宛饭庄作为京城清真餐饮行业的知名企业，经济效益和社会效益在京城同类型企业中名列前茅，自然也吸引了众多投资者的目光，连锁经营快速发展，从 2002 年开始连续开了五家上千平方米的连锁店。连锁企业的经营，开业前的准备和技术培训工作是重头戏，又是体力

公司领导与烤肉宛清真菜制作技艺传承人王刚（前排左四）师徒合影

活，他作为企业的技术"大腕儿"，毫无怨言，勇于担当，每天奔波于总店和各连锁店之间进行技术培训和指导，毫无保留地把技艺要领传授给各店的技术人员，保证了各连锁店的正常营业，并保持了良好的发展势头。

发扬孺子牛精神，使烤肉和清真烹制技艺不断发扬光大

"企"无"人"则"止"。人才是企业的宝贵财富，是核心的竞争力。培养和造就技术人才是传承和弘扬老字号烹饪技艺，保持老字号基业长青的重要保证。王刚作为技术领头人，对待企业总有一份特殊的感情，他心甘情愿为企业服务，如蜡烛一样，燃烧自己，照亮别人。他俯首甘为孺子牛，充分发挥传帮带作用，用高尚的厨德教育和感染人，精心培养后备力量。他在技术上毫无保留，始终以企业大局为重，不计较个人得失，经常利用中午休息时间给青年技术人员讲解老字号饮食文化、菜品典故和烹饪技术，同时，对加盟店的技术人员也经常进行培训、指导，使他们尽快成长起来。多年来，在他的精心培育下，烤肉宛涌现了一大批德艺双馨的技艺传承人，都成为企业独当一面的技术骨干。他培养的 10 名徒弟中，已有 3 位高级烹调技师，3 位烹饪技师，3 位高级烹饪师。从 2005 年至今连续七届全国烹饪大赛，他作为领队带领徒弟参赛，均荣获团体金牌。参赛的所有作品，均以味道鲜、造型美、

镇店名菜烤牛肉

创意新，深受评委们的好评。虽然是徒弟参赛，但每一道菜品都包含着他的精心设计和聪明才智。2012 年 4 月，公司和企业为他举办了隆重的拜师收徒仪式，正式与谢磊等六名徒弟确立了师徒关系，2017 年又喜收杜格意等四名徒弟，这为烤肉宛烤肉和清真烹制技艺的传承增添了新鲜血液，注入了新的活力。

发扬拓荒牛精神，把烤肉和清真烹制技艺提升到新水平

传承是最好的保护，创新是最好的发展。老字号技艺功在传承，胜在创新。王刚在继承传统特色菜品的同时，结合现代消费者更加注重营养、健康、安全饮食的新特点，发扬拓荒牛精神，组织带领烤肉宛技术研发团队，努力攻关，在原材料、辅料、调料、口味、烹调方法等方面进行大胆创新，研制出了一大批市场认可、顾客欢迎、效益突出的创新菜品。如研发的皇室系列、烤肉系列菜品等深受广大消费者欢迎，给企业创造了良好的经济效益。尤其是他延伸烤肉品牌价值，把单一的传统烤肉品种进行了系列化、多样化开发，分别推出了烤精品牛肉、烤精品牛 A 上脑、烤精品牛 S 外脊等系列拳头菜品，实现了百年传统烤肉产品上的重大突破，每年为企业创造经济效益上百万元。

为了保证国家级非物质文化遗产——烤牛肉技艺不走样，始终保证烤肉的高品质，他带领烤肉技艺研究小组，深入研究，攻坚克难，运用现代科技手段成功解决了传承技艺最关键的口感、火候和统一调味汁标准三大难题。一是深入研究烤制过程，保证"鲜嫩赛豆腐"的口感。现在的肉质和 20 世纪 50 年代的肉质相比有较大区别，要想达到当时的口感，就必须对牛羊肉切制

过程进行分析和研究。王刚从分析肉质开始，加上现代化的科技手段，对肉质进行改良。在他的建议下，企业购置了相关设备，通过物理方法，阻断肉质的纤维，保持了肉质的营养和水份。反复实践和探索，使烤肉达到"鲜嫩赛豆腐"的最佳口感。二是深入研究烤制的火候，烤肉最讲究的是火候，这是保证烤肉的高品质的关键。火候掌握的好坏直接关系到烤肉的口感。他从炙子的缝隙，到使用的木柴；从炙子的温度，到翻烤的次数，都逐一研究分析，功夫不负有心人，他凭借三十多年的工作经验积淀，总结制定了一套完整的烤肉工作程序和标准，使技术人员能够准确把握火候要领，确保烤制出高品质的烤肉。三是深入研究统一调味汁，确保烤肉标准、口味统一。中式正餐连锁经营的最大瓶颈，就是核心菜品质量标准不统一，为了解决这一制约连锁经营的重大问题，他作为行政总厨勇于面对挑战，肩负起研制统一调味汁的重任。他深知传统烤肉中的各种调料、调味汁的配比对烤出的成品至关重要，于是他潜心研究烤肉汁料，对各种调味品的配比进行反复试验，终于成功研制出了统一的调味汁，获得了老技师和广大顾客的认可。这为烤肉宛发展连锁、扩大经营打下了坚实的基础。现在新开业的加盟店全部使用他配制的调料，为烤肉技艺的传承、创新和发展做出了重要贡献。

人生没有彩排，每一天都是直播。王刚作为企业的行政总厨，仍然在烹饪岗位上辛勤耕耘着，每天在灶边用煎炒烹炸，过着充实而美好的生活，演绎着人生普通而又精彩的故事。

（烤肉宛饭庄

邢燕平）

从"单杆"相传到"多杆"相传

——记全聚德挂炉烤鸭技艺及其传承人

历史渊源

全聚德始建于清朝同治三年（1864），距今已有 150 余年的历史。创始人杨全仁来自直隶冀州，即今天的河北省冀州市。先前，他在前门外护城河边喂养鸡鸭，沿街叫卖。

到了 1864 年，杨全仁用多年积蓄盘下了位于前门外肉市胡同濒临倒闭的"德聚全"干鲜果铺，专做贩卖活鸡活鸭生意。后来，精明的杨全仁看到卖烤鸭更赚钱，便决定制作熟鸡熟鸭出售。当时市面上主要经营焖炉烤鸭，杨全仁认为这种制作，不便于客人随来随买，于是就琢磨把炉门敞开，边烤边卖。于是，杨全仁请来从清宫御膳房包哈局出来的孙师傅，运用宫廷挂炉烤乳猪的技艺来烤鸭子，创制了挂炉烤鸭。孙师傅成为全聚德第一代烤鸭师，很可惜，大家只知道他姓孙，叫他"孙小辫"，他的大名至今不得而知。

1900 年全聚德翻盖了二层小楼，经营方式从原来单纯的烤鸭外卖变为外卖加"堂吃"，推出了"鸭四吃"组合吃法。到了 20 世纪 30 年代，全聚德坐上京城烤鸭行里的第一把交椅，独占"鸭"头了。

1952 年，全聚德实现公私合营。在新中国建设初期，全聚德又分别于 1954 年和 1959 年在西单和王府井地区建立了全聚德的"西号"和"东号"，起源店称"南号"。

1956 年 12 月 7 日，毛泽东主席在同中国民主建国会、全国工商联负责人座谈时，特别指出"全聚德要永远保存下去"。毛主席这句话，既是期望，又是嘱托。全聚德全体员工，特别是烤鸭传承人还有什么理由不把鸭子烤好呢？！周恩来总理一生曾 27 次光临全聚德。他曾就全聚德烤鸭的片法向全聚德烤鸭师提出建议，由原来的圆形片改为长条片。后来全聚德烤鸭师就将这两种片法定义为"杏叶片"和"柳叶片"。周恩来总理还曾向外宾解释"全聚德"三个字的含义是"全而无缺，聚而不散，仁德至上"。现在，全聚德集团已将周总理讲的这三句话作为全聚德集团的核心理念。

1963 年北京市商业网点调整，位于西单的全聚德"西号"撤掉，原有人员分流到"南号"和"东号"。原店址划转给鸿宾楼清真饭庄。

1966 年 8 月"文化大革命"开始后，"全聚德"牌匾被当作"四旧"摘掉，被迫更名为"北京烤鸭店"。老铺门脸上的"全聚德"砖匾也在当时被毁，用石灰抹上遮盖起来。

1979 年改革开放之后，根据已故周恩来总理的生前指示，在北京市政府的直接领导下，全聚德在和平门路口东南角建立起 1.5 万平方米的北京烤鸭店大楼。这栋大楼在当时来讲非常壮观，完全是按照接待国宾的需要设计建造的。

1980 年 2 月，北京烤鸭店重新恢复"全聚德"字号，和平门大楼在沿用"北京烤鸭店"名称的同时，又重新挂上"全聚德"牌匾。前门店老铺门脸上被石灰抹起来的"全聚德"砖匾又重见光明。

1993 年 5 月 20 日，全聚德集团公司成立。集团公司成立后，进行了一系列改革，探索中式正餐连锁经营模式。2004 年 4 月，全聚德集团公司与首都旅游集团、新燕莎集团公司进行战略性资产重组，全聚德集团公司成为首旅集团旗下的餐饮板块。2007 年 11 月 20 日，全聚德股票在深圳证券交易所挂牌上市，成功进入资本市场，全聚德集团从一个具有国有企业背景的老字号企业脱胎成为规范的公众性上市公司。

技艺传承

全聚德从开业创立到现在，烤鸭师已经传承了七代。全聚德挂炉烤鸭鼻祖、第一代烤鸭师孙师傅，山东荣成人，来全聚德之前曾在清宫御膳房当差，专司烤炉。全聚德创始人杨全仁看中了孙师傅的手艺，高薪聘请孙师傅

1933 年全聚德第三代烤鸭师
张文藻在制作烤鸭

来全聚德负责烤鸭。孙师傅来到全聚德后，就仿照清宫御膳房烤炉的样子，砌了一个一人多高的烤鸭炉。正是这位孙御厨，将原宫廷烤炉技艺传至民间、带入全聚德，使得全聚德挂炉烤鸭一开业，就成为正宗的北京烤鸭。

到了 19 世纪末 20 世纪初，在全聚德挑大梁的是全聚德第二代烤鸭师——蒲长春。他也是山东荣成人。他在全聚德干了三十多年，年迈辞工告老还乡前，培

养了徒弟张文藻。

前页这张1933年的老照片记录了全聚德第三代烤鸭师张文藻在炉前烤鸭子的情景。

从照片上看，当时全聚德的鸭炉约2米，比人略高，用砖砌成。炉膛口上为梯形下为方形，不安装炉门，烤制过程中所产生的热气和油烟可随时排出炉外；而焖炉烤鸭是要安装炉门的。这是挂炉烤鸭与焖炉烤鸭炉体的区别之一。

全聚德挂炉烤鸭使用的劈柴为果木，以枣木最佳。果木木质硬，烟气较少，火焰稳定，耐烧。而焖炉烤鸭是烧秫秸秆。这是挂炉烤鸭与焖炉烤鸭在燃料方面的区别。

烤鸭杆通长约1.9米，用硬木制成，前半部分包铁皮，以防被炉膛的火焰烤焦甚至烧坏。烤鸭杆端头安有一铲形铁头，用来挑鸭钩的半圆形铁环。

在解放前，由于烤鸭需求量的扩大，张文藻又培养出徒弟田文宽。田文宽后来成为全聚德第四代烤鸭师。1953年，田文宽还曾作为烤鸭专家到苏联莫斯科北京饭店工作。田文宽在那里工作一年后回国，他的师傅张文藻也到苏联莫斯科北京饭店工作一年，向苏联厨师传授烤鸭技艺。

全聚德实行公私合营后，先于1954年在西长安街80号开设了解放后的第一家分号，简称"西号"。1959年又

1954年全聚德第三代烤鸭师张文藻在整理烤鸭

45

全聚德第四代烤鸭师田文宽在制作烤鸭　　全聚德第四代烤鸭师田文宽在指导徒弟

在王府井帅府园开设了第二家分号，简称"东号"。随着这两家分号的开业，全聚德的烤鸭师队伍进一步扩大，全聚德烤鸭传承人也从过去的"单杆"相传开始变为"多杆"相传。

1979 年全聚德和平门店开业。全聚德烤鸭师队伍进一步壮大，烤鸭师队伍不仅是"多杆"相传，而且还跨代相传。

在 20 世纪 80 年代，正值改革开放初期，全聚德三家店经常派烤鸭师到国内外分店工作，进行劳务输出和技术转让，也为全聚德烤鸭技艺的弘扬起到了推动作用。

创新发展

1993 年，全聚德集团公司成立后，烤鸭传承人改变了过去师傅带徒弟的传统做法，形成一支强大的烤鸭技术团队。这只烤鸭技术团队，在集团公司领导的正确带领下，进行了一系列技术改革和创新尝试。

1993 年 10 月，全聚德科研团队研制了改良烤鸭炉，并正式向北京市专利局申请专利。这是全聚德百年来第一次在专用技术设备方面申请专利。同年，还聘任国际烹饪大师陈守斌为全聚德集团总厨师长。

1994 年，全聚德集团与有关部门合作共同研制了快装式烤鸭炉，可以按图纸预制加工，解决了鸭炉标准化问题。这一年，全聚德首次举办"全聚德之最"劳动竞赛和评比表彰活动。其中，就有"最佳烤鸭厨师"这一项。这一活动，每年举办一次，一直延续到现在。

1995 年，全聚德科研团队又利用热辐射和热传导原理，研制了复合式鸭炉，可节约劈柴 30% 以上。此项技术获得了新型专利。

1996 年，全聚德在南郊大兴旧宫建立了食品厂，后更名为"北京全聚德配送中心"。配送中心的建立，标志着全聚德彻底改变了过去"前店后厂"的生产加工模式，形成统一生产和统一配送的新格局。随后，在 1997 年召开配送工作会议，在集团内部实行鸭坯统一配送，明确鸭坯质量和结算办法。

1999 年 1 月，"全聚德"商标被国家工商局认定为"中国驰名商标"，这是我国第一例服务类中国驰名商标。这一年，全聚德烤鸭技术团队着手研发全聚德电脑烤鸭炉，实现了烤鸭生产自动化和标准化。目前，全聚德电脑烤鸭炉已在全聚德集团国内外连锁企业中广泛推广使用。此项研究成果获得全国商业科学技术进步二等奖，获得中国服务业科研创新二等奖，获得全国餐饮业科技奖。

2000 年，全聚德前门店圆满完成北京奥申委宴请 26 个国际单项组织考察团的接待工作，将全聚德烤鸭技艺和老店文化展现给客人。2001 年，国际奥委会评估团还是在前门店举行晚宴，评估团主席海因·维尔布鲁根先生饶有兴趣地参观店史展览并兴致勃勃地在鸭坯上题字，品尝烤鸭。可以说，全聚德集团也为北京申奥做出了自己的贡献。

2001年7月，全聚德前门店举行建店138周年庆典，推出"吃烤鸭让您心中有数"用餐纪念卡活动，从此，全聚德烤鸭有了"身份证"。

2002年，全聚德烤鸭自动化成果荣获中国商业联合会颁发的2002年度全国商业科学进步二等奖。全聚德公司还注重全聚德历史和烤鸭饮食文化的宣传，在这一年，赞助北京人艺复排话剧《天下第一楼》。

2004年，全聚德科研团队研发的"烤鸭烫坯着色机"和"烤鸭晾坯间"获得国家知识产权局颁发的实用新型专利证书。这一年，全聚德集团与紫禁城影业公司合作拍摄了32集电视连续剧《天下第一楼》，在中央电视台一套黄金时间播出后，形成观看热潮，掀起了一股品尝全聚德烤鸭的旋风，全聚德各店的营业收入和接待人次分别增长50%以上，出现了店店排队等候就餐的红火场面。

大家都知道，烤鸭都得趁热吃，如果鸭子凉了，就不香了。夏天还好，如果是冬天，鸭子凉得会更快。怎么办呢？全聚德奥运村店研制了可用酒精灯保温的"暖鸭炉"，让盘子有一定的温度，保持盘中片好的鸭肉片不凉。这一"暖鸭炉"也获得了实用新型专利证书。

2005年，全聚德集团与北京金星鸭业中心共同出资组建的合资公司——全聚德三元金星食品有限责任公司在通州区漷县成立，鸭坯生产设备和员工从原大兴旧宫的北京全聚德配送中心搬至新址，并正式投入生产。全聚德集团还专门从德国引进专用烤鸭炉和烤鸭车。

2006年，全聚德荣获中华人民共和国商业部颁发的"中华老字号"称号。

2007年4月，前门大街封街改造，全聚德前门店不得不暂时歇业。按理说，这是一个不好的消息，但前门店以"老店炉火情系百年"为主题，举行了全聚德炉火保存仪式，这样，既起到向社会公众告知的目的，又对员工进行了一次爱企爱岗教育。

2007年，全聚德还成立了食品卫生安全检测实验室，对采购的原材料进行严格的食品检验，严把食品安全质量关。这一年，全聚德集团以质量、食品安全、环境管理体系认证为契机，全面推进规范化、标准化、科学化的管理制度建设，进一步提升了全聚德集团整体核心竞争力。

2007年6月，国际奥委会终身名誉主席萨马兰奇先生在鸭坯上题字

2008年6月，"全聚德挂炉烤鸭技艺"被列入国家级非物质文化遗产名录。当年，全聚德烤鸭技术团队以高度的责任感和使命感，高质量地圆满完成为北京奥运会、残奥会运动员村和媒体村提供全聚德烤鸭的餐饮服务供应任务，受到来自世界各国的运动员、教练员和体育官员的好评。中外媒体称赞全聚德烤鸭是中国夺金之外的又一"夺金热门"，被誉为中国获得的第52枚"奥运金牌"。全聚德集团被北京市委、市政府授予"先进集体"

荣誉称号。

2009 年，全聚德烤鸭技术团队总结服务北京奥运会成功经验，研究制定《全聚德烤鸭食品安全可追溯制度实施方案》，在京全聚德品牌直营企业全面实行全聚德烤鸭全程可追溯体系，消费者可以通过多种渠道查询到鸭子从孵化、饲养、宰杀到烤制、上餐桌的全过程。2010 年 7 月，全聚德集团京外全聚德品牌直营企业也按照统一要求，全面启动全聚德烤鸭可追溯体系。

2010 年，全聚德还作为北京市选派的参与上海世博会服务供应工作的唯一餐饮团队，入驻上海世博会中华美食街。

2011 年，前门店"老门脸墙"被认定为北京市级文物保护单位，前门店也成为北京餐饮老字号中首家市级文物保护单位。20 世纪 90 年代初，位于前门的全聚德起源店进行翻建。全聚德特别把当时建于 1901 年的老门脸墙保存下来，并整体平移至如今大堂内东侧。1999 年又将老墙后面的厨房腾出来，恢复了"老铺"格局，让来全聚德就餐的客人有回归、穿越时空的感受。

2013 年，全聚德派烤鸭厨师参加了由商务部和中国常驻联合国代表团共同主办、中国烹饪协会组织的"中国美食走进联合国"活动，让联合国官员就地品尝正宗的全聚德烤鸭。

2014 年，全聚德展览馆迁址重建。原来，全聚德展览馆建于 2005 年，位于集团公司总部三层。经过几年的运营实践，全聚德集团领导下决心，从寸土寸金的和平门店，拿出七层一整层约 1000 平方米的场地，斥巨资重新规划和设计了全聚德新的展览馆。全聚德展览馆宣传全聚德历史文化和挂炉烤鸭技艺这一国家级非物质文化遗产。2006 年该展览馆被评为北京市爱国主义教育基地，每年接待来自全国各地的大中小学的学生参观和就餐体验，受到参观者的一致好评。同时还接待来自世界各国朋友们的参观。

　　2014 年，APEC 会议在北京举行。全聚德集团接到到现场为与会各国领导人服务的任务。为了展示全聚德烤鸭的优美造型，全聚德烤鸭技术团队大胆创新，研制出鸭肉片新的摆盘方法，拼成一朵牡丹花造型，配以绿色枝叶，并命名为"盛世牡丹"，让宾客在品尝烤鸭美味的同时，先享受视觉盛宴，受到中外嘉宾的一致好评，一举成功。目前，这一摆盘方法，开始沿用到全聚德各店的日常销售活动中。

　　2015 年 5 月至 10 月，全聚德亮相意大利米兰世博会。全聚德烤鸭作为代表北京饮食文化的唯一入选展项，在中国馆"民以食为天"板块，通过挂炉烤鸭技艺泥塑展陈、全息投影技术、视频宣传、文字介绍等多种方式，为世界各地的参观者演示了烤鸭的烤制及卷制过程，展示了全聚德的"非遗"绝技。同时，与河南省谷香九号餐饮有限公司签署战略合作协议，全聚德烤鸭成为米兰世博会烤鸭指定产品，进驻米兰世博会的中国馆餐厅，在国际市场传播了良好的品牌形象。

　　2015 年 10 月，全聚德集团与国家体育总局训练局签署为期 4 年的战略合作协议，全聚德烤鸭系列产品被指定为国家队运动员备战保障产品。全聚德烤鸭技术团队按照训练局严格的标准要求，达到了奥运食品国际标准，为训练备战，准备出征的运动员们提供优质烤鸭。

　　从"单杆"相传到"多杆"相传，全聚德挂炉烤鸭技艺从单人相传到集体传承与创新，对于弘扬全聚德悠久历史和饮食文化起到了不可磨灭的重大作用。未来，全聚德的传承人团队仍会不辱使命，将全聚德精神发扬光大。

[中国全聚德（集团）股份有限公司

李燕山]

厚德务实　薪火相传

——记六必居酱菜制作技艺及其传承人杨银喜

　　洋洋六必，酱香馥郁；上下数百年，蜚声海内外。北京二商集团麾下的六必居，是京城久负盛名的中华老字号。在数个世纪的发展长河中，十几代六必居人前赴后继，恪守"忠义信业为本"的源文化，遵循"秫稻必齐，曲蘖必时，湛炽必洁，水泉必香，陶器必良，火齐必得"的"六必"古训，厚德务实、薪火相传，使六必居从"前店后厂"经营传统酱菜的小作坊，一步步不断发展壮大，逐步成长为全国调味品领域响当当的知名品牌企业，六必居酱菜制作技艺成功入围国家级非物质文化遗产保护名录。老字号六必居的

中华老字号

六必居酱菜制作技艺入围
国家级非物质文化遗产名录

北京市农业产业化重点龙头企业

六必居中国驰名商标

发展历程，是全国著名商号由明清传承至今的缩影写照。

　　作为享誉中国的知名品牌，六必居自新中国成立以来先后得到了周恩来、胡耀邦等党和国家领导人的亲切关怀并被寄予殷切期望，特别是在2013年中央农村工作会议上，习近平总书记重点提及老字号六必居品牌，这是对六必居极大的鼓舞和鞭策，更加坚定了新一代六必居人"铸造诚信、活力民族品牌"发展愿景的信心和决心。

历史源流

　　闻名遐迩的六必居酱园据传始建于明朝嘉靖九年（1530），至今已有480多年历史，是京城历史最悠久、最负盛名的老字号之一。相传，六必居前门外粮食店街店堂内悬挂的"六必居"金字牌匾，出自明朝严嵩之手，据《燕京杂记》（清）所书，"端正秀劲，不类其人"。此匾虽数遭劫难，但仍保存完好，现已成为稀世珍宝。

　　关于"六必居"的来历有三种说法，其一说：六必居起初是一家经营

"柴米油盐酱醋"的店铺，俗话说，开门七件事，柴米油盐酱醋茶，这七件是人们日常生活必不可少的，店铺因经营其中柴米油盐酱醋六件而得名"六必居"；其二说：六必居以酿酒起家，为谋求更大发展，到北京开设酒馆，接受一位老者的建议，以酿酒的"古遗六法"即："秫稻必齐，曲蘖必时，湛炽必洁，水泉必香，陶器必良，火齐必得"，给酒馆命名为"六必居"；其三说：六必居最初开业时有六人入股合开，委托当时写书法很不错的严嵩题匾，严嵩提笔便写了"六心居"这三个字，但转念一想，六心岂能合作，便在"心"上加了一撇，便成了今日的"六必居"。

根据现有文字资料，六必居在民国以前至少经历了三个发展阶段。

一是郭姓经营的阶段。时间大致在明朝中后期。关于这段历史，当时有原始文字记载，不幸毁于庚子兵燹。但在民国十一年（1922），六必居向京师酒醋盐行商会申请的补契中陈述了这一段历史。

二是三姓合股的阶段，时间大致在明末清初。有一份清代道光二年（1822）的卖房契，其中交代当时郭姓经营力不从心，曾吸收赵璧、原杼两家入股，合开"六必居"。当时该店的规模已很大，有"门面顶排六间半，抱杪六间半，接檐六间半……共计连排五十四间，院内井一元，上下木土石树相连"。其中写到该店"坐落在前门外大栅栏口内南边路西中城中西二铺地方"，即六必居酱园现在所处的位置。店铺类别是"开设六必居生理门面"。

三是赵姓经营阶段。从卖房契中可以看到，自1822年起，赵姓将六必居买断，独立经营。股份只有三个，被称为"老三门"。但是这种局面并没有持续很久，很快就有贾姓加入。一份1953年的股东组织简章中说，贾姓道光年间即已入股。20世纪初，也即在庚子之变后，霍凌云因建店有功，获得一部分的股份。从此，赵、贾、霍三姓成为六必居的三大股东，一直持续到解放后公私合营。实际上，三家除外，还有很多人也入股了"六必居"。

六必居在经营上，除了柴米油盐酱醋外，还卖酒和青菜等。这种状况在解放前都还一直保持。但其经营的酱菜在清末即已享有盛名。从道光年间的卖房契可以看到，当时的六必居已具有前店后厂的规模，并早已具有了自己的经营特色。有文字资料显示，六必居在康熙年间是山西会馆的会首，在同行中具有一定的号召力。

到了清代末期，六必居传统酱菜的制作已形成了一套非常完善的选料加工流程和经营管理制度。其选料均有固定的出产处和严格的挑选标准。譬如黄豆选自马驹桥，其特点是粒大、饱满、色黄、皮薄、油性大。白面选用京西涞水县一带小麦，自己加工磨成伏地面（重箩的细白面）。由于这种小麦黏性大，特别适宜制作甜面酱。在加工过程中，程序复杂，要求非常严格。正是这种严格的操作规程，保证了六必居酱菜过硬的质量。制作出来的酱和酱菜具有味道鲜香浓厚的特点。

清代末年，六必居酱菜也得以跻身宫廷，成了进奉给慈禧太后和皇上的贡品，拥有朝廷恩赐的黄马褂、红缨帽和腰牌，以便于往宫内递送酱咸菜。其中还有一道慈禧太后特别喜欢的小酱菜，原来叫"银苗"，因慈禧记不起名字，误叫成"银条"，于是改名叫"银条"。除了慈禧太后，还有很多名人要员点名要过六必居的酱菜。曾任六必居掌柜的贺永昌就亲自给蒋介石、傅作义、温寿泉、侯少白等送过酱菜。

公私合营时期的六必居

技艺特点

六必居酱菜的传统制作技艺，通过口耳相授而世代相传。其酱菜制作技术一向以选料独特、制作复杂严谨而闻名。生产加工注重品质，经营管理讲究诚信，经营品种丰富多样，产品包装新颖独特，服务态度热情周到，在广大客户中享有良好的信誉。这也是六必居能够延续数百年而保持长盛不衰的最重要的原因。

六必居具有代表性的传统产品有 12 个，分别是：稀黄酱、铺淋酱油、甜酱萝卜、甜酱黄瓜、甜酱甘露、甜酱黑菜、甜酱包瓜、甜酱姜芽、甜酱八宝菜、甜酱什香菜、甜酱瓜和白糖蒜。其中每一个品种在加工程序及加工方法上都各有不同。

六必居的酱菜之所以出名，是与它选料精细、制作严格分不开的。六必居酱菜的原料，都有固定的产地。这些产地的农户，往往世代相传，成为六必居的老供应户。六必居制作酱菜，有一套严格的操作规程。一切规程，由掌作的一人总负责，如有违反或失职，就要受到严厉的指责或处分。

比如酱的制作，从酱料曲的发酵到酱的发酵，每个环节都要严格把关，认真操作。曲料入缸加盐兑水以后，关键是打耙。打耙就是用一木柄耙子（底部固定一块方木板）在酱缸内上下搅动，使其发酵均匀。六必居规定，不仅要按指定时间打耙，而且每次要保证一定的耙数，务必把浊气放尽。

正是这种严格的操作规程，保证了六必居酱菜过硬的质量。六必居生产的铺淋酱油，是酱油中的高档产品；生产的甜酱包瓜，是酱菜中的高档产品。

虽然价钱都很贵，但人们认为货真价实，多花几个钱也乐意。到了年节，人们还常以这些高档酱菜作为送礼的佳品。

六必居作为北京历史悠久的著名老字号之一，还拥有丰富深刻的文化价值。首先是恪守"六必"的经营理念，在长期的实践中，形成了一套独特的选料加工技术，这套传承了数百年的酱菜加工技术是我国饮食文化中的精华。其次，六必居在管理和经营方式上，以诚信为本，管理规范，积极探索，较早地采用了"契约合伙"、"附本"经营、"股份制"等经营模式，还重视文化宣传的策略，在打造金字招牌的过程中，既树立了传统商业经营管理的典范，为现代企业文化建设和商业运营管理提供很好的借鉴，又为人们研究明清以来的商业文化及经济变迁提供了生动的案例。另外，六必居自身丰富的商业文化内涵，对于我国的民俗文化、商业文化以及饮食文化研究等都具有十分重要的参考价值。

六必居酱菜礼品盒

2016 年 9 月 8 日六必居前门百年老店在大栅栏粮食店街重新开业

技艺与品牌传承

六必居酱菜之所以能经久不衰,与每一代传承人有着密不可分的关系。"每天打耙近万次","日切菜 50 公斤,每根薄厚 2 毫米","像仪器一样精准识别含盐度",这是杨银喜近四十年的经历,也是他独一无二的绝活。他是如何做到的?在机器盛行的时代,为何六必居依然保留着传统的纯手工酱菜店?六必居这个百年老字号今后将如何在传承中出新?在杨银喜的身上可以找到答案。

"三项绝活"保留传统酱菜纯手工制作

5 月的晌午,炙热的太阳烤着大地。在北京城南的一处院子里,几百口大缸整齐地排列着。一位皮肤黝黑的中年人站在缸边沿打耙,一上一下间,缸中的酱菜被翻了个底朝天,娴熟的技艺让观摩的年轻人不住地称赞。这位打耙人,就是杨银喜。

今年已经 59 岁的杨银喜是六必居传统酱菜车间主任,这个车间至今保留着纯手工制作酱菜工艺。制作酱菜,第一步就是先把新鲜蔬菜用盐腌渍便于保存,然后将咸菜进行脱盐减少盐分,避免在后续酱制的过程中重复吸盐。脱盐后的咸菜需要根据需要切丝、切块、切条,而后装进 30 厘米长的小布袋之中,最后,将这些布袋子放入六必居特制的甜面酱或者黄豆酱中浸泡。

尽管六必居酱菜早已实现了现代化机器加工生产,在怀柔也有现代化的生产车间,但杨银喜依然选择留在六必居唯一的纯手工制作车间继续工作,和七八个徒弟一起保留着六必居原汁原味的记忆。

"与现代工艺制作的酱菜相比，传统酱菜所用的甜面酱、黄豆酱保证了传统酱菜的醇厚酱香，这是现代工艺无法超越的。"谈及为何保留这个传统工艺车间，杨银喜解释道。

打耙，是杨银喜和他的徒弟们每天必做的工作，将一个耙件杵到缸底，用力一提，耙子把下边的酱菜带到了缸上边，完成了上下的置换，让酱菜腌制得更均匀。打耙看似是个体力活，实则也是技术活。纯手工制作酱菜，唯有杨银喜的技术最精湛。

打耙只是杨银喜的一项绝活，在他身上，还有两个绝活让所有人称赞不已。一个是切菜，据他的徒弟介绍，像苤蓝丝，一天他就能切丝50斤，而且薄厚均匀，每根都符合宽度不超过2毫米的规定。此外，他还有一个关键的绝活，就是通过"一看、二闻、三尝"，就能预判产品是否合格，盐度、糖度、酸度是否超标。

杨银喜的三项绝活在六必居名不虚传，不过，练就这三项绝活，可不是一朝一夕的事，这得从36年前说起。

每天"打耙"过万次换来师傅的秘方

1980年，24岁的杨银喜从山西农村老家来到北京投奔父亲，他回忆说："我老父亲原来在六必居工作，到了退休年龄，就让我来接班，我才有机会到这里上班。"原以为父亲能给他传授经验，但是不到一星期，父亲就匆匆地办完手续回老家了，留下他一个人在这个陌生的城市。

"刚来北京，我就对这个城市充满了敬畏，来京之前我一直务农，文化程度也不高，能在大城市站住脚我得努力。"正是因为这份敬畏，杨银喜对于工作一丝不苟，从上班的第一天起就开始用日记的形式记录每天的工作。

打耙、倒缸是腌菜的重要步骤，为了让一缸酱菜充分吸收酱汁，且不会腐烂发酸，需要不停地用耙子上下倒换，此外，腌制好的酱菜还需要从缸里倒出来装坛、装袋，这就是杨银喜初进六必居要做的工作，这个工作是一项很重的体力活。

"那个时候大概有 200 口酱缸，每口酱缸一次打耙 30 下，一天两三次，就这样下来，一天仅打耙我就得做近万次。"干农活出身的杨银喜没有对这个工作有任何抱怨，学得快、做得也快。

别看这是个体力活，但需要找技巧。第一次拿起耙的时候，杨银喜有些不知道怎么下手，看着缸里装的一袋袋菜条，从哪里下耙？这可愁坏了他。

六必居的酱菜都是用甜面酱等酱制，浓稠的酱汁让耙几乎没有缝隙插进去，干了半天也没有成果。不过，师傅董志武的一句"溜着缸边下耙"提醒了杨银喜，这也成为他掌握的第一门诀窍。

此后的五年当中，无论冬夏，杨银喜从不偷懒，他说"该打多少耙就打多少，少打了，酱菜的色泽、味道都会受影响，尤其是夏天，耙数不够酱菜容易发酸"。打耙是个辛苦活，一米七五的个头，虽然体重只有 120 斤，但是干起活来杨银喜可不服输。尤其是酷暑天，炙热的太阳烤着他的后背，晒得他有点儿发晕，但他从不糊弄工作，他知道，越是这种天气他越要增加打耙的次数，绝不能懈怠。

因为当时条件艰苦，工作劳动强度大，很多年轻人都吃不了苦，干了几个月就另谋生计了，看着身边许多同事相继离去，杨银喜却丝毫没有动摇，他说："我不愿意走，从到厂的第一天起就是打算扎根的。"

在杨银喜的爱人眼里，他把厂子当成了家，恨不得天天住那里。"别人一下雨就是往家里跑，他一听见雷声撂下筷子就往单位奔。"他满脑子惦记的都是像宝贝一样的酱菜缸，生怕雨水打湿了酱菜。

测算盐度精准得如仪器一般

1986 年，杨银喜的忠厚踏实、勤勉敬业终于得到了师傅董志武的认可，成为培养的对象，得到了取料、配菜的机会。

制作 1000 斤八宝酱菜，黄瓜多少斤、花生多少斤、盐多少斤、糖多少斤……杨银喜用心记住每一种酱菜的配料表，到了晚上回到宿舍，他还要在日记本上将配料表记清楚，避免忘记。他想把工作干好，把做酱菜这个活儿传承下去，每一项工作都不能应付了事。

"往往腌制一缸酱菜至少需要小半年时间，要想学会一整套流程，每一项工作都要学会。"杨银喜就是这么要求自己的，每天除了干好取料、配菜的工作，一有时间他就去跟切菜的大姐们学习切菜。"切得好，酱菜外观才美"，有着不服输劲头的他经常下了班也不走，仍在练习切菜。几年时间，杨银喜的刀工见长，切丝、戳花全不在话下，"那时候厂里经常有刀工比赛，每次我都能拿着名次"。

练就一手好刀工的杨银喜清楚，料配准、菜切得好，也只是成功了一小步，学习好腌制酱菜才是最关键的。虽然在打耙的时候，杨银喜也会时常留心学习师傅们腌制酱菜的方法，但直到自己上手腌制，他才知道这个工作不简单。

"就拿苤蓝丝来说，1000 斤的原料应该出 900 斤的酱菜，才能保证酱菜品质，做到咸淡合宜，色泽饱满。"杨银喜说，掌握出菜量，只有自己摸索，没有教科书。然而，就在他第一次制作苤蓝丝的时候，就出现了问题，1000斤的原料只出了 800 斤的酱菜，味咸、菜干，只能倒掉，杨银喜开始琢磨到底问题出在了哪里。

原来，制作酱菜的每一步都需要严格的精准度，如给盐腌制保存的苤蓝进行脱盐，需要浸水3到4次，次数多了、少了都不行，"次数少了，盐度高，次数多了，盐度不够就难以保鲜，容易发酸变质"。杨银喜总结说。脱盐后，还需要用压榨机将菜中的水分挤掉一部分，这个过程也非常重要。

"那时的压榨机向下压制的过程很慢，一个小时，压榨机顶多下去10厘米，厂里人不多，不能一直看着压榨机，还得去打耙、倒缸，第一次失误就是时间没有把握准确，在压榨的过程中，出水过多。"杨银喜总结了经验，在此后每一次压榨的时候，他都会每隔十分钟跑到压榨机那儿看看进程，并取样品尝，总结出合适的压榨时间。"压榨的时候一点都不能偷懒儿，这是个功夫活儿，没有点儿责任心，咸菜里的水分就会被过量压出。"

功夫不负有心人，在杨银喜对自己的严格要求下，他很快就掌握了六必居酱菜的制作方法，并练就了"一看、二闻、三尝"的绝活。看色泽、闻气味儿（有没有发酸）、尝甜咸，虽然产品有着严格的检化验程序，但他仍坚

速制酱菜罐

持用这个方法为每一缸酱菜把关，他能准确地通过品尝说出酱菜的盐度，精准得如检测盐度的仪器。而每天从他手里酱制的菜不仅优质，而且每缸菜的色泽、味道几乎没有差异。

要问掌握这些技巧的秘诀是什么？杨银喜认为，没有技巧，唯有"勤跑腿、多用心"。

盐度从 10 到 8 的艰难坎坷路

随着人们生活水平的提高，酱菜不再是缺吃少穿那个年代的必需品，而是成为人们生活中的一道调味菜。少盐低糖的健康饮食习惯也倒逼酱菜行业推陈出新，满足新时代的生活方式。

在六必居公司的号召下，杨银喜和他的同事们也开始了探索创新的道路。

凭借着积累的经验和自己的潜心探索，他尝试着对产品进行工艺改进，努力将酱腌菜从以前的色黑、盐度高向色浅、低盐的方向发展，累计开发了麻仁金丝、香辣黄瓜、甜酱长丝菜、宫廷黄瓜等多个新产品。

甜酱什香菜是六必居的畅销酱菜，为了让它满足现代年轻人的口味，杨银喜在腌制的过程中降低了盐度，增加了芝麻、香油等，经他创新研制的麻仁金丝更受消费者欢迎。

不仅是麻仁金丝，杨银喜将 30 多种酱菜进行了降盐的改良。但是如何降盐，可不是想象的那么简单。

"所有的配料都是按照老祖宗留下的规律配置，更改了一项，整个流程就得相应发生变化。"杨银喜说，降低盐度的做法主要是在脱盐的时候增加咸菜浸泡的次数和时间，但是到了夏天，咸菜中盐含量过低就会变酸，影响味道。怎么解决这一问题？夜不能寐的杨银喜不停地琢磨，思来想去，只有增加打耙次数，防止变酸。

杨银喜带着徒弟们一起研发低盐酱菜，每一个步骤，每时每刻他都亲自盯着，看颜色、闻味道、尝咸度，他周而复始、不厌其烦地重复这一工作，时刻关注酱菜的变化。几个月以后，一缸低盐的酱菜研发成功，口味没有明显变化，但是盐度经检验由原来的 10 度降到了 8 度，这是酱菜行业内的一大突破。

如今，每天都有大约 2000 公斤的酱菜从北京南城打包运送到位于大栅栏粮食店街的六必居前门老店，满足源源不断的顾客选购。

国家级非物质文化遗产六必居酱菜制作技艺
传承人——杨银喜现场制作酱菜

虽然工艺随需求不断改进，但杨银喜对选料的严苛度绝不会降低。"其实，六必居选用蔬菜时很讲究，如甘露在北京的周边都有售卖，但六必居会舍近求远，每年秋天都要到内蒙古萨拉旗去采购，因为那里的甘露形状短粗饱满，沟槽较少，是做酱菜的最好材料。再比如，黄瓜只用四六条（一斤有四到六根）。"杨银喜认为，原料选得好，酱菜才质优，作为酱菜的最后一道把关人，他对酱菜原料的质量非常上心，只要发现原料质量不合规，他就会坚持让退货。

2009 年，杨银喜被认定为六必居酱菜制作技艺的国家级传承人。如今，他依然奋战在生产车间一线，手把手地教授徒弟们加工技艺。他以默默无闻的辛勤耕耘为六必居的薪火相传竭尽全力。

（北京六必居食品有限公司）

传承创新　青春永驻

——记王致和食品有限公司腐乳酿造技艺及其代表性传承人

中国是大豆的故乡，大豆是中国广大劳动人民的主要食粮之一，根据出土文物和文献考证，远自商代我国即开始栽培大豆，据说，汉高祖刘邦的孙子，淮南王刘安率众创制豆腐之后，人们为贮存豆腐，就用酒糟进行腌渍，腐乳因而产生。

千年技法，源远流长

腐乳是以大豆为原料，以红曲、白酒、白糖、食盐为辅料经发酵制成的豆制品。在公元 5 世纪的魏代古籍中就有记载："干豆腐加盐成熟后为腐乳。"而明清时代，有关腐乳的史料逐渐增多，最早详细记载腐乳制法的古籍出现在明代，一些清代古籍对腐乳也有记载。从这些记载可知，当时腐乳的生产与食用已相当广泛。

古籍中的记载已经充分证明了腐乳酿造技艺的源远流长。我国的腐乳产地遍及全国，由于各地口味不一，制作方法各异，腐乳制作从工艺上划分为腌制腐乳和发霉腐乳两大类，其分类如下：

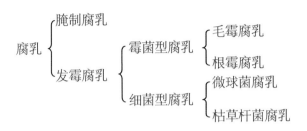

过去是自然菌种发霉，即利用空气中和木盘上遗留的毛霉菌能在15℃左右生长和繁殖这一特点，经过7—15天的培养，在豆腐坯上长满灰白色的菌丝体，从而形成细腻而有韧性的皮膜，同时分泌大量的酶。天然发酵的优点是，产品质地柔糯，色泽鲜亮，香味浓郁。缺点是受到季节限制，无法常年生产，容易感染杂菌。

王致和腐乳酿造技艺属于毛霉发酵腐乳的制作工艺。其腐乳酿造技艺传承到了今天，并且为腐乳家族中增添了"臭豆腐"这一具有独特风味的民族食品。

臭豆腐素有"闻着臭，吃着香"的特点，其实制作工艺和红腐乳在腌制之前是完全一致的，其独到之处在于汤料的配制，红腐乳的汤料是以红曲、米醪为主原料，而臭豆腐则以花椒为主，用荷叶封缸。大豆制成豆腐坯，经过接菌、前期发酵、后期发酵后使王致和腐乳具有"细、软、鲜、香"的特点，特别是臭豆腐，臭中含香，别具特色。

历史渊源

举子进京创办致和酱园

据说，安徽举人王致和，于清康熙八年（1669）进京赶考，住在北京的安徽会馆附近。在准备考试期间，以制作和贩卖豆腐为生，正值夏日，豆腐没有卖完，于是王致和想起老家制作酱豆腐的方法，即将豆腐切成小块放入坛子中，加上盐和花椒封存起来。数月后，王致和突然想起封存的豆腐，马上打开盖子，一股臭气扑鼻而来，他试着尝了尝，口感细腻，鲜香爽口，遂赠予邻里品尝，无不称奇，由此诞生了"王致和臭豆腐"。

公元 1669 年王致和进京赶考

王致和南酱园

臭豆腐发明之后，王致和干脆弃学从商，做起了臭豆腐生意。生意越做越红火。1670 年王致和雇了几个人开起了制作臭豆腐的小作坊，随后又于清康熙十七年（1678）在前门外延寿寺街路西开设了"王致和南酱园"，占地面积大约 150 平方米，前厅为店，主要经营臭豆腐，兼营酱豆腐、豆腐干和一些酱菜，后院为厂，承担以上产品的生产加工。

御赐青方，荣登大雅之堂

"王致和臭豆腐"誉满京城以后，传到清朝宫廷。传说，慈禧太后尝后饶有兴致地说："这东西方方正正，灰中透青，且味道鲜美，就叫它青方吧！"于是臭豆腐便有了御赐的雅名。

到了清朝末年，王致和南酱园已发展到了鼎盛时期。北京的老字商号都比较流行请达官贵人或者文人墨客为其题词，王致和门前的牌匾均加上彩绘龙头，象征"大内上用"。"王致和南酱园"这 6 个字分为两块匾，分别由孙家鼐、鲁琪光书写。孙家鼐（1827—1909）是安徽省寿县人，清末名相。他咸丰九年（1859）中己未科状元，授翰林院修撰，入直上书房，光绪三十三年（1907）任资政院总裁，受封太子太傅。鲁琪光是江西南丰人，同治七年（1868）进士，官至济南知府，此人工于书法。

1859 年，状元孙家鼐还为延寿寺街上的店铺题写了四句藏头诗："致君美味传千里，和我天机养寸心，酱配龙蹯调芍药，园开鸡跖钟芙蓉。"

据解放前到王致和南酱园学徒的周尔柱老师傅说："1942 年，我 14 岁时到'王致和南酱园'当伙计，这两块牌匾还在，藏头诗听说过。"

王致和南酱园在清末民初达到鼎盛，随着生意兴隆，其他酱园也如雨后春笋般地冒出来。如前门外延寿街南口的王芝和，兴隆街的致中和，宣武门大街十三号的王政和。这些新兴酱菜店的名字多取自"王致和南酱园"字号中的一字

慈禧御赐雅名"青方"

或者两字，或者取其谐音，以达到借其名牌之效，拓宽销路。但无论是从其开店时间来看，还是从产品风味来看，众多酱菜店中首推"王致和"，"王致和"一直被奉为正宗。

代表性工艺传承人

清末民初，店铺数易其主

由于当时的王致和南酱园是小作坊，除了有一些地址的登记外，没有查到有记载的工艺传承关系，只是在前些年，通过老师傅的回忆，我们笔录了一些清末民初店铺东家及具有代表性的工艺传承人的一些故事。

据说，王致和店铺曾经倒给盐商何炳银。那时何家只是当东家，另外有掌柜的经营，老彭在柜上学徒。八国联军进北京时，柜上的掌柜和伙计们都逃走了，只剩下老彭一人看柜。后来东家到柜上看看，知道别人都跑了，只有老彭没跑，看着柜，未出任何事故，也未受到损失。因此，东家很称赞老彭，就让老彭当掌柜的了。后来何炳银因包办盐商赔了款，就把"王致和"倒给王宗林（王兴文之父）和老彭掌柜，以后由王宗林和老彭掌柜经营。后来由于老彭掌柜年老不能工作，即由其子彭雅亭继续掌柜职位。彭雅亭不负责任，整天不在柜上，还抽鸦片，逍遥浪荡，因此，营业不好。那时就有饶废荣、刘澄轩入股成了股东，一共四家股东，营业几年也不好。彭雅亭因家庭没落就自愿退出股东，这样，由于营业不好，就欠下了外债，店铺日渐亏损。饶、刘两家股东见势不好，也声明退出股东，因为"王致和"还有外债，三家股东商定谁接王致和企业谁还外债。不担负外债的干身退出。于是饶、刘两家股东干身退出，由王宗林担负外债，经营企业。

1944年王宗林因病故去，就交王兴文上柜来管理业务。

新中国成立以后老字号品牌又重获新生，特别是公私合营以后，在国家政策的支持下，"四和"的工匠们齐聚一堂，共同为国有企业的腾飞而努力。公私合营至今，王致和企业的发展可分为三个阶段：第一阶段，公私合营，品牌重获新生；第二阶段，改革创新，国企阔步前行；第三阶段，潜心研究，引领行业发展。在企业发展、腐乳工艺变革过程中，对于腐乳酿造技艺这一群体性传承的工艺技术，每一次变革都凝聚着在任领导班子的创新思维，凝聚着技术人员专业知识精髓。三百余年来，一届届企业领导、一代代技术大师、一批批技术工人为"王致和"品牌的辉煌无私地奉献着毕生的精力。

公私合营 品牌重获新生

"同义厚"酱园解放前是私营企业，地处北京西郊田村，以生产酱油、醋、黄酱为主。1951年改名为"田村酱厂"。当时的厂长刘建平向北京市人民政府工商局申请开设"田村酱园"；1952年1月，经北京市人民政府工商局核准颁发"营业证"（见本厂档案资料"北京市人民政府工商局营业证"）。1958年3月，"四和"（即王致和、王政和、王芝和、致中和）与"田村酱厂"合并。6月底，永外"惠康味素厂"迁入田村，这样"四和"、"惠康"及田村附近十几个小作坊一起与田村酱厂合并，正式建立腐乳生产专业厂家——"田村化学酿造厂"，1972年更名为"北京市腐乳厂"。

林修俊师傅1949年到致中和跟着王师傅（当时的师傅）学徒，后来王师傅被资本家解雇，林修俊师傅就被资本家任命为小工头，带领二三十个人做臭豆腐、酱菜、豆豉等产品。卢振勋师傅是1951年到致中和学徒，先是在柜上学买卖。当时店铺以臭豆腐为主，销量不是很大，但同类产品中也算领先，主要销往东北和河北。林师傅介绍说，当时在生产过程中选择的原料主要是东北大豆和河南大豆，因为这里产的豆子蛋白质含量高，腐乳出品率也就高，西北的豆子出品率相对要低一些。当时腐乳生产的机械化程度很低，用电动平磨就已经是比较先进的了，其他工序依然还是手工操作。磨好的豆浆要先用滤布过滤才能放到大锅中煮，煮熟的豆浆还要淘到大木桶里，一个桶里大约能装 150 斤豆浆，一锅豆浆要分装在两个桶里，在桶里点卤，豆腐脑成型后舀到屉布上压榨，用于压榨的工具很简陋，几块大石头而已。豆腐脑按标准要求压制成豆腐片，然后用方子（截面是正方形的木头长方体）和小刀把豆腐片切成小方块，放入竹制的笼屉中，将豆腐块在屉上摆成"人"字形，自然条件下发酵，天冷的时候 7 天左右可以腌制，天热 3 天后可以腌制，然后装入坛子中加入汤料进入后期发酵阶段，在常温下臭豆腐需要 60 天才能发酵成熟，酱豆腐需要 90 天。

在传统的腐乳制作技艺中卢振勋老师傅掌握了关键技术环节。中央电视台《探索·发现》栏目曾播出系列纪录片《手艺》再现了卢振勋老师傅制作腐乳的技法。据他讲述，豆子要泡一天一宿，泡好的豆子上磨磨，平面的石磨上面有两个眼儿，掌握磨浆的粗细，方法就是把木棍插在磨上的眼里，插多了磨得就细，磨好的磨糊要"过包"，"过包"就是在木头钉的十字架上绑上豆包布，架在大锅上面，豆浆就可以直接滤进大锅里。传统工艺全部都手工操作，电磨和千斤顶的使用在当时已经很大程度上减轻了工人的劳动强度。

当时的"王致和"南酱园营业地址在前门外延寿寺街路西，致中和在兴隆街，小商小贩从"致中和"买来臭豆腐，一出门就叫卖是"王致和的臭豆腐"，这就足以证明老百姓对王致和的宠爱，不仅是致中和，王政和和王芝和也是这样。大街上推车的、背筐的、挎篮的小商贩会想尽办法讨到"王致和"的门票，让自己的买卖好做一些。

公私合营之后，生产规模逐步扩大，卫生质量提高，产品工艺也有所变化。林修俊老师傅和卢振勋老师傅是腐乳制作的骨干力量，也是关键技术元老，在工艺技术的提升方面做出了突出的贡献，比如：石磨改成了电磨；人工摇包滤浆改为电动罗过滤豆浆；由木桶盛浆点卤改为大瓦缸盛浆点卤；由人工压榨改为千斤顶压榨；大缸发酵倒装进坛子、小罐、小篓等小包装销售等，为腐乳的规模化生产奠定了基础。

改革创新　国企阔步前进

从党的十一届三中全会召开到 20 世纪 90 年代初，这一时期"王致和"获得了突飞猛进的发展，工艺、设备、职工队伍已经初具规模。

一是实现了企业由计划经济向市场经济的变革。

单一式大坛腐乳产品向小罐、中方瓶、四旋瓶多种小包装系列转化，从而打开了王致和产品在市场上销售的新局面，完成了王致和产品包装形式的又一次变革。1985 年，重新启用当时名声较大的"王致和"老字号，并注册了"王致和"商标，这一举措，为之后的品牌维权奠定了坚实的基础。

二是研发直装工艺，获得第一项发明专利。

1986 年，领导班子做出决策——研发"直装工艺"，实现了腐乳生产工艺跨越式进步。1991 年投入全面生产，彻底解决了"倒装工艺"生产中的损耗问题。"直装工艺"的问世也有一段鲜为人知的小故事。80 年代以后，公司专门成立包装车间，开始装瓶，主要利润就在装瓶上，原材料放开以后，按原来的方式生产，劳动强度大，产品质量及卫生不易控制，而且倒装成本高。对此王致和人采取了积极的应对措施，第一，将大坛包装产品全部取消，改成直装工艺，就是将腌制好的豆腐块直接装进玻璃瓶中发酵。这是一种全新的尝试，是在腐乳行业中前所未有的举动。一开始老师傅都不接受，按照传统的生产经验，腐乳在坛子中发酵，容量大豆腐码得层数多，中间的发酵效果最好，坛子最上一层和最下一层分别被称作"坛子头"和"坛子底"。一改瓶装，容量小，只有上下两层，一层"坛子头"一层"坛子底"，肯定好不了。诸多的疑问和老师傅们的不满情绪并没有影响到工艺变革的推进，技术人员先从臭豆腐入手，直接装入玻璃瓶中发酵。一个漫长的发酵周期过去了，疑问也随着时间的推移而得到解答，臭豆腐试验成功了。紧接着该是酱豆腐了，技术人员组织试装了 20000 瓶放在屋子里，到了夏天再一看，吓坏了，一瓶瓶豆腐原本灌的是红汤，结果全发白了，大家是既心疼又沮丧，完全不知所措，没办法只能报废处理了。但是，清理的时候又有了惊喜的发现，只有表面的一层是白的，里面避光的地方还是红色的，这下大家都踏实了，原来酱豆腐发酵变白的原因就是不能见光，因为以前都是在坛子里发酵，所以这个问题谁也没有遇到过。现在的后期发酵库都是完全避光的。技术人员经过 2 年多的努力在同行业率先实现了腐乳生产直装工艺，使发酵周期从过去的 4 个月缩短为 60—90 天，并实现了不受季节和天气影响的常年连续生产。采用腐乳直装工艺后，原来烦琐的倒装生产过程得到了明显的简化，减轻了劳动强度，盐坯破损率明显降低，成品完整率由 70% 提高到

95% 以上。由于技术的改进，腐乳的色泽和风味改善明显，产品质量明显提高。公司的该项技术获得了国家发明专利，并建成了全国第一条腐乳直装生产线，带动了整个腐乳行业的规模化生产，实现了由传统的大坛发酵成熟后再倒装的工艺到小玻璃瓶直装发酵工艺的转变，这项发明是一次腐乳行业史上的重大变革，是"王致和"的第一项发明专利。

三是积极维权，重塑品牌形象。

20 世纪 90 年代初期，从计划经济向市场经济过渡的过程中，老字号企业面临着重重困难。同行业竞争企业纷纷崛起，粮价上涨、成本大幅提高，利润率下降等等，王致和企业内部存在着一系列的不适应，产品单一、经营模式单一，时任领导班子带领全体员工经受住了锻炼和考验，调整经营观念，建立起企业生产、营销和激励三大系统，形成了王致和市场经营机制的雏形，三年时间，企业经济效益上了三个台阶。同时，领导班子也十分重视知识产权的保护。1992 年，企业领导发现顺义县李桥中学创办的校办企业——致和腐乳厂存在商标侵权嫌疑，为了维护企业的自身利益，不屈不挠地运用法律武器捍卫"老字号"的声誉。此案经过两年三审终审胜诉，成为著名的"中国知识产权第一案"。

1993 年 12 月 15 日，北京市中级人民法院宣布终审判决，即日起，顺义致和腐乳厂生产销售的腐乳不得使用"致和"字样；同时，由其向北京王致和腐乳厂支付 49.6 万元赔偿金。北京王致和腐乳厂主动放弃高额赔款，只接受了对方 1 元钱的赔偿费了结此案，因为王致和打官司不是为了钱，而是为"王致和"讨回公道，维护了消费者的利益。

"一元"官司的胜诉，使王致和名声大噪，不仅支持了校办工厂的发展，同时也体现了法律的严肃性，维护了老字号企业的合法权益。1995年，公司开始实施CIS战略设计，这一举措使"王致和"形象发生了根本的转变。

"一元"官司发票   王致和标识

　　随着企业知名度的提高，产销量迅速上升，扩建后的腐乳厂饱和产能8000万块，远远满足不了市场的需求，客户的需求长期不能满足，就会存在失去市场的风险。在不具备扩资建厂的客观条件下，领导班子一同商议，采用"借鸡下蛋"的方式与北京周边濒临倒闭的小型腐乳厂家合作，一举渡过了产能不足的难关，市场得到进一步拓展，效益增加，企业实力增强，还带动了周边小型腐乳厂的发展，这一举措为日后核心技术不转移的生产基地加工模式奠定了基础。

　　这一时期，在企业管理和工艺技术方面主要代表性人物有韩铁山、秦世国、穆亮、贾长斌、张京、陈恒清、郝秋生等。

潜心钻研　引领行业发展

90 年代中后期，企业又迎来了新的发展阶段：标准化管理、自动化生产、以健康营养为目的改进产品生产工艺，加快了"王致和"由传统生产管理模式向现代化、规模化进军的步伐。

一是建立了标准化管理体系

自 1999 年起，公司开始标准化管理体系建设工作，先后建立了质量管理体系、食品安全管理体系、食品工业企业诚信管理体系、环境管理体系和职业健康安全管理体系，明确了企业管理方针：保护环境，企业社会和谐发展；创造条件，保障职工身心健康服务顾客，奉献优质安全食品；持续改进，发扬光大中华老字号！这一方针也明确了企业所承担的社会责任、对职工的责任、对相关方的责任以及对消费者的责任。为了保持腐乳产品"细、软、鲜、香"的传统风味特色，公司始终坚持严把原料关，坚持选用富含优质蛋白的国产大豆，坚决杜绝使用转基因原料。随着标准化管理体系的建立，企业也实现了传统管理模式向规范化、科学化现代管理模式的转变。

二是实现了液体深层发酵法制备毛霉菌种

在多年生产实践基础上，企业技术人员大胆提出工艺创新的思路，一是实现了菌种制备方面的技术革新：王致和腐乳是微生物发酵工程食品，其发酵过程所用毛霉菌种至今已经历了三个发展阶段：第一阶段，自然培菌；

第二阶段：固体制菌；第三阶段：浅盘培养；第二、三阶段较第一阶段已经有了很大进步，纯化了菌种，缩短了腐乳发酵时间，但劳动强度大，操作烦琐，不能实现全封闭式生产，达不到出口食品卫生要求。技术人员又进一步研究液体深层发酵法制备毛霉菌种的方法，采用生物反应器工业化生产菌种，此阶段真正实现了以现代生物工程技术改造传统产业的先进阶段，并形成了"王致和"的第二项发明专利。

三是实现了低盐腐乳工艺由实验室阶段向规模化生产的转化

项目组研发人员历经了很长时间艰辛的努力，组织安排了上千次的具体试验，并进行了长期的跟踪检测。从理化指标的变化、微生物的变化到营养成分的变化等，进一步了解腐乳低盐化发酵的特性，最终掌握了红腐乳低盐化生产工艺技术。2010年淡口鲜香腐乳成功实现了工业化生产，在此基础上又开发了淡口白腐乳、清淡型木糖醇腐乳等降盐产品，满足不同消费者的消费需求，使腐乳的营养价值得到显著提升。王致和在同行业中率先推进了腐乳产品的低盐化，在引领行业的同时在市场上占得了先机，为消费者提供优质、安全、健康食品做出了贡献，也体现了王致和人的社会责任感和使命感。

四是实现了腐乳白坯及相关工序的自动化生产

2008年至2013年，经过多年的实验探索、理论验证以及大量的生产实践检验，又创新了腐乳白坯制作自动化生产技术、腐乳白坯自动降接抓生产技术和后期清理的自动化生产技术，彻底打破了延续几百年的传统手工制坯、接菌抓块、清理装箱的手工操作，提升了腐乳生产技术和生产设备的自动化水平、稳定了白坯产品的质量，进一步推动了腐乳规模化、工业化生产的进程。腐乳白坯自动化生产方法是"王致和"的第三项发明专利。

五是筑就了基地+库区的 OEM 生产加工模式

"王致和"在 20 世纪 90 年代利用"借鸡下蛋"的方式实现了扩大再生产。2008 年，在大型腐乳生产基地附近建设成品库区，直接解决了公司本部成品出入库的压力，同时也有效缓解了首都北京在承办各种大型盛会时的交通限行压力。同时对于生产加工基地的管理提出新的要求，即：一个体系，王致和公司文化体系；二个目标：合作共赢、引领行业发展；三支队伍：生产管理团队、质量管理团队、物流管理团队；四级检验：基地批批自检，王致和公司批批复检，王致和公司对原辅料、过程产品检验，第三方检验机构抽检；五个统一：统一工艺、统一标准、统一采购、统一调拨、统一培训。

六是取得中华老字号海外维权第一案的胜诉

2006 年 7 月，"王致和"在德国注册商标时发现，其腐乳、调味品、销售服务三类商标已被一家名为"欧凯"的德国公司抢注，并且商标标识完全相同。双方协商未果，2007 年 1 月，王致和集团在德国慕尼黑地方法院对欧凯公司起诉，追讨商标权。11 月 14 日，该法院一审判决，要求欧凯禁用此商标，并撤销商标注册。欧凯不服，于 2008 年 2 月向慕尼黑高等法院上诉。2009 年 1 月 22 日，慕尼黑高法开庭审理，王致和方面据理力争，并出示了充分证据，而欧凯未能提出新的证据。法院提议调解，但被欧凯拒绝。同年 4 月 23 日，德国慕尼黑高等法院二审裁决"王致和"商标侵权案中方胜诉，要求德国欧凯公司停止使用"王致和"商标，并撤回其在德国专利商标局注册的"王致和"商标。

在经过了两年的"长跑"后,被称为"中华老字号海外维权第一案"的王致和德国商标侵权和不正当竞争案终于画上了圆满的句号,此案是中国企业的知识产权在海外被侵犯的典型案例,为中国企业海外维权发出了积极信号,唤醒了更多走向国际化的中国企业增强商标意识和维权意识,利用法律维护自己的合法权益。

这一时期企业适应形势变化,在创新管理、创新工艺的过程中涌现出了多名优秀的企业管理者、传统技能技艺大师和高级技术人员以及掌握精湛技艺的一线员工,如王家槐、徐刚、陈红宣、王丽英、张闫华、陈宏、周浩、杨凯、杨丹宏等。他们创新工作思路,与时俱进地推动企业快速发展,为弘扬中华老字号、传承工艺做出了突出的贡献。

王致和老字号薪火相传生生不息,我们相信,在国家政策的支持下,王致和人依然豪情满怀,以高度的社会责任感发扬光大中华老字号。

（北京二商王致和食品有限公司）

月盛斋酱烧牛羊肉制作技艺
——北京月盛斋老字号的前世今生

北京月盛斋，既是一个享誉百年的中华老字号，也是一个经营清真食品的民族品牌。不仅有"五香羊肉供皇室，四道腰牌显至尊"的宫廷御膳的文化内涵，而且有着"吸纳波斯香料沁，融合中华药理源"的中阿合璧的民族渊源，蕴含着浓浓的京味和传奇的掌故，凝聚着自身独有的产品特色，形成"月蕴馨香，卓尔不群；盛誉垂清，遐迩闻名"的品牌形象与内涵。其富有传奇性的传承过程，也为人所津津乐道。

历史渊源

清乾隆年间，祖居北京广安门内牛街的回族年轻人马庆瑞经人介绍，来至礼部衙门充任临时差役，看守供桌。后来又被推荐到御膳房当厨役。由于做事勤快，马庆瑞很受一些太监和官吏的称赞，每逢礼部有事，就把他找去，有时祭礼结束之后，撤下大量的祭品，除了官员们分食外，差役们也能分享一部分。有一次，马庆瑞非常幸运地领到一只全羊，拿回家吃不完，他

前门月盛斋旧址

灵机一动把余下的羊肉弄个担子，挑到街上去卖，很快就被抢购一空。马庆瑞觉得卖羊肉的营生比看守供桌强多了，遂不再去看守供桌，而是经常用廉价从差役手中收买"祭羊"，再转手售卖，从中赚取差价。

那时，前门外的东、西巷是繁华的商业区，马庆瑞托熟人在前门外西荷包巷（也称"帽巷"）挤了一块地方，每天推着一辆小车到那里摆摊卖羊肉，买卖虽好，但赚钱不多。马庆瑞在礼部看守供桌时，曾在御膳房做过厨役，同一位专做羊肉食品的厨师关系不错，这位厨师制作的酱羊肉在宫内有名，人人称好。马庆瑞处处留心，借当差之机，从御厨那里学习了酱制羊肉的技术。于是他就在家里支起一口大锅，试着制作了些酱羊肉，摆到荷包巷的摊上去卖。这就成了月盛斋酱烧牛羊肉的发端。

由于东、西巷子出入的官民很多，其中有认识马庆瑞的，知道他在御膳房帮过忙，制作酱羊肉的手艺是从御膳房学来的，想来还是不错的，便都想尝尝。加之马庆瑞制作的酱羊肉味道确实不一般，因此买的人越来越多，生意越做越顺手，渐渐地传出了名声。做了几年好买卖，积攒了一些钱后，马庆瑞打算找一间门脸，把买卖做大些。这时，正好有个姓金的旗人，在前门内户部衙门旁边有三间筒子房，后边还有个小院，闲着没用，有朋友怂恿马庆瑞把房子租来。马庆瑞知道，天安门前是清政府衙门较集中的地方，经营对象主要是皇室的成员、宫廷的内侍、署衙的官吏，自己在礼部当过差是熟门熟路，把店铺开在那里买卖错不了。于是，经过中人介绍，马庆瑞就把房子租了过来。乾隆四十年（1775）春天，寻了个黄道吉日，"月盛斋马家老铺"正式开张迎客。从游商到坐商，月盛斋老字号迈出了关键的一步。

马庆瑞创建月盛斋之后，其酱肉工艺经历了几次大的改进。首先是其长子马永祥在宫廷太医的指点下，对原有酱羊肉的调料配方进行改进，与此同时，又在制作工艺上增加了兑入老汤技术。用新配方、新工艺酱制出的羊肉，不仅味道鲜美、营养丰富，而且有开胸理气、促进食欲的功效。这次改进，使得月盛斋更是声名鹊起，真正扬名天下。除了在配方工艺上加以改进外，马永祥又经过反复试验，研制成了适合夏令时节销售的五香烧羊肉。从而打破了先前的季节销售限制。

其次是马永祥的长子马吉昌在马培之等江南名医的指点下，又对传统配方加以改进。经过这次改进制出的酱羊肉，既能调理脾胃、畅通中州，又有补脾肾、益气血之功效，酱羊肉因此更受欢迎。马吉昌之后，其侄子马德成在总结前人的基础上，又对祖传酱肉技艺做了些改进，并再次开发了一些新的食品制作技术。

月盛斋虽为中华饮食珍品，却对阿拉伯香料借鉴甚多。月盛斋创始人为信仰伊斯兰教的穆斯林，自然对源自阿拉伯之香料理解颇深。当时所用香料，如丁香、豆蔻、胡椒、高良姜、桂皮、茴香、肉桂等，乃通过丝绸之路千里迢迢运送而来，流传下"吸纳波斯香料沁，融合中华药理源"的传奇掌故。

月盛斋独特饮食文化是通过与中医名士的不断交流、切磋而完成的，其传承秘方凝结了几代御医之智慧。月盛斋借鉴传统中医"药食同源"的养生学理论，烹饪技艺与食疗、食养相结合，将肉香、酱香、药香、汤香融为一体。当人们在细细用心品味月盛斋浓香四溢的肉食时，无形之中就享受到这种美食所独具的养生及保健价值。清代监察御史朱一新（1846—1894）曾这样称赞："户部门口羊肉肆，五香酱羊肉名天下。"

在前门外西荷包巷摆摊儿贩卖牛羊肉的时候，马庆瑞恐怕并没有想到，一桩养家糊口的小生意，能够绵延二百四十余年，穿越一连串的政权更迭和烽火硝烟，虽然几经飘摇，最终仍能屹立不倒，历久弥新。

与宫廷的不解之缘

在光绪年间，月盛斋酱羊肉受到了皇室的青睐，一跃成为宫廷御用贡品。

据说，当时一位户部官员向慈禧太后进献了月盛斋五香酱羊肉，慈禧太后一尝之下，就喜欢上了这一口，有时想吃派人出宫去买，月盛斋已经货罄门闭。为了方便月盛斋肉食进宫，保证能随时吃上酱羊肉，慈禧太后特地恩准，于光绪十二年十月十二日（1886 年 1 月 10 日）特发给月盛斋四道腰牌（出入宫门的证件）。腰牌用木头制成，为长方形，宽 9 厘米，高 15.5 厘米，厚 1.4 厘米。上方有一圆孔，便于拴系。正面右边

月盛斋盛老汤之用的祖传青花瓷缸与出入宫廷的腰牌

注名持牌人姓名和特征，背面镌刻"内务府发丙戌年造"。月盛斋传人便亲自引领挑夫，持牌送特制酱肉于景运宫外御膳房，以供太后及皇室成员享用。由于深得慈禧太后欢心，慈禧太后经常派亲信太监李莲英来月盛斋购买酱羊肉或代表她送一些赏钱，四道腰牌自此成为月盛斋深得皇室宠爱之明证。

慈禧太后夏天到颐和园避暑听政，每晚必有一顿夜膳，而所食之物，又必有月盛斋烧羊肉、烧饼及粥，月盛斋掌柜遂轮流值守寿膳房（即颐和园内专供慈禧饮食的厨房）。出炉烧饼夹月盛斋刚炸制好的烧羊肉，烧饼香酥可口，羊肉肥瘦相宜、外酥里嫩，尚未入口，即发出引人食欲之香味，入口之后，愈嚼愈香，回味无穷。相传光绪十四年（1888），慈禧太后撤帘归政退居颐和园，月盛斋派人去寿膳房值守，专做酱羊肉和烧羊肉供慈禧太后享用。一年冬季，月盛斋的掌柜在送羊肉下山的路上，感觉又累又困，便在后山上坐下休息，想抽袋烟再走，没想到一不留神把山上的干草点着了，引发了山火，惊动了慈禧。按大清律法，一般"惊驾"事件的肇事者，轻者要判刑，重者要斩首。当班太监奏请慈禧太后指示，此时她说了一句话："办了他，我吃什么？"结果罪行即免，天大的祸事烟消云散。谁曾想到，美味烧羊肉，竟成了月盛斋掌柜的护身符！此故事在民间广为流传，成为月盛斋二百四十余年历史中令人津津乐道的又一传奇掌故。

这一时期，除了京城的官民，很多外地来京的游客和行商、去妙峰山朝拜进香的香客，往往都慕名而来，到月盛斋去买肉。一些宦居京城的外省官员谒见上司，往往也提着月盛斋的羊肉礼匣，作为行匣的礼品。当时的月盛斋显赫一时，进入鼎盛时期。

老字号的新困局

　　1911 年，辛亥革命成功。1912 年，隆裕皇太后在养心殿为她和宣统皇帝下了退位诏书，结束了清朝二百余年的统治。月盛斋从此也失去了自 1775 年开拓的清宫市场。失去清宫市场的月盛斋，开始积极改变经营策略。一是对老店进行装修油饰，并延请民国议员、书法家吴寿曾题写了"月盛斋"的牌匾，换下了"月盛斋马家老铺"的蓝布幌子；礼聘社会名人、书法家王恩熙为月盛斋题写宣传语，为老字号增添了新的文化色彩。二是将销售柜台后面的制作间改为全开放式，清洁醒目的生产环境和独具特色的制作过程，让顾客一目了然。三是在保持风味的前提下，减少了配方中最名贵的香药，降低制作成本，销售价格更接地气，进一步打入更为广大的中层消费者市场。旧时王谢堂前燕，从此飞入寻常百姓家。

　　民国年间，月盛斋在马德成、马德明等人的经营下，保持了继续稳定和兴旺。直到 1940 年前后，日本侵占北京，神州板荡，民生凋敝，各行各业

月盛斋牌匾

清末书法家王恩熙书写的牌匾

纷纷倒闭，许多老字号关门停业，月盛斋也陷入濒临破产的困境之中。因为买不到羊，酱羊肉和烧羊肉的生产不得不停滞。穷则变，变则通，月盛斋的第五代传人马霖等人利用传统工艺，创制了酱牛肉这一新品，一经问世，便声名鹊起，引来食客如云，很快与祖上传下的酱羊肉齐名，后来又乘势而作，制作出了烧牛肉，味道同样非同一般，老字号的招牌得以延续。日本投降后，马霖、马霨、马震、马雯兄弟四人分工合作，共同经营月盛斋，一直到解放前。

民国后期，因为社会动荡不安，国民经济严重衰败，各行各业一片萧条，月盛斋不可避免，也陷入了奄奄一息的窘境。到1949年北京和平解放前，月盛斋已经是负债累累。解放后，因北京市政府扩建天安门广场，1951年，"月盛斋马家老铺"从前门内户部街（已改叫公安街）迁到前门外五牌楼西侧原永增和银号旧址。1953年，由于月盛斋在解放前欠债过多和当时兼营餐馆亏损等原因宣告破产。

但是群众和政府并没有忘记月盛斋这一百年老号。1956年，在社会主义工商业改造高潮中，人民政府采取了扶持发展的政策，帮助月盛斋还清了债务，实行了公私合营。在调整商业网点时，月盛斋不迁、不并，保留老字号不变。在一批老的月盛斋人的操持之下，重新开店迎客。同时，上级领导为了满足群众日益增长的生活需求，扩大生产，在前门外肉市街里的天泰楼夹道8号，为月盛斋增设了自己的加工厂。经过公私合营的嬗变，月盛斋被注入了崭新的生命力，走上了社会主义道路。

但是，实现公私合营后的月盛斋陷入了一个所有老字号都难以摆脱的迷局：传承人难题。

从父子相传到师徒传承

满运来一生中，获得过众多的荣誉，然而他最为自豪和珍视的，还是2009年被评为国家级非物质文化遗产手工技艺酱烧羊肉传承人这一荣誉。

1963年的盛夏，满运来依依不舍地告别自己的中学校园，从北京市回民学院毕业，孝顺的他放弃了考取高中继续学习的意愿，决定早点儿工作挣钱，减轻家庭的负担。

在那个年代，学校是可以直接安排就业的，工矿企业、北大荒农场、京郊农林场是分配的主要方向。当时的满运来被分配到延庆林场。但考虑到自身性格和家庭因素，满运来并没有去林场，而是选择了在家待业。也正是这个决定，改变了他一生的道路。

待业期间，满运来每天在家里帮助母亲料理家务，辅导弟妹功课，三个月后他的生活出现了意想不到的转机：北京市二商局为解决系统内职工子弟的就业问题，在东郊垡头开办了糖业烟酒干部培训班，顺利结业后可负责分配工作。

得知这一消息后，满运来很快就报了名。经过一连串的对个人履历及身体健康等项目的审查后，满运来于1963年12月3日，正式进入了培训班开始学习。当时学习的重点为毛泽东主席的《为人民服务》等文章。又过了两个月后，培训班搬到了南苑大红门南顶村 6 号，学员们也搬入了牛羊肉批发部后院几间库房改建的宿舍内，开始了新一轮的主题学习——实习劳动。实习地点在北京食品公司蛋品批发部。

一眨眼的工夫，三个月的时间就过去了。6 月份的时候，培训班结业了，紧跟着就开始面向市属五大食品公司、市内各大菜市场正式分配工作。满运来被分配到北京食品公司的下属单位：牛羊肉类批发部的清真熟制品车间。

清真熟制品车间是个制作高温产品的车间。牛羊肉类批发部里不能上市供应的牛羊肉及下货都要经车间的高温煮制后才能上市，有选择地供应至各区县的小酒馆、清真食堂、小饭馆、本厂职工食堂等。刚刚进厂的满运来，主要面临的是学习牛羊肉部位的选裁和牛羊下货如心、肝、肺等的清洗等工作。这些是专业师傅进行加工、煮制之前较为初级却很烦琐的工序。虽然是很烦琐的工作，但是年轻的满运来甘之如饴，对待枯燥的重复性劳动，依然能够做到一丝不苟，在平凡的工作中体验到乐趣，得到成长。而这一切，也被车间领导看在眼里，记在心里。

一个月后的一天，满运来刚一上班，就被主任于延尧和党支部书记王启民叫到了办公室，希望他能够进入月盛斋，学习酱烧牛羊肉工艺。原来，从 1765 年卖羊肉的马庆瑞开始，直到解放后公私合营后的马霖、马霨兄弟，月盛斋酱烧牛羊肉技艺传承五代，但到第六代时，两位传人的子女对传统技艺都不感兴趣，不愿意接班学习。马家第五代传人马霖、马霨两位师傅高风亮节、思想开化，打破了家族观念，抛弃了"传内不传外"的封建思想，决定培养外姓接班人。由于满运来本身是回族青年，有文化功底，又是牛羊肉加工行业的子弟，所以组织挑选他去月盛斋学习，以能胜任接班人的工作。

尽管现在已经年逾古稀，但是满运来仍旧清晰地记得王启民书记的话："小满啊，月盛斋历史悠久，是回族饮食的骄傲，是中华民族的瑰宝。它历经了晚清、军阀、民国、抗战，风雨飘摇地保存了下来，实属不易。现今我们共产主义新中国有优越的社会制度，更应当把它保护继承下去。你到那里一定要向两位马师傅好好学习，踏踏实实地掌握好全面技艺，做一个又红又专的接班人。"

激动的满运来，当即向两位领导表了决心："不辜负组织的期望，当好月盛斋的接班人！"

当天下午，在月盛斋经理谷盛芳的带领下，年轻的满运来来到前门大街，开始了自己新的人生征程，也开始了和月盛斋长达半个世纪的相伴。

刚刚来到月盛斋，企业并没有立即安排满运来学习酱烧技艺，而是安排他到了加工厂，先学习基础知识，掌握剔骨、裁肉这些专业技术和各种花色品种的制作，因为要想全面掌握月盛斋的技术，半成品的加工是基础，一定要打好这个底子。

年轻的满运来来到月盛斋，如鱼得水，他就像一块干瘪的海绵，如饥似渴地吸收其他人的知识与技能。在半成品加工室学习的近一年时间里，他不但学会了牛羊肉的剔骨和选裁，而且还学会了炸松肉和制作北京烧鸡，为今后学习酱烧牛羊肉，如何升火，掌握用火和控制油温的专业技艺打下了初步的也是坚实的基础。除此之外，他还跟随着师傅们学会了许多牛羊肉的相关

满运来（左二）青年时期工作照片

90

专业知识。为日后的实践应用提供了大量的理论帮助。

　　1965 年的元旦节供应后，大家刚刚从繁忙的工作中稍事休息。虽然每年的这时候大家挺累，但是心里却是充实和快乐的。就在大家为接下来的春节供应做着准备的时候，两个身着中山装的男同志——月盛斋的谷盛芳经理和南城商店张树良经理来到了加工厂小院。他们给满运来带来了期盼已久的好消息。

　　原来，经过这一年来的考察和培养，满运来在专业基础知识和技术学习方面的进步被领导看在了眼里，为了尽快接班月盛斋酱烧牛羊肉技艺，组织上决定让他和马家第五代传人马霖、马霜昆仲确定师徒关系，正式拜在他们门下学习。

　　得知这个天大的好消息，满运来兴奋得都有些坐不住了，好容易等到下班，他飞快地跑回家中，把这个喜讯告诉了父母家人。满家老爷子听罢也是喜出望外，手抚长髯谆谆教导："马氏兄弟在咱们牛羊肉行里算得上是翘楚，月盛斋技艺久负盛名，实有独到之处。他二人能收外姓弟子，实是可遇不可求，你要勤学苦练，尊师重道，不可有负领导的重托呀。"

　　第二天，月盛斋召开了一个简朴而又隆重的拜师会，在全体员工的见证下，在经理谷盛芳的主持下，满运来正式拜马氏兄弟为师。仪式上，马霖师傅激动地说：月盛斋是个百年老店了，凝聚了马家五代人的心血。如今，在共产党的领导下又获得了新生。政府还给兄弟二人如此之高的荣誉和待遇，感激之余，唯有报

第五代传承人马霜向徒弟满运来、安全来传授技艺

满运来与老艺术家合影

答。现在，子女都有了很好的工作，不能再来铺子。但是，为了月盛斋的发展，为了祖传的酱烧技艺能够更好地服务社会，造福人民而不致中断，兄弟二人决定破除先祖所立传内不传外的规矩，收外姓人满运来为徒弟，并全心全意、毫无保留地把月盛斋马家祖传手艺和秘制方法悉数传授于他！希望小满要认真刻苦学习，早日成为月盛斋的第六代技术传人。

随后马霖师傅把一张工整书写的祖传秘方交给了满运来。在众位师傅的掌声中，两位师傅和满运来在印有"三年保教保学的协议书"上签了字。谷盛芳经理作为单位领导也在上面签字盖章，这份合同正式生效。自此，满运来真正进入了角色，身列师门，开始了酱烧牛羊肉技艺的学习和接班的工作。

拜师以后，师徒三人关系密切融洽。俗话说得好，师徒如父子。两位恩师待满运来如同己出，关心疼爱。满运来对两位恩师也十分尊敬、孝顺。每逢公休节假，他都要去牛街龙凤坑和输入胡同两位师傅家中探望，陪师傅下棋聊天，品茶赏花。与师门的兄弟姐妹们也相处得非常亲密，马满两家走得就像一家人一样。

现在，两位师傅相继归真，但师徒之间的情谊永远也不会磨灭。二老也没有遗憾，因为月盛斋的名号，依旧闪烁着耀眼的光辉。

共产党员就是一块砖

1984 年，为了适应市场发展需要，国家将前门箭楼东侧的月盛斋加工厂迁至永外南顶路建成的新式加工厂。月盛斋的生产条件得到改善，产量大幅度提升，并研制了真空包装产品，延长了保质期。同时增添了炸牛肉卷、牛肉松、五香酱鸡等 25 种民族食品。整洁敞亮的新厂房、新式的加工设备，最重要的是上级部门的重视，极大激发了月盛斋人的工作热情，满运来带领着员工们进行生产，在保障质量的前提下，产量实现双倍的增长。但与此同时，带来了一个新的问题，那就是月盛斋前门部的销售已达到了瓶颈。

为了解决销售问题，当时的月盛斋领导层千方百计想办法。从 1986—1987 年的第二季度这不到两年的时间里，月盛斋分别在京城及各区县的繁华地区开设了 10 个月盛斋清真专柜，它们不但有效解决了销售问题，更为一些偏远郊区和外地的顾客提供了便利。

因为各地区顾客的踊跃购买，品种不足的问题就很快显露出来。如何增加花色品种？增加什么样的品种来充实月盛斋专柜、繁荣首都熟肉市场呢？新产品的开发被提到议事日程上来了。

1987 年，经厂党委研究决定，满运来被提调出来，走上了新的工作岗位——新产品研发室，成为新产品研发小组主要负

1981 年，月盛斋烧羊肉被中华人民共和国商业部评选为商业部系统优质产品

责人之一。领导希望他利用多年搞熟制品的经验来开发新品种。

在研发室，满运来和厂领导一起反复探讨了新产品研发的指导思路：新的产品一定要改变过去"傻大黑粗"的一贯形象。要做到由粗变细、由大变小、由小变精、从无到有。以及新产品的包装化、系列化，要做到新产品适应各种环境和气候的销售。

有了指导思想，就有了前进的方向和目标。满运来和研发室的同志们陆续到京城几家大型商场和超市，对市场进行了详细的考察、调研。他还多次去天津一厂和食品三厂考察学习新类型牛肉的生产并对天津市场进行调研。并走访了中国肉类研究中心，向那里的专家、高级工程师学习理论知识和专业的现代新技术。

结合牛羊肉的特点和优势，满运来先后研发出了近三十多个品种，其中包括牛羊肉半成品十种。多味牛肉粒和南味牛腱子以及十个半成品都在北京市不同级别评比中获了奖。同时也为当年月盛斋专柜增添了不少的花色品种，丰富繁荣了市场。

1988年，正当满运来埋头研发新品种的时候，厂部却急调他回去。原来，厂部从京东于家务村招来了三十多名回族青年，要充实熟制加工的生产力量，为1990年召开的亚运会积蓄力量。由厂教育科主办进厂青年和新职工的岗前培训。脱产学习三个星期，第一个星期由劳资科和卫生科合讲厂规和上岗前的卫生制度。第二、第三个星期由满运来主讲清真牛羊肉类的专业知识。

企业的需求就是对员工的命令！满运来二话不说，就回到了厂部。那时没有教材，走马上任后的满运来只能根据自己所学到和掌握的知识以及多年的实践经验，组织了一套课时为两个星期的教学材料，将月盛斋牛羊肉加工技艺和盘托出。

　　老师讲得详细，学员们学得认真。学员们经过严格的考评结业后走上了各自的工作岗位，在老师傅的带领下，学会了各种加工技术，为企业的发展壮大起到了生力军的作用。时过境迁，直到现在，他们中的一些人，仍然坚守在主要技术的关口，并还不时提及当年满运来对他们的教诲和传授。

　　1990年，北京召开第十一届亚洲运动会，月盛斋为满足亚洲信仰伊斯兰教的运动员、教练员的饮食习惯，做出了特殊贡献。同时，满运来也在二商局长的带领下，多次在主要大街宣传亚运会、宣传月盛斋产品，为产品日后走出国门，远销海外迈出了第一步。后来更是在北京召开的亚太食品会议上，受到了外商的青睐。

　　那时候，月盛斋的名气越来越大，知道月盛斋的人越来越多，而满运来也进入了一些境外客商的视线。先后有人找到满运来，希望他能够将月盛斋的手艺带到境外，并提出一系列的优厚条件，承诺帮助他个人到澳大利亚、中国台湾、香港等地发展，但都被满运来拒绝。

　　在满运来看来，自己虽然生在旧社会，但是长在红旗下，没有新中国，自己哪有机会去月盛斋学习技艺？两位师傅的教诲萦绕耳边，月盛斋是中国的，手艺是祖宗传下来的。多年来，是组织培养和信任自己，让自己走上了领导岗位。自己又怎么能面对诱惑，有愧于师傅的教导、有愧于组织的信任呢？共产党员就是一块砖，既要做到党哪里需要哪里搬，也要做到牢牢地扎根在自己的根基上！

1990年，满运来在亚运会上宣传月盛斋产品

老字号的新传承

　　月盛斋创建于清乾隆年间，历经二百多年。创始人为马庆瑞。马庆瑞生有二子马永祥和马永富，其技艺主要由长子马永祥传承。嘉庆年间，马永祥兄弟二人开始经营月盛斋。咸丰年间，月盛斋由马永祥的儿子马吉昌和马吉声共同经营，马吉昌为月盛斋酱烧肉技艺的第三代传承人。第四代传承人为马德成。马德成为马吉声之子，从小跟随马吉昌学习制作酱肉技术。光绪年间，马吉昌去世后，其长子马德清掌管账务，酱肉制作则由侄子马德成负责。马德清去世后，月盛斋由其弟马德成、马德忠、马德明等人共同经营。民国时期，马德清之子马霖和马德成之子马霭则成为月盛斋酱烧肉技艺的第

被称为"亚洲第一清真冷库"的
月盛斋清真冷库

五代传承人。日本投降后，马霖、马震、马雯、马霭兄弟四人共同经营月盛斋，马霖掌管卖肉，马霭掌管煮肉，马震负责打理外部事物，马雯负责管理账目，这种状况一直持续到解放前夕。1956 年，月盛斋实行了公私合营，马霭作为私方代表，担任月盛斋酱牛羊肉商店的经理。1964 年，马霖、马霭抛弃"艺不外传"的传统观念，培养异姓接班人满运来和安全来，为月盛斋的第六代传承人。

蓬勃发展中的月盛斋公司

　　自乾隆年间创建以来，月盛斋虽饱经风雨飘摇，但一缕香烟渺渺，酱烧牛羊肉的传统技艺传承不绝，从家族式的口耳相传，心领神会，到师徒间的口传心授，推陈出新，历经二百多年，已经传承七代，古老的、养家糊口的手艺，早已演变为需要用一生来揣摩的艺术。

月盛斋酱烧牛羊肉制作技艺传承人

代 别	姓 名	出生时间	文化程度	传承方式	学艺时间	备 注
第一代	马庆瑞	1745 年	私塾一年	创始	1762 年	1775 年创建
第二代	马永祥	1780 年	私塾五年	父传	1795 年	马庆瑞长子
第三代	马吉昌	1825 年	私塾三年	父传	1841 年	马永祥长子
第四代	马德成	1875 年	私塾六年	叔传	1888 年	马吉昌之侄
第五代	马 霖	1901 年	初小五年	叔传	1915 年	马德成之侄
	马 霨	1917 年	初小四年	父传	1930 年	马霖堂弟

续表

代 别	姓 名	出生时间	文化程度	传承方式	学艺时间	备 注
第六代	满运来	1946 年	中专	师传	1964 年	异姓传人
	安全来	1945 年	中专	师传	1964 年	异姓传人
第七代	马 强	1985 年	大专	师传	2016 年	异姓传人
	李广瑞	1964 年	中专	师传	2016 年	异姓传人

党的十五大特别是十五届四中全会以来，国家对国有企业的改革调整政策进一步明确，在二商集团领导的关心、支持和帮助下，月盛斋抓住机遇，加快了改革调整步伐。2003 年，依据《中华人民共和国公司法》的规定，按照现代企业制度要求，在原北京清真食品公司改制基础上，成立了北京月盛斋清真食品有限公司，月盛斋的历史再次翻开新的一页，月盛斋人的步伐不停，奋力前行。

近年来，月盛斋公司党委书记、董事长李有军和总经理雷阳都非常重视月盛斋文化传承和技艺传承工作。为保证二百多年的酱烧牛羊肉技艺不失传、不断档、不走样，李有军书记多次邀请传承人和原公司老同志一起研究落实此项工作。在 2016 年 9 月，月盛斋公司举行了盛大的传承仪式，月盛

2016 年 9 月 8 日，月盛斋酱烧牛羊肉制作技艺传承仪式圆满举行

月盛斋酱烧牛羊肉制作技艺传承仪式上，满运来正式收马强与李广瑞二人为徒

斋第六代酱烧牛羊肉制作技艺传承人、国家级非物质文化遗产传承人满运来
再次回到了月盛斋，回到了这个让他魂牵梦萦的地方，以古稀之年正式收马
强、李广瑞两个年轻人为徒，培养月盛斋酱烧牛羊肉技艺的第七代传承人，
从工艺流程到实际操作系统地传授酱烧牛羊肉技艺，使老字号非物质文化遗
产绵延传承后继有人，月盛斋一缕馨香绵绵不绝，再次抽枝发芽，焕发出了
崭新的活力。

（北京月盛斋清真食品有限公司）

坚守传统精气神　开拓创新内联升

——记中华老字号内联升及内联升千层底布鞋制作技艺代表性传承人何凯英

中国布鞋第一家："内联升"

历史源流

　　内联升创建于清咸丰三年（1853），创始人赵廷是天津武清县人。他早年在一家鞋作坊学得一手制鞋技术，又积累了一定的管理经验。后来，京城的丁宝桢将军资助赵廷在东江米巷（今东交民巷）开办了第一家鞋店。当时，赵廷根据北京制鞋业的状况，认为北京制作朝靴的专业鞋店很少，于是决定办个朝靴店，打坐轿人的主意，为皇亲国戚、朝廷文武百官制作朝靴。根据自身定位，店名"内联升"三个字赵廷也费了不少心思，"内"指大内即宫廷，"联升"示意顾客穿上此店制作的朝靴，可以在朝廷官运亨通，连升三级，寄予了吉祥、美好的寓意。

　　内联升制作的朝靴鞋底厚达32层，外表看去厚而不重。这样的朝靴看上去既稳重又气派，穿着舒适、轻巧，走路无声无息。而且，内联升创业者根据定做朝靴的顾客提供的鞋的样式、尺寸等特别进行详细记录，并按系统等级入册，久而久之便形成了一本在京城名噪一时的《履中备载》。《履中备载》也可以说是第一本顾客鞋类的档案，是鞋码尺寸、款式等信息的详细记载。优质的商品质量与服务，加上别致响亮的字号，使内联升很快就赢得了清廷文武百官的赞誉。

1958 年内联升老店原址照片

在清末民初的乱世中，内联升与众多老字号企业一样，遭受了方方面面的破坏与打击，店铺也几经移址，最后于 1956 年搬到了大栅栏街。解放以后，内联升逐渐得到恢复，并继承了老文化老手艺，将做朝靴的手艺和对工艺的要求转向制作千层底布鞋，从此焕发了新的生机。后来，老北京流传这样的顺口溜："头顶马聚源，脚踩内联升，身披八大祥，腰缠四大恒。"从这里可以看出内联升在当时社会的品牌影响力。至今，内联升人仍秉承着传统手工技艺和诚信经营理念，为众多党和国家领导人以及社会各界人士提供服务。

1962 年，大文豪郭沫若为内联升书写了牌匾，并写诗赞颂："凭谁踏破天险，助尔攀登高峰。志向务求克己，事成不以为功。新知虽勤摩挲，旧伴每付消融。化作纸浆造纸，升华变幻无穷。"可见郭沫若先生对内联升鞋的了解和喜爱。为了表达对郭老的敬意，内联升将郭沫若手书体作为企业的注册商标，并一直沿用至今。

"文化大革命"时期，内联升匾额被砸毁，工厂先后更名为"东方红"鞋店、"长风"鞋店。因传统产品被当作"封建糟粕"而被边缘化，内联升开始经销外厂生产的塑料鞋。

1970 年，内联升增编 150 名职工，并在原宣武区长椿街建立新厂。结束了前店后厂手工作坊式的历史，生产加工能力大幅度提高；继续发挥"门市缺什么、后厂就补什么，门市需要多少、后厂就生产多少"的传统，在质量、品种、型号上下功夫，尽力满足市场需求。

1976 年，内联升开始生产、经营皮鞋。

1977 年，内联升恢复老字号名称。

新时期新发展

改革开放后，为了适应市场经济发展，内联升果断进行了改革。2001 年，内联升进行了股份改制，同时，开始在技艺、产品、管理、销售渠道等方面进行创新发展。在布鞋行业内，内联升率先用新布替代旧布，采用新布挂浆的方法替代了旧布打袼褙，并开发了千层底十字工艺底和拖鞋类产品，增加了新式面料并自主设计新款，从而使手工布鞋产品的花色品种保有量达到 1000 余种，使内联升一跃成为布鞋制作行业的领军企业。在管理创新方面，内联升有效地应用现代科学管理模式，大力组织建立公司 ERP 管理系统，积极推动企业局域网的运用与完善，对生产、进销存、人事、财务等进行全方位信息化管理。同时，内联升采用了更加科学的 ISO 国际质量管理体系，将 ISO9001 和 14001 引入企业，进一步实现了科学化、制度化的管理，更加明确了各个岗位的职责与权限，整体提高了内联升管理人员管理水平，使各项工作都能有条不紊地进行。在寻求市场拓展方面，内联升在布鞋行业中，率先应用新型市场经营机制，引入连锁经营模式，根据市场现状设立经销网点。如今，内联升总店坐落在繁华的大栅栏商业街 34 号，除总店外，内联升在北京还开设了直营分店，建设了自己的网络购物平台，经销网点遍布国内各大中型城市，成为目前国内规模最大的手工布鞋生产经营企业。

2008 年，内联升与第 29 届奥运会、残奥会组委会进行合作，向北京奥组委提供了奥运会和残奥会全部颁奖礼仪用缎面布鞋。内联升根据不同服饰风格，自主研发设计，精心制作了青花瓷、国槐绿、宝蓝、粉红、宝蓝室内软底 5 款缎面鞋，并根据不同的场馆要求，设计制作了分体跟、坡跟、软底等不同跟型。使得奥运礼仪小姐服装与内联升颁奖礼仪鞋和谐搭配，向全世界更好地展示了一种东方韵味的美。

内联升总店外貌

2008 年，内联升在寸土寸金的大栅栏商业街开设非物质遗产展厅和"非遗"工作室并免费对公众开放，通过陈列图片、文字、实物等实体资料，全

2008 年内联升提供的奥运鞋

内联升非物质文化遗产展厅

面介绍企业历史文化、千层底布鞋制作技艺的"非遗"传承和鞋文化简史等内容。

此后，内联升利用非物质文化遗产展厅、展室，积极开展各种宣传服务活动。成为首批国家级非物质文化遗产生产示范性基地后，内联升更是加大了宣传力度，力图将传统的非物质文化遗产融入普通的市民生活中，现在每周日在"非遗"工作室，都会安排年轻的传承弟子为顾客提供量脚定做的特需服务，这不单是对传统服务的延续，更是对《履中备载》的续写，进一步保护了传统手工技艺的传承和发展。几年间，通过持续打造和完善特需定制服务体系，更好地满足了不同人群的需求，也对传统服务技艺起到了推广作用。同时，在一楼货场专门开辟出现场演示区域，每日安排现场演示制作，把内联升"非遗"技艺展示在社会公众面前，让市民近距离接触到传统手工技艺，直观感受到传统手工技艺和其蕴含的历史文化。

2011年，内联升开始对自营的网上购物平台进行升级改造，根据年轻人的消费、审美习惯对官网商城进行了全面升级，并新注册"尚履"作为网上商城的商标，同时，在天猫、拍拍等网络销售平台开设品牌专区，对网络市场进行整顿，加强了对网店经销商的督导和未授权网店的打击力度，规范了内联升商品在互联网上的经营秩序，为消费者提供一个放心的购物环境。实现了实体经营向虚拟经营的业态转移，开辟并迎合了当代购物的新模式。

随着时代的进步和消费市场的变化，内联升在原有的传统技艺基础上，实现了工艺提升改进。每一年内联升对工艺的提升改进，都保证了内联升产品能够更大程度上满足消费者需求，使得技艺能够更好地发展下去。

2013 年，内联升在恭王府举办了一场 2014 年春夏鞋款发布秀活动，发布了脸谱、民族、多彩、水墨、大秦、丛林、狂野、青花八个系列，在发布会现场共计有百余种产品，研发出的新款式新花样，将民族国粹和传统手工技艺相结合，虽然是手工布鞋产品，但是时尚感、现代感特别突出，多款产品一经上柜，就受到了消费者的欢迎和追捧，并使消费者对内联升品牌有了全新的认知与定位。2015 年5 月内联升与北京服装学院时尚设计师进行合作，从而使得内联升在时尚设计圈内进行了广泛的品牌传播及品牌文化的渗透，进一步促进了内联升在时尚圈的知名度，打破了以往老字号在人们心中留下的传统保守的刻板印象。2016 年初，内联升与北京故宫博物院进行合作，推出了兼备传统手工制作技艺和故宫文化符号的新产品，并在淘宝网上进行了

内联升尚履商城官网页面

内联升2014年春夏鞋款发布秀活动　　　　内联升与北京服装学院时尚设计师合作

众筹发行，受到了年轻消费者的喜爱，短短几天内就突破了众筹资金的上限，成为大家竞相购买的时尚新品。就在《大鱼海棠》风靡一时之际，内联升取得了版权，设计出的布鞋新品，颇受动漫迷的喜爱，赋予了动画人物新的美感，为动漫产品、周边产品的发展和推动，提供了新的思路、新的想法。

自2001年以来，内联升把"大力发展极具中国特色的布鞋产品，倡导鞋业健康消费新概念，发扬国粹，推动中国鞋业的发展"作为使命，并坚定不移地为国粹经典的传承和发展不断努力，奋勇前进。

内联升多来的努力和奋斗，得到了外界多方的肯定和赞许。内联升于2002年被评为"中国商业重点培植品牌"，2006年成为商务部首批重新认定的中华老字号之一，同年被中国商业联合会授予"中国布鞋第一家"称号，2007年被国家工商总局认定为"中国驰名商标"，2008年内联升千层底布鞋制作技艺进入第二批国家级非物质文化遗产名录，同年被评为"北京优秀特许品牌"。2011年，内联升被文化部列入"首批国家级非物质文化遗产生产示范性基地"名单，同年，内联升受全国制鞋标准化技术委员会邀请，参与制定新的国家布鞋行业标准。

传承：铸就手工技艺经典

内联升 1853 年建店，以制作朝靴起家，直至清朝覆灭后，将制作朝靴的要求和技艺手法转为做手工布鞋，一直采取子承父业的传统技艺传承方式。自 1956 年公私合营开始，内联升转变了传承模式，由父传子变为师传徒。由技艺高超的老师傅通过口传心授，将自己的制鞋经验、窍门教给徒弟，徒弟通过体会、理解，在实践中继承师傅的技艺，从而一代一代传承下来。

内联升建店，得益于赵廷早年学了一手制鞋手艺，可以说，赵廷既是内联升鞋店的第一代掌门人，又是第一代手工制鞋技艺奠基人。第二代传承人赵佩杉，完整地继承并沿用了制作朝靴时对用料、工艺的要求，奠定了手工布鞋制作的标准，并一直延续至今。第三代传承人王文林，擅长传统手工布鞋制作，做工细腻，多次为第一代国家领导人量脚定做布鞋，其手工工艺得到了各界人士的肯定和赞许。第四代传承人何凯英，全面掌握了手工布鞋、手工皮鞋的全套制作技艺，以及鞋楦、帮样儿等配套工序和配套工具的制作，善于将传统手工技艺与现代流行趋势相结合，研发出迎合现代人审美，穿着舒适，又不失传统技艺的手工鞋类产品。业内归纳何凯英的千层底布鞋制作工艺特点，通常概括为"一高四多"，即工艺要求高、制作工序多、纳底的花样多、绱鞋的绱法多、品种样式多。

何凯英——内联升千层底布鞋制作技艺代表性传承人

何凯英，男，1956 年生人，1980 年进入内联升，2009 年被认定为国家级千层底布鞋制作技艺传承人。到内联升参加工作后，何凯英兢兢业业、勤

内联升千层底布鞋制作技艺第四代
传承人——何凯英

奋刻苦，先后从事手工布鞋缝绱、产品质量检验、新品试制员、车间主任、个性化量脚定制等工作，现任内联升质量技术室主任。

24岁入厂后，内联升领导看到何凯英对传统制鞋技艺具有浓厚的兴趣，并且，因其具有踏实肯干的性格，尊师重道的品格，从不年轻气傲，不眼高手低，所以，特指派当时内联升第三代传人王文林全面指导何凯英学习手工缝绱鞋技艺。

在得到学习手工缝绱鞋技艺的机会之后，何凯英对待工作更加一丝不苟，学习领悟能力加强。在老师口传心授、手把手的指导下，何凯英不断在实践中学习，并在实践中全面、迅速掌握了内联升千层底布鞋制作技艺的90余道工序及其他经验和技巧。同时，通过其不断潜心研究，反复揣摩实践，使得手工制鞋技艺不断提升，制作鞋成品一次性提交合格率有了显著提高。很快，他就凭借精湛、一流的手工制鞋技艺，迅速成长为内联升首屈一指的高级技师，他的一针一线皆有章法，复杂多变，令人赞叹。

在追求低成本、高效率的今天，何凯英一直沿用内联升传统手工制作千层底布鞋制作技艺的方式，保持了自建店以来做鞋的基本原则方针。虽然工序复杂繁多，但保证了做工的精细，虽然选用天然原材料成本较高，但保证了品质的优良，使得手工制作千层底布鞋能够原汁原味地呈现在世人面前。在整个制鞋的流程中，每道工序都有明确严格的要求。手工纳制的千层底要达到每平方寸纳制81针以上，每双鞋平均纳制2100多针，且针孔细、麻绳粗、刹手紧、针码分布均匀、技艺性强，是机器无法代替的。在何凯英开始监控产品质量后，就因为其严格执行有关制鞋技术标准，使得"内联升"品牌产品的实物质量指标，全部超过了行业内布鞋生产的水平。

"在内联升的鞋里，你能体会到中国人的精气神。"何凯英总是这样总体评价内联升的制鞋技艺。

2004 年，何凯英获得中华人民共和国劳动和社会保障部颁发的"制鞋缝制工"、"制排鞋工"双项职业资格技能证书。2009 年，被中华人民共和国文化部授予"国家级非物质文化遗产项目'内联升千层底布鞋制作技艺'代表性传承人"称号。2010 年，获得"北京商业服务业中华传统技艺大师"称号。2011 年，何凯英带领的职工创新工作室被北京市总工会认定为市级职工创新工作室。2012 年，被西城区总工会评为"优秀首席员工"。2013 年被中国非物质文化遗产保护中心授予"第二届中华非物质文化遗产传承人薪传奖"。2015 年，被中共北京市委、北京市人民政府授予"北京市劳动模范"称号。

传承创新发展，弘扬民族手工技艺

随着企业的发展和市场竞争的日益激烈，在充分地认识到人才已经成为企业发展的第一资本，人才不但是知识的重要载体，更是创新的主要因素后，内联升作为一家老字号企业，积极用企业文化魅力和民族传统文化特色来吸引人才、凝聚人才，最大程度地调动人才的主观能动性、积极性，给予他们发展空间，使他们有充分施展才华的机会，做好企业发展的人才队伍梯队建设，建立起一支"想干事、能干事、会干事、能干成事"的人才队伍，从根本上增强企业的竞争力。

　　自 2009 年起，内联升从基本功训练、鞋帮鞋样设计，到制鞋全部制作工艺流程，全面实施人才发展战略，建立了一套以国家级"非遗"传承人为首的"师带徒"岗位技能培养机制，师徒间签订协议，保证了内联升"非遗"技艺能够得到健康有序发展，为此项技艺的未来传承发展夯实了基础。同时，为了保证各项工作能够顺利延续与传承，内联升选用了一批具有高中以上学历，年轻、稳重、爱好并热心于传统制鞋技艺的技工，充实到公司的各个部门，使得每道手工工序都后继有人。在制度上，为了更好地提升传承队伍的稳定性和延续性，内联升全面改善了职工的工作环境，并在人事制度上给予政策倾斜，2011 年制定了《北京内联升鞋业有限公司——2011—2020 十年人才发展规划》，自此内联升真正做到了用事业留人、用制度留人。现在内联升各个工作岗位上都充满了年轻人的活力，越来越多的年轻人在企业中成长，在企业中发展，每项工艺都有一批新人成为内联升新一代的手工制鞋人才。同时，通过绩效考核，采取奖励措施，多方位激励员工工作的积极性；并为每位新加入的年轻人讲述内联升历史和文化价值，使得年轻人能够充分了解自身的工作价值，忠诚度和稳定性显著提高。

　　在 2009 年和 2014 年，何凯英一共招收了 4 名年轻的徒弟，他们有责任感、踏实、可靠，并且深爱传统技艺，现在有两人已在 2013 年学成出徒，另外两人仍跟随何凯英学习，接受传统制鞋教育。虽然只招收了这 4 名年轻徒弟，但是何凯英还有更大的心愿以及对徒弟们的未来期望：他不仅希望此项技艺后继有人，还希望他们将这项民族智慧结晶发扬光大。

　　在隆重的拜师仪式上，每一名徒弟都对何凯英行拜师礼、敬上尊师茶，并接受师傅宣读"五为"（即工必为之纯——要求工艺纯粹，技艺炉火纯青；品必为之精——对制作产品必须精益求精、品质必须达到精工细作；业必为之勤——艺业修为必须勤恳努力勤奋好学；行必为之恭——言行谨慎，待人谦恭；信必为之诚——讲求诚信，注重信用）师训和传承工具，经过这一系列传统的拜师仪式，四名徒弟才正式成为何凯英的"门徒"，由此进入内联升传承人梯队。何凯英通过自己的学习与工作实践，将制鞋工艺流程、技艺要领、制作体会等信息加以提炼，并将自己30余年的技术经验及要点，毫无保留地传授给徒弟，传承方式仍继承老师傅的"口传心授"，必须要经过三年零一节的学习与考核才能出师。何凯英还根据不同徒弟的不同特点，采用不同的教育模式，遵照循序教导的方式，使得每名徒弟都能很好地学习技艺，保证徒弟对这门技艺的兴趣。目前，何凯英的徒弟已经分别担任厂的质量管理、量脚制鞋等重要工作，誓为国家级"非遗"项目的传承贡献自己全部的心智和力量。

现在每逢周日，何凯英都会带这些徒弟来内联升总店学习量脚画样，为市民定做手工布鞋，提供量脚定做的个性化服务，满足顾客的多样化需求，将为民服务的传统精神延续下去。在这里，很多前来定做鞋的顾客都不容易买到合脚的鞋，所以徒弟们总能碰到新的挑战。通过不断地实践，徒弟们的技艺得到了进一步提升。有时徒弟们会有新的想法，何凯英也不急于评判，而是给他们提供思路和建议，帮助他们实践自己的想法。何凯英在带徒时，总是这样耐心与宽容，所以，徒弟们和师傅总能碰撞出新的火花，不断创新，为企业创造了经济与文化效益。特别是在企业发展的近十年里，市场变化巨大，工业机器化生产大规模替代了传统手工生产，人们也倾向于购买工业机器化的廉价产品，在此情况下，内联升没有被市场左右，何凯英依旧保持传统，认真传授传统制作工艺，将传统文化原汁原味、毫无保留地交给徒弟，坚守着传统文化的精髓。

何凯英多次代表内联升、代表布鞋制作技艺的最高标准，接受国内外多家媒体的采访，多次通过音视频媒介，对外宣传手工制鞋技艺，讲解传统学徒经历与文化，传播企业精神，弘扬中华民族传统智慧的精髓。每次外出参加展示，何凯英都能尽心尽力，带领徒弟们积极参加各类手工制鞋技艺的展示、展演活动，以饱满的热情耐心为每一位参观者进行技艺演示和介绍，并加强对徒弟们的责任意识教育，强化他们的使命感和责任感，为中华传统制鞋文化的传播贡献着自己的力量。

近些年，为了保证企业所生产的产品能更加符合现代人的审美眼光，何凯英带领着传承人团队，不断加大手工布鞋的创新研发力度，不断带领年轻徒弟和工作人员创新、研发鞋类品种，每个季度都会推出应季的时尚新品，一经推出，就深受广大消费者的喜爱和认可，扩大了消费者群体，进一步弘扬了民族文化传统。同时，何凯英严抓产品质量和工艺标准，使得产品精品率不断提升，也使得内联升的布鞋工艺标准，一直高于行业内标准。过硬的产品质量，使得内联升布鞋赢得了消费者的喜爱和追捧。2013年何凯英受邀参加全国制鞋标准委员会的布鞋国标的编制工作，在时间比较紧迫的情况下，何凯英认真测算，查阅大量技术资料并反复测试，使布鞋手工制作的标准有了很大程度的提升，得到了业内同行的好评及认可。

作为内联升名副其实的高级技师，何凯英凭借精湛的制鞋技艺，曾多次为国家领导人、国际政要、社会名流等高端顾客提供"量脚制鞋"服务，受到好评，提升了内联升品牌影响力。

代表作品

"内联升"品牌手工缝绱拖鞋，是何凯英的代表作。这种拖鞋系列产品，采用前边反绱、后边正绱的缝绱鞋工艺，是将两种内联升传统缝绱鞋技

何凯英代表产品

艺相结合的制鞋工艺和手法，是何凯英在鞋的样式和缝绱手法等方面创新的大胆尝试，经过实践中的反复揣摩，最终研发而成。这一创新之举，为"内联升"品牌新增加了布鞋种类，开创了内联升千层底鞋手工缝绱方法的新篇章。创新后的拖鞋产品，一经推出，深受广大消费者的喜爱和认可。

百年技艺，记忆百年

早在 3000 多年前的周代，手工布鞋就已经存在于人们的生活中。1853年内联升建店以后，千层底布鞋手工制作技艺开始得到了有序发展，受到人们的重视。在 2001 年内联升改制后，此项技艺得到正规的发展和保护。内联升千层底布鞋制作技艺，一直沿用传统手工制作方式，于 2008 年被评为国家级非物质文化遗产。

内联升从打袼褙、制帮、制底开始到验收成品，整个制鞋过程近百道工序，工艺要求严格、制作独特，技艺高深，做工精细，所以难度大、耗时长，完整地制作一双布鞋往往要花上四五天的工夫。其中每道工序都有明确

内联升手工缝绱鞋工艺——缝绱鞋

严格、细致入微的要求，讲究尺寸、手法、力度和细致，要求干净、利落、准确，严格明确的工序要求甚至深入到了工人每个动作中，是名副其实的"工精料实"。

"工精料实，童叟无欺"是内联升传承了百余年的对顾客的承诺，也是内联升诚信文化的集中体现。在建店之初，内联升选用纯毛礼服呢等高等面料，如今内联升不仅在做工上延续精湛的手工技艺，继续坚持优选上等面料，在一些面料短缺的情况下，内联升还采取了定制订购，严抓原料质量等一系列措施，从而在源头上保证内联升的产品质量上乘。在销售过程中，内联升绝不以次充好，会为顾客详细介绍产品特色，并认真回答顾客所提出的每一个问题。如今，在这些基础工作上，内联升还开展了一系列的保证措施，落地实践"工精料实，童叟无欺"的承诺。

诚信服务一直是老字号内联升赖以生存的基石，这关系到每一家内联升店的经营与未来的发展。内联升也将继续不断努力，以服务消费者为己任，再接再厉，进一步提升服务水平和服务质量；不断践行诚信经营的内联升文化，进一步深化体制建设，不断寻找自身的不足，努力完善自身工作。内联升人相信，只有保留传统，并不断创新，才能够让更多的人接受了解传统文化与技艺，更好地发扬民族传统，让民族技艺与文化代代相传。

（北京内联升鞋业有限公司）

勤奋钻研　锐意创新
——记盛锡福皮帽制作技艺传承人李金善

　　盛锡福自创建至今已经有 106 年的历史，这百年来中国正处于破旧立新的特殊时期，盛锡福正是在这样的时代里，广泛吸纳优秀的传统皮毛加工技艺应用于适应潮流样式的皮帽加工中，并不断地吸收融汇同行业中的优良技术加以改进，形成盛锡福特有的皮帽制作工艺。因产品用料考究、做工精良，先后为周总理出访俄罗斯制作过水獭皮帽，为江泽民主席制作过羊皮前进帽，为朝鲜领导人金日成做过海龙皮帽，为印尼总统苏加诺做过三羔皮帽，使得"头戴盛锡福，脚踩内联升"的说法在京华大地广为流传，"帽业专家"、"制帽大王"的称号亦在海内外不胫而走。这项工艺不仅仅是单纯的机械劳动，还蕴含

旧时盛锡福帽庄

盛锡福老门脸

盛锡福帽庄 25 周年册

北平分销处

着丰富的科学技术基因，是一项极有价值的手工工艺技术，充分展现了传统手工技艺的非凡魅力。

盛锡福皮帽制作技艺的流传并没有局限于父传子受的家族传承模式，而是在生产加工中以师授徒、代代承袭，适应市场需求甚至引导市场流行，成为一项拥有悠久历史却不乏时代生命力的优秀手工技艺。现如今这项技艺已经传承四代，主要的代表性传承人是李金善。

李金善，一个普通的工人，靠着对事业的执着追求，在自己从事的皮帽制作领域里干出了一番业绩，展现了新时代工人的别样风采。他 2004 年荣获"夺冠立功竞赛技术高手"称号；2005 年获得"创新立功标兵"称号；2006 年获得技能比赛第一名；2008 年成为北京市级代表性传承人；2009 年成为国家级代表性传承人；2010 年成为"北京市有突出贡献高技能人才"；2011 年荣获"首都劳动奖章"。

第一代：李馨轩

第二代：李文耕

盛锡福皮帽制作技艺传承谱系表

代别	姓名	性别	出生年代	文化程度	传承方式
第一代	李馨轩	男	不祥	不祥	家传
第二代	李文耕	男	1911 年	小学四年	家传
	贾宝珍	男	1923 年	小学六年	师传
第三代	李金善	男	1955 年	初中	师传
	俞彤扬	男	1957 年	高中	师传
	马启斌	男	1962 年	高中	师传
第四代	陈江山	男	1968 年	初中	师传
	马万兰	女	1967 年	初中	师传
	范赴京	男	1970 年	初中	师传

领导的"一句话"，让他与皮帽结缘

1973 年，18 岁的李金善随同学一起到京郊农业学大寨的典型平谷许家务大队插队，看场院、看果园、为果树剪枝……插队经历给他留下的大多是美好的回忆。15 个月后，李金善从北京郊区返城，在东单的一个小平房里等待分配。据他回忆，当时现场的一二百人，谁也不知道自己被分到哪儿。李金善报到之后，被安排站在一个队伍里，直到听有工作人员喊"盛锡福的领走"，李金善才知道自己被分到盛锡福了。当时盛锡福属于东城区百货公司。

被分配的当天，李金善第一次走进了位于王府井的东风市场附近的盛锡福总部，此后，从车间副工、裁剪（布面）工开始干起，一步一个脚印，直至成为代表性传承人。因为表现好，李金善进厂不久就开始担任公司团支部书记，工资还破例涨了一级。1976年，他在单位的推荐下进修学习了一年。就在他进修刚回来时，盛锡福负责"刺皮子"的李文耕师傅快退休了。"你去学'刺皮子'怎么样？"领导的一句话，让李金善从此跟皮帽打了40多年交道。

李金善的师傅李文耕，有祖传三代的皮毛裁制手艺。清朝乾隆年间，他先人手工缝制的一件貂皮大褂就曾经作为贡品上贡给乾隆帝。这件貂皮大褂不但原料考究、做工精致，更难能可贵的是老师傅在皮子背面用手针缝制了"万寿无疆"四个大字。乾隆帝因爱其工艺精湛，曾准备招入宫中专门承制御用皮毛，还赐下黄马褂和御笔亲书的牌匾。这块牌匾一直保存在李文耕师傅山东老家，在"文化大革命""破四旧"时期被砸毁。牌匾能砸毁，但是存在人心里的手艺却是砸不毁的。这门手艺一直流传下来，李文耕师傅凭着这份祖传的精良的手艺为盛锡福的皮帽制作工艺奠定了坚实的基础。

1956年公私合营之后，李文耕师傅开始在新建的盛锡福帽厂工作。因为李师傅的儿子无意继承这门手艺，而后来进厂的李金善被李文耕师傅的工作态度和精湛的技艺所打动，决心以李文耕师傅为榜样，学习老师傅为人处世的踏实态度，同时跟随老师傅学习传统的皮毛裁制工艺，所以厂里决定让李金善正式跟李文耕学徒。回想当初学徒时期，李金善也没少受罪，因为打小贪玩好动，规规矩矩地坐下来，戴着顶针，拿着针线缝皮子，并不是件容易的事。手发痒，腰酸疼，浑身上下不自在，有时一不留神针就顶肉上把手扎破了，有的皮板儿又硬又厚，能把针都顶断了，更糟的是李金善还对皮毛过敏，因为这个还进医院动过手术，即便如此他还是坚持了下来。

勤奋钻研，造就裁制技艺的能手

盛锡福帽子的制作工艺十分复杂，通常要经过几十道工序。以一顶皮帽来说，首先皮毛裁制就是一个复杂的过程，毛的长短粗细和倒向要一致，裁皮子的时候要用人字刀、月牙刀、梯子刀、弧形刀、鱼鳞刀5种刀配合，缝制时要顶子圆、吃头均、缝头匀，蒙皮面要缝对缝、十字平，勾扇、翻帽、串口等工序的要求也都不一样。这对毫无基础的李金善来说，并不是件容易的事。

李金善一针挨一针地缝了3个月皮子，直到缝出来的针脚都跟鱼鳞般整齐，师傅才教他"剌皮子"的绝活。"剌皮子"即皮毛裁制，难在刀法，不同的皮子和款式，得用不同的刀法，有的皮劈开用，有的皮横裁用，有的皮斜用……"动物皮毛大小不可能统一，经常是够长不够宽，为了让皮子符合做帽子的需要，就要通过'走刀'，将过长的部分像拼七巧板一样拼到需要的部分，然后再将皮子按要求细细地缝接在一起，看起来和一张整皮一样。"李金善经常说，"皮子珍贵，得会剌，同样100张皮，不会剌的就剌100顶帽子，会剌的剌120顶，一张皮子1000块钱，这可差不少钱呢。"

他接的第一个活儿是给某国驻华大使夫人做紫貂皮帽，剌那块昂贵的貂皮时，他心里直打鼓，"这一刀下去，要是剌坏了，我可赔不起"。后来听说大使夫人戴上帽子特满意，他心里才踏实。

除了剪裁缝补皮子，买皮子也是必须要会的。湖南、内蒙古、黑龙江、吉林、辽宁、河北，李金善都跟师傅去过。1980年，李金善和师傅去长沙收货，坐了两天两夜的火车。当地饭菜太辣，爷俩实在没辙了，每顿饭只买米饭，就着咸菜吃，前后一共去了十多天。"买皮子是最艰苦的活儿，都是从猎户或者皮贩子手里进货。一屋子几千张皮，要一张张挑，屋里又是味儿，又是油。站累了，甭管蹲着、跪着也得把货都看完。"李金善回忆说。师傅看李金善勤学好问，把看家本事全传授给他了。功夫不负苦心人，常年的积累使他对不同毛质、皮板儿的特点了然于胸。师傅退休后，盛锡福每年上万张皮子，都是李金善从产地一张张挑的。狐狸、水貂、旱獭、黄狼、麝鼠、海龙……他一搭眼就知道是什么货色。

一位年逾古稀的学者，带着珍藏多年的一块皮毛，先后3次去盛锡福门市，想做顶帽子。可年轻的店员们都不认识这是什么皮，老人没敢把皮子留下加工。后来打听到盛锡福最识货的李金善在加工厂，就找到厂里。"这是海龙皮，毛皮中的王中王。"李金善不但道出这皮料的名贵，还给老人做了顶海龙大众帽送到家。老人大喜过望，当即送上一幅匾书和一枚刻着"李金善"的名章。

李金善从实践中总结各种原料的特点，用理论指导实践，解决实际工作中的难题，多次被公司授予"首席工人"的称号，成为制帽裁制能手。

勇于挑战，皮帽款式设计能人

凭着一手绝活儿，李金善成为盛锡福第三代皮帽制作技艺传承人。李金善并不满足于掌握传统款式制作工艺，他一直想着怎样才能有所创新。为此，他可下了不少苦功夫，业余时间别人休息，他就走访市场、参观展览、翻阅专业资料，了解掌握流行趋势，触摸现代审美理念。李金善还有个"职业病"，平时看见别人戴的帽子有意思，总要盯着多看几眼。2012 年冬，李金善坐 41 路公交车上班时，看见一个女孩子戴着顶红帽子，"非常俏"。回到单位，他根据记忆很快画出了草图，而后加入了镂空的制帽技术，并在帽顶部位进行了改良，一顶颇具民族风的新帽子就诞生了，李金善给这顶帽子起了个绚丽的名字——"红宝石"。"红宝石"不仅成了盛锡福的热销帽型，还在北京市商务局的评比中获了奖。近年来，他把盛锡福传统特色与现代时尚融为一体，设计出水貂女帽、水貂船型美式帽、海豹前进帽等 70 余种中高档皮帽新帽款，广受市场好评。尤其是设计了两款系列产品——法式男爵帽、宝石蓝菠萝女帽，这两款系列产品全部采用丹麦进口的貂皮为原料，其中宝石蓝菠萝女帽的设计灵感来源于 20 世纪 20 年代风靡欧美的鲍勃发型，手工掐捏形成的菠萝花凸显女性柔美的气质，整体造型复古优雅，散发出女性的摩登可爱。法式男爵帽的设计灵感则来源于 11 世纪法国贵族，并与中国传统文化相结合，气质高贵不凡，而且有良好的实用价值。

锐意创新，技艺带头人

李金善的誓言是：既然干上了皮毛这一行，就要热爱它、干好它，就要原汁原味的传承这项技艺！所以从走上岗位起，他的身上总带着纸和笔，随时记录下师傅传授的知识和自己所学到的东西。在别人休息的时候，他一个人再跑进操作间，重新温习，加以巩固。晚上，找来业务书籍，从简单到复杂，一点一点学，一学就到半夜。20 世纪 90 年代他为国家领导人制作水獭

1950 年为周恩来总理制作的
水獭土耳其式帽子

1983 年为空军司令王海制作的
水獭解放式帽子

1998 年 9 月为江泽民主席制作的
单皮前进帽

2002 年 1 月为贾庆林制作的
羊皮前进帽

皮帽，为了配合领导人出访要求，他仔细研究，反复画图，考虑如何通过细微变化，显示出佩戴的美观，经过几次修改，改变帽墙的高度，增加帽顶的尺寸，达到理想的要求，圆满完成了任务。

李金善不仅继承了传统皮帽制作工艺技术，还适应市场和企业发展的需要，进行技术创新。首先是创新皮毛识别技术。从开始凭手摸、抖毛辨别皮张的材质，发展到现在凭"一眼"就可辨别出各种动物皮毛的名称、皮龄、产地、应季皮及皮毛的档次。2011 年故宫博物院找到盛锡福，想请李金善大师帮忙修复一件龙袍。第一次接触龙袍，李金善心里有点儿打鼓，这件龙袍是光绪皇帝曾经穿过的，龙袍身下的皮毛、领口和袖口的皮毛已经脱光，接近光板，李金善看后告诉工作人员："光板的皮毛根本无法修复，只能重新制作。"为了找到与龙袍毛头大小、毛针长短、绒薄厚一致的材料，他曾好几次往返故宫和车间，有时还要到皮货市场去找原材料。一个月才把材料确定下来。他还要量好龙袍尺寸，进行皮板裁制，而后缝制到龙袍大身上。经过八个月努力，终于将已经是光板的大身修复完整。现在龙袍被评为"国家一级文物"，李金善也被故宫博物院邀请为皮毛收藏鉴定专家。2011 年 3 月宋庆龄故居工作人员找到盛锡福领导，想复制宋庆龄、孙中山生前佩戴过的帽子，一共是三款帽子，其中孙中山北伐战争时期佩戴的海龙皮帽是最难复制的，因为是文物不能近距离抚摸，更不能将文物带回单位。李金善凭借记忆和图片，反复画图，打板，最终经过八个月时间将皮帽复制成功，并捐赠给宋庆龄故居。目前盛锡福博物馆也有一顶此帽复制品。还有就是创新皮毛、皮帽裁剪技术。他攻克制帽工艺中刀具技术难点和关键问题，将原来用木棒修鞋的一种刀具裁剪皮毛，改成三种宽窄不一的峰钢刀具，使裁剪灵活快捷，保持了皮子的完整性，不仅改进了传统皮帽技艺，而且提高了 1/3 的工作效率，还节省皮革 150 张、资金 30 余万元。

传授经验，弘扬"非遗"技艺

李金善把多年的工作实践及企业独一无二的工艺精细、质量上乘的制作水平加以总结，编写出《皮毛、皮帽裁剪制作工艺流程》一书，促进了制帽工艺流程标准化、规范化。他勤于学习钻研，订阅书刊、画报，搜集国内外信息，了解掌握并潜心研究制作皮帽与服装配套设计方面的工艺技术，不断提高自身的知识和工艺水平，还发挥传帮带作用，为职工讲解知识和技术要领，手把手提供技术指导，把自己的裁剪制帽绝活毫无保留地传授给徒弟们，现在他们已成为企业技术骨干。

第三代：李金善　　　　　第四代：陈江山　　　　　第四代：马万兰

　　为了发挥盛锡福非物质文化遗产的特殊优势，打造创新产品，推动盛锡福皮帽制作技艺融入当代社会、融入市场经济，他提议每年举办"盛锡福皮帽制作技艺创新产品设计大赛"，每年大赛都要推出新品。他和徒弟提取中国近现代服饰潮流的元素为灵感，在传统水貂皮帽设计基础上，对帽子造型、色彩设计、材料选用进行大胆创新，打造出老字号新流行的高档皮帽。这些新产品通过展览会洽谈、订购会等平台已经全部推向市场，像蘑菇帽、英式帽、军学帽、狩猎帽等销售量已经占到总销售额的 30%。

　　回首四十余年的工作，他始终对皮帽制作技艺充满着高度的热忱，对盛锡福未来前景充满着无限希望，始终对老字号事业充满激情。他拼搏奋进、锐意创新，为"非遗"技艺科学持续发展做出了自己的一份贡献。

（北京盛锡福帽业有限责任公司

曹文仲　傅蕾）

人品如茶品　至清至纯得真味

——张一元茉莉花茶制作技艺及国家级非物质文化遗产代表性
传承人王秀兰

百年老字号与一个人的不解之缘

几十年风霜雨雪，几十载春华秋实，她将燃烧激情的岁月无悔地献给了中国茶产业。她用"俭、清、和、静"的茶人精神立身，用"不抛弃、不放弃"的进取心立业。"南方有佳木，北方有佳人"，她用羸弱的身躯带动了一个企业的壮大，实现了中国茶南北方的大融合、大发展；她用常人无法想象的毅力，推动了一个民族产业的复兴，实现了几千年来亿万茶农的夙愿，让中国茶首次写进了奥林匹克的史册，使中国茶问鼎世博会的盛宴。她就是国家级非物质文化遗产保护项目——张一元茉莉花茶制作技艺代表性传承人王秀兰。

翻开厚重的中华老字号发展史，涌现出无数让人感动的人物和故事。在百

大栅栏张一元茶庄（1962）

125

冯公度老先生题写的张一元老匾
（现收藏于首都博物馆）

大栅栏张一元总店

舸争流的商海大潮中，许多老字号被狂风巨浪击垮淹没，但更多的却乘风破浪勇往直前，开辟新的航程。我们为沉没的感到痛心和惋惜，更为那些既散发着传统文明又充满现代青春活力的感到欣慰和自豪。张一元，这家中华老字号，就是在这个时代继续鼓帆远航的民族企业的典范。

北京张一元在全国茶叶界闻名遐迩。谈到张一元的辉煌，不能不提到原北京张一元茶叶有限责任公司董事长，国家级"非遗"代表性传承人王秀兰。1999 年荣获首都劳动奖章，2000 年北京市劳动模范、2001 年北京市优秀共产党员，2004 年全国三八红旗手、中国茶叶界十大风云人物，2015 年获得中国茶行业终身成就奖……在各种荣誉光环的衬托之下，王秀兰的名字在中国茶叶界越来越响，这无疑是成功后名至实归产生的巨大效应。

张一元茶庄始建于 1900 年，创始人张昌翼。早期以其独特的茉莉花茶窨制工艺世代相传。新中国成立后进入计划经济统购统销时期，茉莉花茶的特色荡然无存。1992 年，从事多年茶叶事业的王秀兰接任张一元总经理一职，上任后她做的第一件事情就是"寻回老口味，恢复传统技艺"。她拜张家后人张世显为师专心学艺，多次走访老主顾，虚心请教，反复请老顾客品尝，不断调整改进工艺，终于寻回了"汤清味浓，入口芳香，回味无穷"的张一元茉莉花茶独特口味，让失传已久的茉莉花茶窨制工艺重现京城，让新北京的大街小巷中重新飘散着记忆中的味道。随后她亲自制定了《张一元茉莉花茶企业标准》，不但得到了国家认可，更好地传承并创新发展了"张一元茉莉花茶窨制工艺"，而且推动传统

张一元茉莉花茶制作技艺代表性
传承人——王秀兰

制茶行业向规范化、标准化、集约化迈出了一大步。2007 年，张一元茉莉花茶制作技艺成为首批入选国家级非物质文化遗产名录的项目，也是当时唯一入选的花茶项目，王秀兰被评选为该项技艺的国家级代表性传承人。

花茶制作技艺·张一元茉莉花茶制作技艺被评为
国家级非物质文化遗产

王秀兰还挽救了一批传统名茶，成功恢复了失传 58 年之久的茉莉毛尖传统工艺，使京城再现柚子花茶以及老北京传统的茉莉"高碎"。由她率队甄选、监制、审评的张一元茉莉白龙珠、张一元茉莉针王等品种，成为国家级非物质文化遗产茉莉花茶的代表品种。至今在张一元还能够买到"高碎"这一老北京脍炙人口的茶品，用王秀兰的话说，"'高碎'价格最便宜，工序最烦琐，卖多少斤就是赔多少斤的钱，但是为了老北京人的这点儿念想，张一元每年都会做"。曾经出现过，为了购买张一元"高碎"，门店还没有开门，顾客却都排出了百米远，出动了保安和街区民警维持秩序，两个小时 1 万斤"高碎"被抢购一空的壮观景象。

数十年磨一剑，造就茶王过硬本领

自 1972 年参加工作起王秀兰便从事于茶叶的生产加工、拼配窨制、审评定价等工作。几十年的经历，学的是茶叶、干的是茶叶、想的是茶叶，多少回做梦都惦记着茶叶，王秀兰对茶的爱已经浓到了化不开的地步，凭借着"一生为茶，为茶一生"的执着信念，不抛弃、不放弃的坚定意志，踏踏实实地埋头苦干，孜孜不倦地刻苦钻研茶叶专业技术，终于练就出一手评茶的绝活，特别在茶叶的拼配、加工、评审方面有很深的造诣。她通过对茶叶的"一看、二摸、三闻、四尝"可以准确判断出是新茶或陈茶，是春茶或夏秋茶，茶叶的等级、质量优劣，甚至判断出茶叶的含水量是否符合标准。品一口茶，就知茶的产地和名称，甚至能说出茶叶的采摘时间、炮制过程和贮存方法。掌握这个绝活的人全国不过寥寥数人。至今，每年新茶下来的时候，在采茶、制茶、选茶、评茶的一线都可以看到她忙碌的身影，一边与茶农交流，一边指导茶农制茶，使茶叶口味更适应市场需求。也正是因此，她对各种茶叶的动态掌握能够不断更新、完备、扩充，经验日积月累，茶叶评定工作更加精准，深得业内人士的信任和佩服。京城许多茶庄不但邀请她帮助鉴别茶叶，而且把经她定级作价的张一元茶叶当作茶样，当作衡量茶叶质量的标准。而今，王秀兰更愿意把这项技能总结为"看人做茶、看天做茶、看茶做茶"。

振兴老字号，险付生命代价

伴随着改革开放的春风，1992 年，时年 37 岁的王秀兰出任张一元茶叶公司经理，她深知自己肩负着振兴中华老字号的重任，"决不能让老字号的大旗倒在自己的手中"成为她无怨无悔的追求。二十三年的殚精竭虑，二十三年的风风雨雨，二十三年的艰苦奋斗，两次几乎付出生命的代价，换来了张一元的崛起。

说到当年创牌子的艰难之处，王秀兰这位坚强的女性，眼眶不免有些湿润，酸甜苦辣一齐涌上心头。由于历史的原因，茶叶统购统销多年，1992 年张一元老字号的神韵早已只剩下一个空壳。王秀兰发誓就是脱一层皮也要取回真经，让张一元在京城重新打出名头。1992 年 7 月，王秀兰坐火车硬座 50 多个小时，来到福建闽东、闽北产茶区，长时间舟车劳累，把她折腾得筋疲力尽，脚肿得像面包。但在产茶区，当她自豪地向当地介绍百年老字号张一元时，竟没有一个人知道，弄得王秀兰哭笑不得。而更让她恼火的是兜里揣着汇票，居然没人卖茶叶给你。

在茶场，为争取到货源，加工拼配出张一元品牌的茶叶，本不喝酒的王秀兰壮起巾帼豪气，推杯换盏，口到杯干，直到第二天中午她的头还是"大"的，但是她心里明白，为了张一元，再苦再累也豁出去了。果然厂家被王秀兰的勇气和韧劲儿打动，近百万斤的茶叶终于运进张一元。经过反复探索，多次实验，王秀兰很快确定张一元品牌的特点，这就是"汤清、味浓、入口芳香、回味无穷"。1993年，张一元茶叶火爆上市，很快博得喝茶认口的老北京人的齐声喝彩。

张一元一炮打响后，王秀兰并没满足，她要重塑老字号形象。现在的张一元百年老店，在大栅栏街上已成为一道风景线，来来往往的顾客不但要买些对口的茶叶，还要在张一元的门脸照一张相，顾客说得好"到大栅栏，就是冲着张一元、同仁堂来的"。可没有人知道，当年王秀兰接任张一元时，多年失修的百年老字号已经风光不再。为了重塑张一元的形象，王秀兰决定对百年老字号进行翻新扩建，让张一元重放异彩。翻新扩建期间，为体现老字号的风采，她亲自设计蓝图，亲自采购富有老字号特色的内外装修材料（包括陈列品、包装品）。可就在她亲自到外地为张一元采购时，不幸发生了车祸，严重的盆骨骨折使她躺在床上一动也不能动，彻骨的疼痛使她夜不能寐，当地医生要求她卧床休息3个月，可她为了总店工程，不顾自己的安危，把自己绑在担架上，坐飞机回到北京，躺在病床上坚持指挥总店工程。直到今日她的伤处仍不时地发出阵痛。

多年来她一直保持参加劳动的习惯。那年她感冒后站柜台一星期，引发多年的老病根哮喘，差一点儿窒息，经抢救脱险。出院后，她背着氧气袋踏上前往茶基地的征途。员工们说没有老领导王秀兰就没有张一元的今天。她以共产党员的博大胸怀、无私奉献精神赢得了职工的拥护和爱戴，换来了张

张一元民族风情节大栅栏总店火爆的销售场面

一元的崛起。她把张一元从公司成立时仅有一张旧办公桌、一把旧暖壶、一个小茶庄，创建成全国茶叶界的一流企业。张一元茶叶被评为"北京市名牌产品"，张一元商标先后被评为北京市著名商标、中国驰名商标。公司在福建拥有万亩无公害茶叶生产基地，拥有先进的加工拼配车间，60多家遍布全市乃至全国的连锁店，百年老字号张一元茶庄的大栅栏总店创造了年销售额突破亿元大关的纪录，成为中国乃至世界首家茶叶单体销售亿元店，使老字号张一元叱咤全国茶叶界。

培育茶界新星，研制茶叶新品

王秀兰既是"跑得快的火车头"，更是"传帮带的领头人"，百忙之中抽时间对员工亲自授课，开展茶叶知识讲座、培训，为企业培养了大批专业人才。近年来培养中级评茶师、高级评茶员、中级评茶员、茶艺技师等不计其数。使得公司现在营业员、茶艺师持证上岗率达到95%。每个店既有"微笑大使",更有"茶博士",顾客除了购茶,更喜欢和服务员们探讨品茶的技巧和心得,更有甚者拿着亲戚朋友馈赠的茶叶,让服务员鉴赏品评。而今,王秀兰董事长提出张一元每一家门店都设置"茉莉花茶体验区",在这里有专人为顾客冲泡新品花茶,现场教授大家冲泡花茶的家庭茶艺,讲解有关花茶的常识。经常碰到顾客开玩笑地说:"在这里喝的花茶感觉就是和自家冲泡的不一样。"

同时,王秀兰还亲自主抓建立起"国家级非物质文化遗产传承人工作室"及"技能技艺展室",拨出专项资金,整合所有优势资源,集中力量收徒传艺,让制茶这项传统工艺发扬光大,让茉莉花茶独特的窨制工艺代代流传。

她刻苦钻研茶叶研发工作,现在公司经营的茶叶品种都在继承传统的同时得到新的发展,完全迎合了现代人的口味。她开发的仙岩雪峰绿茶被国家茶叶博物馆收藏,物美价廉的绿毛猴绿茶更成为深受消费者欢迎的大众茶。

张一元茉莉玉芽茶叶展示

近几年，在她的带领下，不断加强茶叶衍生品的开发，成功开发出茶含片等产品，为传统茶产业注入时代气息，使传统的茶叶以现代人更喜闻乐见的形式呈现在消费者面前。

2012 年，王秀兰凭借多年的实践经验，结合传统的茉莉花茶制作工艺创制而成的张一元茉莉金龙袍堪称茉莉花茶的巅峰之作。一经推出，便获得了第一届北京国际茶叶展名茶评比金奖，成为继张一元茉莉金茗眉之后的又一款高端茉莉花茶。王秀兰表示："每种茉莉花茶的制作周期都要经历半年以上，花费的工、时、料都是其他茶种不能比的。茉莉花茶不是没有高档茶，我们也正在发掘。"这一款茶的推出被社会赞誉为"为花茶提气"，更是为最能代表老北京饮茶文化的茉莉花茶画上了浓墨重彩的一笔。

倡导饮茶健康，弘扬中华茶文化

王秀兰积极进行饮茶健康的宣传，使张一元成为"科学饮茶"活动的发起者和推动者。在她牵头下张一元还成功举办了京城首届绿茶节，此后又推出"普洱茶现场制作展示"、"台湾茶展"、"红茶展"等，极大地丰富了京城茶叶消费市场的选择，形成了南北茶叶的大融合、大发展，同时也流传下一句"夏天喝绿茶、冬天喝红茶，一年四季喝花茶"的饮茶导语。宣讲员定期走进社区、学校，进行茶叶知识培训，普及选购放心茶的基础知识。围绕四大民俗节日，公司将"健康饮茶"的相关知识印制成册发放给顾客。各个门店中专门派"茶叶小博士"为顾客提供健康饮茶的咨询服务。让每一片张一元的小小茶叶中，都充满了对顾客的关怀与贴心，让淡淡的茶香中，更氤氲

王秀兰在茉莉花茶产区

传承人王秀兰亲自把控产品质量

张一元茉莉花茶生产线

着浓浓的人情味。

她始终坚持"文以载茶、以文兴茶"的理念，始终以弘扬中华茶文化为己任，提出了"人品即茶品，好的人与好的茶一样至清至纯"的人文理念，始终秉承"诚信为本"的立业之基。至今"诚信为本"的牌匾和"诚、信、德、礼"等十二字真言依然高悬在每一家张一元店内，向五湖四海的人们默默地讲述着为人之道、经商之道、国茶之道。她提出来的对产品质量掌控的"做良心茶，做放心茶"的理念多年来被社会广为赞颂和传播，也正是因为这种对企业、对社会、对消费者高度负责的态度，成就了现在的中国茶——张一元。

作为全国茶行业龙头企业，王秀兰几十年如一日，专心致志做研究，一心一意求发展，使企业始终引领着中国茶产业的发展，成为整个行业的标杆，使"张一元"品牌深入人心，成为传承文明、弘扬中国茶文化的窗口，成为国外宾客了解中国茶文化及茶道，展现中国茶文化历史底蕴的重要窗口。

从业 40 余载，她以振兴中华茶产业为目标，以弘扬中华茶文化为己任，带领职工秉承"诚信为本"的企业精神，励精图治，锐意进取，取得了一个个骄人的业绩，不断做强做大老字号张一元品牌，使其发展到全国连锁、集产供销科工贸为一体的全国茶叶龙头企业，荣获中国驰名商标、中国茶叶第一品牌等多项荣誉。她始终在茶叶生产、加工、拼配、研发、销售的第一线，也正是如此练就出"看茶做茶、看天做茶、看人做茶"的制茶最高境界。在她主持下，先后恢复了断档几十年的柚子花茶、茉莉毛尖等传

张一元茉莉毛尖

张一元柚子花茶

统品种，研制的仙岩雪峰绿茶被国家茶叶博物馆收藏。在她坚持不懈地努力下恢复了"汤清味浓、入口芳香、回味无穷"京城传统茉莉花茶，2008 年，张一元茉莉花茶窨制技艺列入国家非物质文化遗产名录，王秀兰被认定为国家非物质文化遗产传承人。2008 年她率团队成功服务于北京奥运盛会。2010年，张一元茉莉花茶作为中国世博十大名茶之一，作为中国茶产业的代表，又一次登上了世界的舞台。

正所谓：

一元复始万象新，茉莉香茗入"非遗"。

至清至纯回味久，茶如其人品第一。

王秀兰，正是用她"人品如茶品"，"做良心茶，做放心茶"的行为准则，推动着中国茶产业的发展，谱写着"一生为茶、为茶一生"的人生华章。

（北京张一元茶叶有限责任公司）

化腐朽为神奇

——记中国书店古籍修复技艺四代传承人

我国古籍修复技艺有着悠久的历史，它的起源至少可以追溯到西周的守藏室。在三千多年的历史长河中，古籍修复技艺也随着古籍载体、装帧、形制的变迁而不断发展。

古籍修复技艺是一项具有鲜明行业特点的传统技艺，它对经过时间流逝而造成残破的古籍进行重新修整和装订，突出强调对古籍的历史性、原状性和保护的注重性，"修旧如旧"，"化腐朽为神奇"，对我国历朝各代流传至今的古代典籍文献的完整的收藏和保管有着极其关键的作用。正是由于它的重要，使得此项技艺要求几近苛刻，每一部古籍图书都要经过配旧皮旧纸、补破页、裱糊、喷水倒平、衬纸、捶平、齐栏、订本、打眼订线、包角等几十道工序，一招一式颇为考究。

1956 年，中国书店成立不久，就组建了古籍装订修补部，由王志鹏、刘乃仪任负责人，附设于读者服务部科并受其领导。后随着公私合营，中国书店汇集了民国以来北京诸多私营古旧书店里擅长古籍装订、修补技艺的老师傅，改装订修补部为装订修补厂，改归总店经理室直接领导，周世梅担任厂长。

古籍修复过程

古籍修复对操作者来说，要求极严，一般要有三方面的素质：一是熟悉各朝代书籍的形式和版本，有初步的版本识别能力；二是了解各朝的纸张、书皮和装帧风格，能确认其性质、颜色和特征；三是技术熟练，操作细致。没有这些基本能力，几乎无法从事这项业务。正如明周嘉胄《装潢志》所称，古籍修复"为病笃延医，医善则随手起，医不善则随而毙……不遇良工，宁存故物"。对于优秀的古籍修复工作者，《装潢志》认为"须具补天之手、贯虱之睛，灵患虚和，心细如发。又须年力甫壮，过此则神用不给矣"。正是由于古书装帧修补专业技艺要求其从业人员具有丰富的古籍版本、古代造纸和古代书刊装订等专业知识，同时还要具备对纸介材料特性的深入了解和熟练的装裱、修补能力，这就客观上为从事这项专门技艺的工作人员提出了很高的专业要求，也显现出这一传统工艺极其独特的传承特点。

为此，中国书店非常重视古籍修复技艺的传承，并在技艺传承方面做出了多方努力。中国书店深知古籍修复技艺必须依靠"师带徒"的方式才能得到有效传承。古籍修复技艺实践性强，需要经过长期积累才能熟练把握，同时其中的很多修复手法难以用语言文字、示意图表达，如果不是师傅们反复演练、反复讲解，甚至手把手教导，学徒很可能无法完全领会，出现手法貌似一样但达不到修复要求的情况。因此，中国书店利用企业优势，在选拔传承人时先培养其古籍鉴定能力，经测试合格的人员再学习如何判断各朝的纸张、书皮和装帧风格，最后学习古籍修复技艺。整个学习过程长达数年，学徒与师傅们一起工作、一起切磋、一起合作，共同进步，最终培养出了一代又一代传承人。

在六十余年中，中国书店共培养了四代传承人。

第一代：韩斯久、王志鹏、乔景熹、羡昭栋、李佩亭、韩俊如、张恒吉、李恒连、汪增仁、魏忠虞、赵树枫等；

第二代：张励行、张桂花、张宝英、张英、张兰英、张粹英、韩秀芬、佟树贞、冯秀云、吕奎双、雏春芬、朱洁清、王安焱等；

第三代：汪学军、刘秋菊等；

第四代：徐晓静、李长红等。

下面介绍每一代传承人中的代表人物，以反映中国书店古籍修复师所做的杰出贡献。

技艺传承现场

第一代传承人代表人物——韩斯久、王志鹏

韩斯久，男，新中国成立前在位于隆福寺的修绠堂古书店学习古书收售业务和古籍修复技术，曾被当时著名刻书家、藏书家陶湘请到家中帮助其修复古籍，待为上宾。1956 年中国书店与私人古旧书店合营后，韩斯久进入中国书店从事古籍修复工作。他积累了几十年的实践经验，精于古籍修复技艺。对于补、溜、衬、镶、托等修复技艺，一招一式极其熟练，修复古籍时常常是手到"病"除。作为中国书店古籍修复第一代传承人，韩斯久和王志鹏、乔景熹、羡昭栋等一起被公认为中国书店古籍修复师中的佼佼者。

曾担任中联部副部长、中纪委副书记、中顾委常委、国务院古籍整理出版规划小组组长等职务的李一氓在《回忆录》中这样描述韩斯久修复古籍："中国的旧书，有时买到手的时候，是很破烂的，必须要修补，重新装过。隆福寺修绠堂有一个很会修书的老工人韩斯久，如明刊本的半部《三国志演义》，就是他经手修的，要一张一张地补虫眼，加衬纸，工作很麻烦，但很精细。我并且找了明瓷青纸做封面，装好以后，漂亮极了。四川杜甫草堂有几本好书，也是这个老工人动手修的。"

王志鹏，男，新中国成立前在位于琉璃厂的邃雅斋古书店学习古书收售业务。他精通古籍版本鉴定，同时学得一手好字和精湛的古籍修复技术，在琉璃厂书肆中堪称翘楚。解放后，他是中国书店装订修补部的首任负责人，为发展国有企业体制下的古籍修复业务做出了贡献。同时，他还非常重视古

籍修复技艺与传统雕版刷印技术的传承，并曾于 20 世纪 80 年代被派往由中国书店帮助建立的印刷厂，担任古书刷印、装订、修补和抄配工作的技术指导和顾问，先后培养了大量掌握雕版线装书刷印、装订、修补各道工序的青年技术人员。在传承技艺的过程中，他精心准备教学材料，深入浅出地为中国书店举办的古籍修复技艺培训班和全国古书业务培训班学员讲授"古书装订修补常识"。他所编写的《古书装订修补常识简介》，曾作为参考读物分发给全国古旧书店从业人员学习参考。可以说，王志鹏为古籍修复技艺的传承付出了毕生心血。

关于王志鹏的古籍修复技艺，在刘宁《邃雅斋和王志鹏》（载《中国典籍与文化》，1992 年第 3 期）、胡金兆《百年琉璃厂·邃雅斋弟子王志鹏的绝技》（当代中国出版社，2006 年）、赵安民《古书装订修补、木版刷印专家王志鹏》（载《出版史料》，2006 年第 3 期）等文章中都有叙述。

第二代传承人代表人物——张励行

张励行，女，1957 年进入中国书店后拜王志鹏、乔景熹为师，学习古籍修复技艺。她心灵手巧、敬业爱业、刻苦学习，很快熟练掌握了全套古籍装订修补技术。经她修补的古籍，都能够被评为一级或优质产品，受到当时中国书店副经理陈济川等人的青睐，并经考核、评议后准予出师，成为能够收带徒弟的青年师傅。1963 年中国书店工资调整时，为表彰张励行优秀的古籍修复技艺与杰出贡献，中国书店破例给她连涨两级工资。其后在两次古书装订修补业务培训班中，她作为技术指导老师，把自己从王志鹏、乔景熹等老师傅们那里学来的古籍修复技艺，毫无保留地传授给学员，使这些来自五湖四海的学员能够较快地掌握古籍修复技艺，进行独立操作，并最终在各自所属的单位建立起了古籍修复工作室。

在中国书店工作的数十年中，张励行以她精熟的古籍修复技艺以及"为读者找书、为书找读者"的满腔热情、优质服务，深受汪道涵、谷牧、韩念龙、慕湘等领导、专家和读者的赞扬。

第三代传承人代表人物——汪学军、刘秋菊

汪学军，男，1982 年进入中国书店后随其父汪增仁从事古书装订修补工作，并跟随赵树枫、韩秀风等学艺。他熟练掌握了传统古籍修复的全部技艺，成为中国书店古籍修复技艺第三代代表性传承人，并于 2008 年 11 月入选第一批原宣武区（今属西城区）级非物质文化遗产项目代表性传承人；2009 年 4 月入选第二批北京市级非物质文化遗产项目代表性传承人；2012 年 12 月入选第四批国家级非物质文化遗产项目代表性传承人。

汪学军在修复古籍时，根据其具体的破损情况，结合待修复古籍的版本、纸张、装订风格等因素，以规范的技术、合理的修复理念制订修复方案。再按方案计划，通过为残破的古籍配纸、补破、喷水、折页、锤平、画栏、衬镶、齐栏、下捻、打磨、上皮、订线等数十道工序后，达到了"修旧如旧""化腐朽为神奇"的效果，对古籍保护起到了重要作用。

在中国书店工作的三十余年中，汪学军先后为中国国家博物馆、北京市文物局、北京智化寺、中国书店及个人收藏者修复过众多历朝各代的古籍图

书近万册，有不少古籍属于国家一、二级文物。汪学军参与修复的古籍有：元刊孤本《类编图经集注衍义本草》、元刊本《通鉴纪事本末》、明刊本《李氏藏书续藏书》、明刊本《史记》、明刊本《贵州通志》、明刊本《大明一统志》、明刊本《韩昌黎先生集》、明刊本《三苏先生文粹》、明刊本《程氏墨苑》、明刊插图本《列女传》、清康熙刊本《容斋随笔》、清刊插图本《鸿雪因缘图记》、清刊本《康熙字典》、清刊本《六经全图》、民国多色套印本《北平荣宝斋笺谱》等。

自十多年前开始，汪学军还致力于培养古籍修复技艺的后继人才，在中国书店古籍修复工作室，与刘秋菊一起培养了第四代传承人徐晓静、李长红等。

刘秋菊，女，1981年到中国书店学习古籍修复技艺，师从赵树枫、韩秀芬等人，熟练掌握了传统古籍修复技艺的全部技艺流程，成为中国书店古籍修复技艺第三代传承人，并于2008年11月入选第一批原宣武区级（今属西城区）非物质文化遗产项目代表性传承人。

刘秋菊熟练掌握我国各朝代书籍的装帧风格和版本特征，了解各个朝代不同纸张的特性，承袭了中国书店古籍修复技艺的特色，并形成了自己的风格。对修复过的古籍既可以做到合理到位的修复，亦注重保持古籍本身的原始风貌和历史延续性，使残破损坏的古籍经修复后可以得到有效保护、重新利用，再现昔日风采，达到"修旧如旧"、"化腐朽为神奇"、保护历代古籍完整流传的最终目的。

在三十余年的工作中，刘秋菊曾为中国国家博物馆、清华大学图书馆、北京市文物局、北京智化寺、中国书店及个人收藏者修复过众多历朝各代的古籍图书，数量近万册，有不少古籍属于国家一、二级文物。刘秋菊参

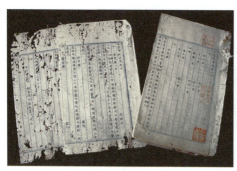

明抄本《文苑英华》 修复前 明抄本《文苑英华》 修复后

与修复的古籍有：元刊孤本《类编图经集注衍义本草》、明写本《文苑英华》、明嘉靖刊本《初学记》、明万历刊本《荀子》、明万历刊本《通鉴纪事本末》、明刊本《宝颜堂秘籍》、明刊本《六家文选》、明刊本《韩非子》、明刊本《山海经》、明刊本《归先生文集》、明汲古阁刊本《陆放翁全集》、明刊本《王氏脉经》、清乾隆武英殿刊本《钦定礼记义疏》、清刊本《皇朝礼器图式》、清多色套印本《芥子园画传》、清插图本戏曲《红楼梦散套》等。

自十多年前开始，刘秋菊还致力于培养古籍修复技艺的后继人才，注重古籍修复技艺的传承，与汪学军一起培养了第四代传承人徐晓静、李长红等。

第四代传承人代表人物——徐晓静、李长红

徐晓静，女，大学本科学历，文物专业。2005 到中国书店参加工作，师从汪学军、刘秋菊等人学习古籍修复技艺。她认真钻研，反复实践，将大学所学的文物保管知识与古籍修复技艺相结合，加深了对古籍修复的认知与理

解，熟练掌握了古籍修复技艺的全部流程。作为技艺娴熟的青年业务骨干，她成为中国书店古籍修复技艺第四代传承人。

徐晓静在每次修复前都会像医生一样为古籍"诊断病情"，分析古籍受损原因，制定修复方案，详细记录书名、版本、卷数、册数、页数、纸张类别、破损情况、修复计划等信息，然后细心准确地修复。古籍修复需要修复师心灵手巧，看似简单的补破，其实如履薄冰，配纸要合适，手法要讲究，动作要简练，稍有不慎就难以达到最佳效果。徐晓静在追求技艺的同时，也常感叹技艺的背后还蕴含着更深层次的文化内涵。在技艺之上，是对古籍和中华民族文化瑰宝的敬畏。每一本古籍、每一张书页都记载着先贤的智慧和心血，能够历尽劫难、流传至今实属不易，要倍加珍惜和保护它们，通过修复为它们"延续寿命"。

在十余年的工作经历中，徐晓静曾为中国国家博物馆、清华大学图书馆、北京市文物局、北京市方志馆、北京智化寺、中国书店及个人收藏者修复过大量历朝各代的古籍图书，其中一些古籍属于国家二级文物。徐晓静参与修复的古籍有：明万历刊本《宣和博古图录》、明汲古阁刊本《尔雅郑注》、明刊本《妙法莲华经》、清康熙刊本《杜工部集》、清康熙刊本《曝书亭集》、清雍正国子监刊本《论语》、清乾隆刊本《毛诗注疏》、清刊本《第一才子书三国演义》、清刊本《大清一统舆图》、清刊本《居官镜》等。

李长红，女，大学本科学历，历史学专业。2005年到中国书店参加工作，师从汪学军、刘秋菊学习古籍修复技艺。由于在大学期间打下了良好的历史学基础，她对古籍文献十分熟悉，有助于快速领悟并熟练掌握古籍修复技艺。现在，李长红作为技艺娴熟的青年业务骨干，成为中国书店古籍修复技艺第四代传承人。

在修复的过程中，李长红深感古籍修复需要"坐得住、静下心，出细活"，这虽然看似简单，但能够在工作中十年如一日地坚守实属不易，其中的深意也只有身处其中才能体会。修复一部古籍一般需要几十道工序，整个过程中如果有一个环节没有做到位，后续工作就会出现严重问题甚至无法进行下去，导致修复失败、重新返工，所谓"一步差、步步差"就是这个意思。因此，李长红在古籍修复工作中要求自己将每一步骤都做到最好，按部就班、准确细致完成修复计划，将一部部破烂不堪的古籍修复完好。

在十余年的工作经历中，李长红曾为北京市文物局、北京市方志馆、中国书店、赤峰学院及个人收藏者修复过大量历朝各代的古籍图书，其中一些古籍属于国家二级文物。李长红参与修复的古籍有：明刊本《大般若波罗蜜多经》、明刊本《楞严经易知录》、明刊本《首楞严义疏注疏》、明刊本《往生集》、明刊本《拾遗记》、清刊本《东坡养生录》、清刊本《汉书西域传补注》、清刊本《佩文韵府》、清刊本《李义山诗集笺注》、清刊本《忠雅堂诗集》、清刊本《唐四家诗集》、清刊本《平山堂图志》、清刊本《寰宇金石图》、清刊本《庭闻录》、清刊本《随庵丛书》、民国邓之诚题跋本《清三朝实录采要》等。

六十年来，中国书店古籍修复组几经兴衰与变化，但在中国书店领导的重视下、全体人员的努力下，古籍修复组始终保持了下来。现已有四代修复传人在这里辛勤耕耘着，先后抢救性地修补了残破的珍贵古籍近三十万部，其中不乏善本、孤本等国家一、二级文物，其所创造的文物价值是无法用金钱衡量的。除为各级图书馆、博物馆修补大量珍贵藏书外，中国书店的古籍修复师们还为党和国家领导人、社会各界读者修补了大量个人藏书。那些身怀绝技、用巧夺天工之技、抢救性地修复大量文化典籍的师傅们，世人们尊称他们为"古书医生"。

很多专家、学者看了中国书店修复的古籍后，一致给予了充分的肯定和高度的赞扬。北京市原副市长、著名历史学家吴晗为中国书店题词："救活破旧书，使古为今用。"著名历史学家谢国桢题词："装潢旧籍有传人，粉白骇红气象新。变化神奇于腐朽，丛残整理更为今。"北师大著名教授刘盼遂则题词："参阅之后，欢喜无量，真古籍之'续命汤'也。"张政烺、赵万里、魏建功、王伯祥、罗继祖等专家、学者也都纷纷题词。

鉴于中国书店古籍修复技艺的优异水平与历代古籍修复传承人所做的杰出贡献，2007年6月，中国书店古籍修复技艺被列入北京"市级非物质文化遗产"；2008年6月，中国书店装裱修复技艺·古籍修复技艺被列入"国家级非物质文化遗产"；2016年4月，被评为"全国工人先锋号"并予以表彰。

作品赏析一

修复师：汪学军、刘秋菊

修复作品：元刊本、孤本《类编图经集注衍义本草》

2010年春，中国书店得知在日本发现了一部元刊本《类编图经集注衍义本草》，这部书以其独特的刊刻风格吸引了国内古籍专家、学者的注意。于是，中国书店派专人赴东瀛考察该书。在日本大阪举行的古书大札会预展上，他们看到了《类编图经集注衍义本草》实物，该书一共十五册，存放在一个日式白松木木箱中，箱子的正中除了题有书名，还有"崇兰馆"的款识。崇兰馆是日本医学家福井枫亭、福井榕亭父子的藏书斋号。两人不仅拥有深厚的中医学造诣，担任幕府大将军德川氏的御典医，而且雅好藏书、收藏了大量珍贵中医古籍，在中医古籍保存、流传过程中占有重要地位，这也从侧面反映出了《类编图经集注衍义本草》一书的珍贵。

经过专家们的一番考证之后，确定此书为珍贵的孤本。待中国书店购回国内后，专家们认为该书虽然保存相对较好，但存在局部破损、虫蛀的现象，尤其是每张书页都经过日式托裱，不利于长久保存。为了使这部珍贵古籍得到有效保护，中国书店安排汪学军、刘秋菊两位修复师对该书进行修复。两位师傅首先对书页除尘杀菌，小心清理；然后将日式托裱的裱纸从原书页揭下，这一过程非常艰难，如果一不小心或手法不当，就会在揭裱纸的过程中损伤原书页。待揭好之后，再用旧存的明清老纸对原书页进行修复，补洞溜口，槌平衬纸，经过一系列修复工艺将书页修好。最后将原来破损的日式书皮更换成旧藏的乾隆内府瓷青纸书皮，再经订皮、上线、装订成册。历经半年的时间、几十道工序，两位师傅成功修复了该书，并达到了"修旧如旧"的最高水平，使全书还原为具有中国传统古籍特色的线装书。

作品赏析二

修复师：徐晓静

修复作品：清雍正国子监刊本《论语》

徐晓静在 2016 年曾修复过一部《论语》，该书是于清雍正时期由国子监雕版刷印的，是清代官府刻书的代表作，文物价值较高。更珍贵的是该书以清代皇宫内府蓝绢书皮装潢，规格不同于普通古籍。可惜该书曾遭到过比较严重的虫蛀，蓝绢书皮上也有蛀痕。对于这种以特殊材料装潢的古籍，在修复的时候要保留它最大的历史信息，除了修复内页，还要将书皮也修复好。

修复中，其中一个难点就是同样材质的修复材料非常难找，因目前连同

清雍正国子监刊本《论语》 修复前　　　清雍正国子监刊本《论语》 修复后

时代（雍正时期）的绢都无法找到，更不要说找到一模一样材质的清宫内府蓝绢了。能找到的材质最接近的材料是旧存米色绢，由于米色绢与蓝绢在颜色方面差异较大，徐晓静决定通过染色来解决。染绢要比染纸难度稍大，需要物性上染色处理，俗话说"一缸颜料一色纸"，徐晓静通过反复尝试，由浅到深一点一点调色，一次一次试色，再一遍一遍上色，最终将米色绢染成和原书皮一样的蓝绢。等修复完好之后，再现了此部清雍正时期国子监刊本《论语》的神采。

作品赏析三

修复师：李长红

修复作品：明刊本《大般涅槃经玄义》

2015 年底，有一位藏书家来中国书店古籍修复部找到李长红，他拿出一套家藏的明刊本《大般涅槃经玄义》。这部明版佛经在版本上很珍贵，可惜由于保管不善，已经出现了纸张酸化、糟朽严重等现象，在翻阅时稍不小心就会造成纸张破损、字迹脱落，亟须修复抢救。藏家对修复的方案非常在意，询问是否有万全之策，既能保住纸张上的文字，又能保留原有风貌和版式。

面对修复难题，李长红经过再三思考，决定将传统的修复方式加以创新。一册经折装的佛经完全展开后，一般有五六米至十米长，它在最初装帧时是将印好的佛经书页（一页五十至六十厘米）按顺序粘接好。传统修复经折装佛经的方法，都是将经书逐步展开，在不揭开每页原有粘接部分的情况下，修复破损的地方，待完全修好后，最后按原有痕迹折叠还原。但这部经书已经糟朽严重，必须通过托裱的方法加固纸张，而五六米长的佛经是无法整体托裱的。于是李长红参考装裱碑帖册页的方法，将佛经书页原有粘接处全部揭开，选取最薄、颜色最接近、韧性最强的纸作为命纸来逐页托裱，全部托裱完成后按照原有尺寸标准在折板上折叠，最后用装裱碑帖册页的方法进行粘接，最大限度地保存原有风貌。在她的努力下，历经半年的时间最终将这部经书修复完毕，让这部经书由褴褛不堪回复到光彩照人，获得了藏家和同行的称赞。

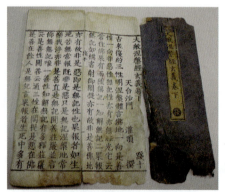

明刊本《大般涅槃经玄义》 修复前

明刊本《大般涅槃经玄义》 修复后

作品赏析四

修复师：汪学军、刘秋菊、徐晓静

修复作品：明清佛经 58 件

智化寺建成于明正统九年（1444），是北京保存最完整的明代木结构古建筑群。2004 年在修复万佛阁卢舍那佛和释迦牟尼佛佛像时，从佛藏中清理出佛经 61 件（套），经鉴定全部为珍贵文物。这些经书都有不同程度的虫蛀、破损、断口现象，纸张老化、破损断口现象尤其严重，经检验，轻度破损的修复比例为 22%、中度破损的修复比例为 52%、重度破损的修复比例为 26%，而且绝大多经书都存在污渍，需要清洁消毒，亟须修复。

中国书店安排修复师汪学军、刘秋菊、徐晓静作为此次修复工作的业务骨干，遵循"最小干预""可再处理""不改变文物原貌"的文物保护基本原则，根据每一卷经书的实际破损情况制定相应的修复方案，开展修复工作。包括：根据纸张所能承受的力度，选用不同硬度的毛刷进行大致除尘，再对有需要者进行专业除尘、去酸、去霉、冲洗等修复工作，延长佛经寿命；多方查找资料对断裂的佛经进行重新排序，再将断裂处粘接在一起；清理佛经的水渍、污迹；根据每一卷佛经的纸张纸质、颜色、韧性等特点选配合适的配纸备用修补；对佛经中出现的撕裂、破洞、书口开裂等病害选用韧性较好的薄棉纸进行适当的托补处理；对于经书中出现的附件，进行分类整理，保留与经文关系不大的僧人笔记，独立修复，仍以附件的形式保留。在完成经书相关的修补工作后，按照经书原来的折痕和顺序，将经书展开、压平、恢复经折装，之后上板做函套，完成全部修复工作。最终修复国家二级文物 45 件，国家三级文物 12 件，一般文物 1 件。经过修复处理后的经书整体保护效果良好，达到了馆藏及陈列展出的要求。

（中国书店）

三百年老字号的文化传承

——记中华老字号荣宝斋及国家级非物质文化遗产木版水印技艺与装裱修复技艺的当代传承人

一个民族一旦缺失了深厚的文化传统滋养，就会失去其赖以存在和发展的根基，而一个民族依靠长期历史积淀形成的文化传统往往会凝聚在一些有形的场所、人物或事件上，并借这些场所、人物或事件得以继承和发扬。荣宝斋作为一家以经营传统中国书画为主的老字号，对于传统文化在现当代的传承和发展，其意义是不言而喻的。

荣名为宝续写新篇

荣宝斋前身"松竹斋"始建于 1672 年，1894 年开设分号荣宝斋，取"以文会友，荣名为宝"的雅意得名，历经 340 余年。1950 年公私合营，"荣宝斋新记"开始，1952 年荣宝斋转为国有企业，以郭沫若题词墨迹"荣宝斋"为标准商号字样。荣宝斋现有员工 380 余人，是中国现存历史最悠久的民族文化品牌之一。改革开放以后，荣宝斋在市场经济的磨砺中，逐渐转型创新发展为中外闻名的百年老字号和中国文化产业的优秀企业，是集书画经营、文房用品、木版水印、装裱修复、拍卖典当、出版印刷、展览展示、教育培训、茶文化、进出口贸易等于一体的综合性文化企业，并拥有"木版水印"和"装裱修复"两项国家级非物质文化遗产。

从松竹斋、荣宝斋到荣宝斋新记，荣宝斋从初创时的琉璃厂南纸店逐步发展为中国文化企业的领航者，特别是从"十一五"到"十二五"的十年发展中，荣宝斋发展战略不断创新，企业经营步入了迅猛发展的快车道，实现了企业规模、硬件水平、盈利能力的三个历史性跨越。

2009年竣工的荣宝斋大厦，成为北京琉璃厂文化街的新地标。新建的荣宝斋大厦集艺术交流、展览展示、艺术品经营、产业开发等于一体，拓展了荣宝斋发展新的空间，是中国书画艺术名副其实的创作展示平台和艺术品交易平台。

荣宝斋始终坚持弘扬民族传统文化，恪守"诚信为本，荣名为宝"的企

荣宝斋街景

业理念，逐步发展成为以书画经营为核心的多元化的企业发展格局。在企业经营方面，荣宝斋一直以书画经营为主要核心业务，发掘出了一大批杰出的当代书画家和优秀书画作品，开设了涵盖主流书画市场全部内容的经营部门，其中包括书画一部、书画二部、书法馆、当代艺术馆等，细分了市场，深化了服务，增强了品牌的核心影响力。

荣宝斋大厦

在经营发展中，书画一部主要经营销售现当代艺术家的书画作品，通过举办画展增进艺术家与藏家的相互了解，增进与书画家之间的友谊，保证了画作的来源，降低了企业经营风险，扩大了销售份额。在 2004 年至 2016 年间荣宝斋共成功举办 11 次范曾书画展，在社会上引起了强烈反响。事实证明举办画展是实现荣宝斋与书画家双赢的良好合作模式，是沟通画家、商家和买家的桥梁，是扩大荣宝斋品牌的

荣宝斋书画经营一部（局部一）

荣宝斋书画经营一部（局部二）

有力举措。

荣宝斋书画二部，2010 年开始对外营业，定位于古代、近现代高端书画家作品的经营。主要经营齐白石、吴昌硕、张大千、徐悲鸿、黄宾虹、傅抱石、李可染、黄胄、李苦禅、王雪涛十大名家的作品。销售作品的特点：一是珍稀，二是名家，三是保真。因此，书画经营二部不仅仅是一个销售部门，同时也肩负着品牌延续、收藏和储备的重要使命。

荣宝斋书法馆，主要经营明清、近现代、现当代名家书法作品。明清有钱坫、阮元、沈曾植、刘春霖等状元、学者的书法作品，近现代有吴昌硕、齐白石、郭沫若、徐悲鸿、溥心畬、张大千等名家的精品力作，现当代有林散之、沙孟海、赵朴初、徐邦达、启功、欧阳中石、沈鹏、李铎等。通过专业化的经营，实现中国书法艺术的市场价值。

荣宝斋当代艺术馆于 2013 年开业，主要经营近现代西画名家精品，立足于推动和发掘中国油画的市场潜力，为优秀的油画作品提供健康、可持续的交易平台。

在新的形势下，荣宝斋紧跟时代变化步入市场经济的大潮中。荣宝斋书画经营、图书期刊出版、美术教育、文房用品、艺术品拍卖等有了新的发

荣宝斋书画经营二部（局部一）

荣宝斋书画经营二部（局部二）

展。按照"围绕主业构建多元化产业格局"的发展思路，荣宝斋不断向相关领域延伸，先后设立了荣宝斋美术馆，成立了荣宝斋展览部、新产品研发中心、荣宝斋在线、荣宝斋礼品店、荣宝斋茶文化公司（荣茗轩）、沉香堂、荣宝斋咖啡书屋等，开创了企业经营的新模式，产生了新的社会效益和经济效益。

文房用品经营，一直是荣宝斋的主要经营业务。文房用品部始终坚持三百年来老荣宝斋的传统经营理念，以销售笔、墨、纸、砚、印泥、各种书画用具等为主要业务。近年来拓展研发了一大批"荣宝斋"定制、特制、监制的产品，以细选用料、精制手工之法为特色的文房用品，打造着荣宝斋的诚信品牌，引领着文房用品高端市场的走向。纸、墨、笔、砚是每个书画家的必需品，而经荣宝斋售出的文房用品都是按照书画家的高品质标准，精心定制和特制的。荣宝斋经销的其他文房用品，如荣宝斋的印泥、国画颜料，荣宝斋出售的扇面等等，也都质量上乘。可以说，荣宝斋销售的每一样东西都不是流水线上出来的，而是荣宝斋精心为使用者定制和特制的，也正因为如此，荣宝斋的定制、特制产品在行业中、在书画家眼中享有盛名。

荣宝斋文房用品经营部（外部）

荣宝斋文房用品经营部（内部）

荣宝斋出版社是国内外具有影响力的艺术类专业出版社，是荣宝斋下属的主要出版机构。每年出版图书 200 余种，主要包括：传统绘画、书法篆刻、中西方美术画册、古今艺术理论、书画理论研究、美术普及类读物和艺术鉴赏收藏类读物等。1993 年 4 月，荣宝斋出版社正式挂牌成立，先后出版了《荣宝斋画谱》《荣宝斋书谱》《中国书法全集》《荣宝斋珍藏》《老一辈革命家书法艺术精选》等艺术精品图书。出版的《荣宝斋画谱》曾邀请陈毅元帅撰写了序言。30 年间，《荣宝斋画谱》已出版了 196 分册，是当代美术出版史上种类最多的美术入门丛书之一。《中国书法全集》是我国现代出版史上的第一套，也是规模最大的书法丛书，计划出版 120 分卷，至今已出版 70 卷。在期刊出版方面，《荣宝斋》期刊一直秉承"弘扬传统文化精神"的办刊宗旨，以中国传统书画艺术的挖掘为主题，同时兼顾其他艺术门类，内容涵盖书、画、印及工艺美术等各个领域。2009 年 12 月被评为"新中国 60 年有影响力的期刊"。《艺术品》期刊于 2012 年正式创刊，是面向艺术品行业、艺术市场和艺术经营机构的中高端艺术类期刊。内容主要展示中华瑰宝风采，推介优秀艺术作品，传播鉴赏与收藏知识，报道艺术市场信息。经过几年来的出版，社会反响好，《荣宝斋》及《艺术品》多次被评为年度中国最美期刊，赢得了业内外专家和广大读者的喜爱。

在美术教育培训方面，2004 年成立了荣宝斋画院，2015 年成立了荣宝斋书法院，以名家工作室和荣宝斋学堂的形式面向专业人士和广大艺术爱好者授课，成为传播中华优秀传统文化的窗口，获得社会各界广泛好评。2016年成立了荣宝斋教育科技有限公司，以研究中国传统文化艺术为方向，以教育培训为目标，是荣宝斋美术教育的主要机构。

荣宝斋在发展中一直坚持品牌创新的战略，从"十一五"开始，坚持艺术品经营主业不动摇，坚持走以强大品牌资源为依托，以创新经营方式和经营内容为主要手段的多元化发展道路，成为具有社会影响力的民族文化品牌企业。截止到"十二五"末，荣宝斋先后在天津、呼和浩特、长沙、广州、济南、香港、洛阳、武汉、青岛、宁波等全国重点城市开设了 10 余家分店，在上海、济南、桂林、南京开设了拍卖公司，与北京荣宝拍卖有限公司形成了五家拍卖公司横跨南北的格局。在品牌创新中成立了新产品研发中心，以从事高端书画艺术的复制及其他衍生产品的开发；打造荣宝斋在线电商平台，将艺术品经营由线下发展到线上；成立了荣宝斋茶文化（北京）有限公司，制作、销售荣宝斋品牌的高端古树普洱茶并为艺术家定制专属茶礼；创新品牌经营业态，成立荣宝斋咖啡书屋，为读者提供休闲阅读、购书场所，打造文化生活新空间；设立荣宝斋文化投资有限公司从事艺术品质押居间服务，探索艺术与金融相结合的业务新模式等，形成了品牌多元化创新的发展态势。

荣宝斋既是优秀文化企业，也是北京弘扬传统文化的场所，荣宝斋竭尽所能做好各类宣传接待工作，每一次都认真组织、精心安排，使国内外宾客友人从荣宝斋这个窗口，了解中国文化艺术的博大精深，领略中华民族文化优秀技艺，搭建中国与世界的桥梁。

荣宝斋始终不忘坚持为人民服务，为全国和北京市的百姓服务。为了更好地让北京市民感受到祖国文化的魅力，欣赏到中国书画艺术博大精深和中华民族非物质文化遗产的高超技艺，作为百年中华老字号的荣宝斋，在从事经营活动的同时，注重对中国传统文化艺术的保护和弘扬。几年来，荣宝斋为了北京百姓的需要，在琉璃厂西街主要的位置，设立了集表演、展示和销售于一体的"荣宝斋木版水印工艺坊"，实现了木版水印从政策性保护到以发展促传承的根本性转变，让北京市民亲身体验到民族文化技艺的精湛，让来自全国和世界各地的来宾领略到中华文明的魅力，更给北京的城市形象增添了光彩。

荣宝斋商标被国家商评委认定为"中国驰名商标"，荣宝斋被商务部评定为"中华老字号"。2007年荣宝斋被评为"中国文化创意产业领军企业"；2009年被评为"中国十大最具历史文化价值百年品牌"；2010年被评为"中国十大信用企业"；2011年10月荣宝斋等41家单位被文化部列为"第一批国家级非物质文化遗产生产性保护示范基地"。2014年12月，百年老店荣宝斋在"这里最南城、这里最北京"北京大栅栏琉璃厂精品交易文化季闭幕式暨十佳企业授牌仪式上再获新荣誉，以网络投票前三名的好成绩，获"2014年度大栅栏琉璃厂十佳企业"荣誉称号。荣宝斋先后被评为"中直机关文明单位"、"首都文明单位"、"首都文明单位标兵"，荣获中央文明委"全国文明单位"荣誉称号。荣誉的取得，说明荣宝斋这个百年老字号将时刻把弘扬祖国传统文化作为己任，为中华民族的文化繁荣和发展做出贡献。

荣宝斋的特殊历史地位和文化价值使其在艺术界、出版界均备受关注，在国内外均有很大的影响力。新时期，荣宝斋没有辜负党和国家的期望，全力打造立体化经营销售平台；坚持挺拔主业，丰富外延产业；立足于中国文化，面向国际发展"走出去"，专注于中国书画艺术领域和传承保护文化遗产，将中华民族这一优秀文化企业，打造成为国内领先、世界知名、具有强大市场竞争力的综合文化企业，把北京的荣宝斋，打造成为中国的荣宝斋、世界的荣宝斋。

国家级非物质文化遗产

荣宝斋装裱修复技艺

荣宝斋装裱修复技艺，是中华民族文化的一项源远流长的传统技艺，其起源可推至距今两千多年前的战国时期。随着历史的演变，书画装裱的款式、工艺等愈加新颖、美观和实用。装裱艺人们汲取生活中的自然美感，以自己特有的艺术韵律，使书画装裱这门技艺成为一门独特的民族技艺。

荣宝斋的装裱修复技艺在行业内享有盛名。它有着书画装裱修复界最强的阵容，拥有一批高级装裱修复技师。荣宝斋的装裱是北派装裱——"京裱"最集中的体现在继承宣和裱的基础上，兼收南北各派所长，采用传统制作，形成了自己特有的风格特点。几十年来，荣宝斋从事装裱工作的技师们，曾多次为中南海、人民大会堂、天安门、政协礼堂等国家机关装裱巨幅作品。荣宝斋的古旧书画修复技艺在全国装裱界独树一帜，形成了自己独特、完备的工艺流程，运用冲洗、揭旧、嵌补、全色等技艺，曾抢救了无数破损严重、濒临失传的艺术珍品。如山西应县佛宫寺释迦塔内发现的至今八百多年的辽代经卷，经荣宝斋艺人修复后，使之毫无损伤，恢复了原貌，保护了国家一级文物。在长期的实践中，成功地将多幅书画杰作毫无损伤地装裱成幅，并使之色彩稳固，被专家们称之为"艺苑奇迹"。尤其在拯救抢修古代书画方面，有了许多独特的建树，满足了博物馆和美术界人士的需要，使装裱这门传统的技艺得到了新的发展，成绩显著，给民族文化的传承增加了新的光彩。

书画修复前　　　　　　　　　　书画修复后

王辛敬，1959 年 9 月生人，荣宝斋装裱修复车间工人，2009 年 6 月成为装裱修复技艺国家级"非遗"传承人，从事书画装裱工作近 40 年。由于从小在农村长大，有着勤劳、朴素、工作认真的特点。1978 年高中毕业后，即来到当时由北京市公安局 13 处承办的"中国艺苑"裱画车间，师承荣宝斋资深装裱大师李荫基老师，初步走入书画装裱这个行业。王辛敬的父亲王家瑞也是荣宝斋装裱车间的技术元老，单位为了挽留王家瑞延迟退休，使其继续服务于荣宝斋的装裱修复事业，根据当时国家的有关政策，以"带子学艺"的名义，于 1979 年底，将王辛敬从"中国艺苑"装裱车间调入了荣宝斋的装裱车间。

初到荣宝斋装裱车间的王辛敬，很快就融入到了这个充满活力的集体。此时，其父亲王家瑞和几位装裱老前辈正在修复山西应县佛宫寺释迦塔内发现的至今有八百多年历史的辽代经卷。师傅们在修复非常残破的经卷时展现出来的高超技艺在当时的王辛敬心中产生了强烈的震撼。从此，他立志要认真学好这门传统技艺，更好地为国家、为人民修复好更多的艺术品。

装裱修复国家级"非遗"传承人王辛敬工作照

传承人王辛敬正在向徒弟展示装裱技巧

在前辈老师傅们的严格要求下，王辛敬的装裱修复技艺进步很大，并取得了很好的成绩。2008 年 3 月被列入第一批北京市非物质文化遗产项目代表性传承人，2008 年 11 月被列入第一批原宣武区非物质文化遗产项目代表性传承人，2009 年 5 月被列入第三批国家级非物质文化遗产项目代表性传承人。

许兰芝，"非遗"传承人，王辛敬的徒弟，很小就到北京打拼。一个偶然的机会，17 岁的许兰芝有幸进入了北京卫戍区部队农场与荣宝斋合办的装裱加工车间，从事具有荣宝斋特色的"木版水印"画作的装裱工作。工作中积极肯干，不畏艰苦，表现非常出色。2010 年底，为了充实荣宝斋的装裱队伍，许兰芝等几个人先后调进了荣宝斋装裱修复车间，继续跟随王辛敬师傅学习装裱修复技艺。由于之前就有一定的技艺基础，人又踏实肯干，所以工作能力很快就有了更大的提高，王辛敬师傅看在眼里，喜在心头，终于又发现了一个将来能担当装裱修复事业重任的苗子。其实在师傅王辛敬的眼里，徒弟认真的工作态度，刻苦钻研技术的样子，又何尝不让他回想起当年的自己？因此对徒弟的要求更加严厉，期盼他们也能早日成才。

荣宝斋木版水印技艺

荣宝斋木版水印技艺，是在我国古代雕版印刷术基础上演变发展而来的。它源于隋唐，后经过明代的"饾版"套色——在木刻画彩色套印的基础上依照"由浅到深，由淡到浓"的原则，逐色叠印，这种印刷技术被称为"饾版"，又发展到新的阶段。

"木版水印"名称是在新中国成立初期，荣宝斋的艺人们根据这门技艺的印制方法和使用颜料的特点创造出来的。这种印刷通常采用"梨木"雕刻木版，所用的各种颜料以水调兑印制。不同于现代印刷技术中用各种色彩的"油墨"印刷，它是经过"勾描""刻版""印刷"再对照原作由浅入深依次叠印，通过三个步骤共同印制而成。"木版水印"主要应用于印刷复制中国书画作品，是一套完整复杂的中华民族文化传统技艺。荣宝斋为了保护、传承和弘扬这项民族文化遗产，在每一个历史时期都做出了不懈的努力，研究创新发展，并获得了一定的成就，使之发扬光大。2006 年 5 月，荣宝斋木版水印被列为中国首批"国家级非物质文化遗产"，成为继承中华民族优秀文化遗产不可替代的技艺。

　　荣宝斋经过一代又一代的努力，不但全面保留了木版水印的技艺，保护了一批身怀绝技的木版水印艺人，还在如何传承如何发展方面进行了积极的探索，建立了一套切实可行的木版水印技艺传承人的培养机制，妥善解决了木版水印后继无人的问题，为木版水印的发展创造了必要的条件。荣宝斋还设立了木版水印工艺坊，建设了符合木版水印工艺要求的恒温恒湿车间等。在木版水印的创作题材上，荣宝斋精心选择历代书画和当代名家作品，先后复制推出了一大批如唐代周昉的《簪花仕女图》，明代文徵明的《兰亭修禊

荣宝斋木版水印工艺坊（外部）

荣宝斋木版水印工艺坊（内部）

图卷》，五代顾闳中的《韩熙载夜宴图》，宋代张择端的《清明上河图》等中国古代优秀作品。复制中克服了工艺难度大，技术要求高，材料要求特殊等困难。可以说，荣宝斋每一件木版水印作品的问世，都把木版水印的技艺推向了一个新的高峰。

木版水印作品《簪花仕女图》

荣宝斋木版水印的出现和发展不是偶然的，它是满足群众日益高涨的艺术追求的最佳传播方式。经济上富足之后，人们更加追求生活的美化，这是当代艺术创作、艺术市场繁荣的深层原因。木版水印以颇具"画性"，最大程度地保存原作品水墨效果的神韵的再创作方式，把难得一见的、价不可攀的名家名作呈现在普通消费者面前。"昔日宫廷珍藏品，飞入寻常百姓家"，这是荣宝斋木版水印在当代的重大贡献。

荣宝斋在保证满足木版水印作品国内市场需求并走向国际市场的同时，还对木版水印这一宝贵的文化遗产进行了系统的整理和研究保护，从勾描、雕版、调色、印刷、装裱等几个方面对木版水印的工艺流程和特点进行了系统总结，为它的长久保护和可持续开发传承，奠定坚实的科学理论基础。荣宝斋木版水印已成为一项串连起编、印、发全过程的特殊出版形式，而不再仅仅是一项传统印刷技艺。它是具有广阔驰骋天地的新的出版创新领域，今后仍将大有作为。

　　荣宝斋木版水印，是荣宝斋独有的遗产，也是荣宝斋的核心竞争力，值得荣宝斋加强保护和传承发展，我们要像保护眼睛一样保护它。

民族技艺薪火相传

　　高文英，荣宝斋木版水印技艺国家级"非遗"传承人。在荣宝斋一工作就是30多年，她从一名普通岗位的员工成长为木版水印高级技师、优秀的管理者，这其中饱含了她工作的努力，无数的辛劳。在本职岗位上，抱着对民族传统文化的崇敬和热爱，兢兢业业，一丝不苟，为弘扬中华传统文化技艺做出了贡献，为百年老字号贡献了力量。

　　1974年，19岁的高文英因病退伍，被招进荣宝斋工作。刚来的时候，第一批招来的技工已经出师，别人开始印小画片的时候，高文英还在绑刷

木版水印国家级"非遗"传承人高文英工作照

子。多学多问靠自觉，不服输，只要有不懂的，高文英就向老师傅请教。师傅很忙，往往是在他把手里的活印完以后才能回答她的问题。就这样见缝插针地学习，高文英的技术逐渐赶上了第一批技工。

高文英年轻的时候，也怕师傅检查。有时，就是那么寸，往往师傅撩起来看的就是沾脏的。活交了以后，还要打分，收活的时候，一般是100张允许出3张残，基本是自己先挑残，然后师傅挑，挑完了以后打分。每次打分的时候，高文英坐着不踏实，老盯着外边的门口。印得好，心里有数，就不怕，但有的时候就心里害怕。高文英记得特别清楚，印《韩熙载夜宴图》的时候，孙连旺师傅收活，拿着放大镜收，"你琢磨呀"，高文英至今记得当时的紧张。"我记得我印的金鱼，鳍稍微掉下来一点点，他就说了，你这个活要不就是99分的活，印得很好，这个98.7"，高文英觉得心里头特别不舒服，但是你想想，确实是，安得稍微低了点，就那一点点。孙连旺师傅印的《韩熙载夜宴图》共有1667块雕版，已销到172.5万元一幅。可见印制技术之高超。

如果将木版水印作品比喻成一个美人，那么木版水印的三个环节勾描、刻版、印刷，就是从不同的侧面塑造着这个美人。勾描等于坐胎，是基因，保证

木版水印作品《韩熙载夜宴图》

酷似原作；刻版赋予骨骼，使之站立起来；印刷装点颜面服饰，让作品倾国倾城。张兢的工作，是三个环节中的第三个环节"印刷"，让美人的风骨，在墨色颜料中栩栩如生。木版水印画的制作过程是根据原作笔迹的粗细、曲直、枯润、刚柔以及深浅浓淡变化进行分版勾勒，而后刻成若干板块，再对照原作由浅入深依次叠印。荣宝斋木版水印画的作品，是三个环节通力合作的结果，每个环节都很重要，都不能出现问题，这样才能产生好的作品。

张兢，是"非遗"传承人高文英的徒弟，是木版水印传统技艺传承的后起之秀。20 岁之前张兢从来没想过，自己会和被称为印刷业"活化石"的木版水印扯上什么关系，她对中国传统书画的了解，仅限于书本知识。虽然高中时每天都经过荣宝斋旁边的街道，却从来没有踏入过这里，从小就不喜

传承人高文英徒弟张兢工作照

欢画画的张兢以为这辈子都不用跟"画"产生化学反应。直到 2006 年张兢 20 岁的时候，学园林设计的她需要找一个实习的机会，当时，她的妈妈正在为荣宝斋的员工辅导京剧，于是，张兢有了到荣宝斋实习的机会。第一天到印制车间，张兢惊呆了，木版水印的一幅画作，是由多块版组成的，一层层地套印，为什么不会印重了呢？"这么难我能干得了吗？"张兢心里画了个大大的问号。高文英给这个小实习生派了一个比较容易的活儿，印信笺上的瓦当，信笺上的图案

用色浅淡，瓦当是实地，没有线条，只要用力均匀，上色浅淡，容易操作，即使这样张兢刚上手的时候，因为掌握不好力道，也常把纸搓出洞来。京剧讲究"手眼身法步"，从小唱青衣的张兢觉得木版水印的印刷过程，和京剧一样，讲究"劲道"。抻纸的手劲，刷砑的力度，就像京剧的一个眼神、一个身段，到位了，是满堂喝彩；不到位，就得台下苦练。

　　2006年，荣宝斋的木版水印技艺入选国家级非物质文化遗产名录。张兢实习半年结束，她对木版水印也有了初步的了解。2008年，张兢大学毕业了，因为实习半年打底，张兢机缘巧合就进了荣宝斋工作。她和母亲有着一致的想法，学一门可以安身立命的手艺，"我觉得学手艺是中国人骨子里的东西"。但是张兢学的这门手艺，却不像"剪纸"、"风筝"这些生活中常见的技艺，木版水印与文人书房雅趣相关，对传承人艺术修养的要求较高。在大部分青年女性成为都市白领，脚蹬高跟鞋出入高级写字楼，将总裁大区经理、HR这些职位称呼挂在嘴上的时候，张兢郑重其事地拜了师傅，正式成

传承人高文英正在指导徒弟张兢

为了木版水印国家级代表性传承人高文英的徒弟。

　　木版水印技艺的传承，主要靠师教、苦练、口传心授。由于这门技艺的难度及个人的领悟力不同，培养一个人一般需要5到10年，木版水印技工的成熟则需要十几年，甚至二十几年的时间。最后能真正留下来从事这一工作的，可谓百里挑一。进入印制车间的第一件事，是磨性子。首先是研墨，研墨很枯燥，一个活泼的年轻人猛不丁地坐下研墨真是坐不住。研墨研了十天半月，就是磨炼专注力。制作工具，也是必不可少的磨性子的环节，木版水印印制所需的刷子和耙子都是自己制作。一是掌握工具的性能、制作的方法，再有就是磨性子。刷子由棕皮卷扎而成，一般选用纹理粗而硬的部分，

木版水印作品齐白石《菊酒》

扎起来以后，因为树棕是交叉生长的，还需要像铁拢子一样的通条把树棕通开。新扎的棕刷，需要磨去里面的杂质，每天张竞就拿着刷子一遍一遍反复地在版上打磨，直到刷子有了跟自己的默契，越磨越顺手，一套工具使用得仔细，往往能陪伴技师终生。

　　那时，师傅高文英每天都会来看看张竞当天的工作。事情往往如此，越是不想让师傅看见印得不好的，越是会被师傅一眼发现。有一次，张竞在印活的时候，被师傅发现图章没拿。张竞的疏忽确实不应

该，师傅高文英是急性子，徒弟张兢是慢性子，有时师傅不满意会急，也会呲她几句，看见徒弟被说得眼泪汪汪，高文英就不再说她。但张兢不觉得师傅的批评严厉，在她眼里，师傅的严格要求比自己教京剧的妈妈温和了不少，就这样来到荣宝斋工作一晃几年就过去了。以前的张兢涂指甲油、留长指甲。后来发现指甲油会在纸上刮出颜色，长指甲会在纸上划出印子，张兢就把指甲总是剪得秃秃的，原来手腕上戴着手链，一次印活儿的时候，手链一下刮坏了两张，张兢心疼得不行，从此手链归了箱底。

后来，张兢的工作是木版水印制作三个环节中的最后一个工序：印刷。与其他印刷师不同，张兢在木版水印工艺坊的展厅工作。这里是对外展示荣宝斋木版水印技艺制作技法的地方，不仅要印好手上的画，更要把这门传统手艺介绍给观众。她每天与印案、宣纸、雕版为伴。随着一遍遍地套印，墨色、朱砂、藤黄及其他中国颜料铺陈纸上，写意山水、工笔花鸟等中国画家的作品在张兢的手上逐渐呈现。

木版水印的印刷，有两道必不可少的工序：闷纸、撤活。为了8小时的工作时间都用在印活上，张兢要提前半小时闷纸，推后半小时撤活下班，哪怕谈恋爱约会时也是如此。闷纸，是使印纸保持一定平度，在印刷过程中着色后能产生湮晕效果的一种手段，以喷水壶将印纸闷润，室内的加湿器总要不停地工作，借以使印纸保持一定的湿度和平度。撤活，是将印纸逐一撤下，然后以板压平，认真仔细的张兢总是一两张印纸就夹一张衬纸，下班来接张兢的丈夫帮着撤活，着急地问，你为什么不能七八张再衬一张？"那是因为你没衬花过。"张兢回答说。如今，张兢印活越来越沉稳，去美术馆看画展多了，张兢往往能看出哪幅画适合木版水印，从画作的线条、用色等方面拆解着看，这些，都是在师傅高文英的口传心授下点滴积累而来。

北京笺谱、十竹斋笺谱

荣宝斋木版水印的传承，凝聚着很多文化名人对荣宝斋木版水印的倾注和关怀。高文英经常给徒弟们讲"木版水印"的故事。

1933 年，郑振铎受鲁迅之托印制诗笺。郑振铎在京城寻找能够印制精美诗笺的地方，他找了很多地方，9 月飞沙漫舞的一天，几乎丧失希望的郑振铎寻到了琉璃厂荣宝斋南纸店，在荣宝斋多方努力配合下，完美地印制完成。使得两位先生的愿望最终实现，更使中华民族这一文化遗产得以留世相传。

1952 年新中国成立后，荣宝斋正式转为国营单位，同时与北京及全国的书画家建立了联系，发扬了木版水印的特点，发展了木版水印这一传统技艺。当时有一天，徐悲鸿带着他的《奔马图》来到荣宝斋，他说，有位英国朋友想要他的这匹马，但是他有些舍不得，询问荣宝斋能否用木版水印复制一张这幅画，送给友人。半个多月后，木版水印《奔马图》印制成功，徐悲鸿来到荣宝斋，看完复制的《奔马图》作品后非常满意，给予了很高的评价。之后，荣宝斋又先后印制了徐悲鸿的《芋叶双鸡》《鱼鹰》《漓江春雨》等 18 幅作品，均用与原作同样的纸张、笔触、色彩印刷完成，几乎与原作难以分辨。

徐悲鸿和木版水印作品《奔马图》

齐白石跟荣宝斋有着很深的感情，经常来荣宝斋。在他的亲自指导下，荣宝斋完成了《虾》的印制，当在齐白石面前挂出两幅他的作品时，齐白石上下比对了许久，竟然自己也辨别不清哪个是他的原作。在此之后，白石老人的很多作品都由荣宝斋制成木版水印画，得以广泛流传，后来就有了荣宝斋的木版水印画是"靠徐悲鸿和齐白石起家"的说法。其实，荣宝斋的名家画作远不止两位大师的，还有许多其他著名书画家的木版水印作品。

齐白石在荣宝斋

　　高文英对徒弟张竞说："贪天之功不能归于己有。"的确，木版水印技艺发展到今天，是历史长河中那些知名与不知名的工匠们、文化名人们共同传承的结果，是一代又一代荣宝斋人努力保护的结果，是党和政府扶持帮助的结果。正因有了高文英这样的传承人，带着像张竞这样一个个年轻的荣宝斋木版水印新秀，怀着对中华民族传统文化的热爱，用自己的情怀、用青春去谱写师徒传承民族文化技艺的篇章，这是荣宝斋人对中华传统艺术永远的追求。

（荣宝斋）

传承经典　铸就辉煌
——记北京（京珐）景泰蓝制作技艺及其代表性传承人

景泰蓝的源流

　　景泰蓝正名"铜胎掐丝珐琅"，俗名"珐蓝"，又称"嵌珐琅"，是一种在铜质的胎型上，用柔软的扁铜丝，掐成各种花纹焊上，然后把珐琅质的色釉充填在花纹内烧制而成的器物。之所以称为"景泰蓝"，乃是因为在明朝景泰年间，这种工艺无论是在器形、纹饰、色彩等方面都已达到极高的艺术水平。到清朝雍正年间，"景泰蓝"始见于文献记载。

　　景泰蓝这一工艺并非始于明朝景泰年间，其历史渊源可追溯到元朝或更加久远的年代。目前有款识的景泰蓝实物还没有早于明代宣德以前的。到了宣德时期景泰蓝已达到成熟阶段，器物类型有炉、瓶、盒、盘、香筒等，釉料色彩为蓝色地，花纹以大香莲为主，图案简练、色调鲜明、花朵饱满、枝蔓舒卷有力。制作方面大都是铸胎上剔花（起初不是掐丝工艺），其中有盈尺的重器。釉料色彩坚实、铜活浑厚、镀金灿烂，图案除香莲外，有蕉叶饕餮纹，缠枝莲等。到了景泰年间这项工艺更加纯熟，产品有高与人齐的大瓠，也有二三尺的尊、壶、鼎等。仿古铜器物又出现了菊花、葡萄、火焰、

175

鹿、鹤、狮子戏球、游龙戏珠、凤龙、亭台楼阁、山水、人物、花鸟等。釉色晶莹，有如宝石，新出现的釉彩有葡萄紫、翠蓝、玫瑰紫等色调，配合上除天蓝做地外还有以宝蓝做地。此外制胎也由以前的铸胎发展成锤打成胎，掐丝利用扁铜丝规格整齐，磨光细润，镀金匀实，工艺水平进一步提高。

清代景泰蓝以乾隆时期为代表，当时专为清代宫廷设计制作的珐琅器，承袭了明代的豪放，并与雕漆、烧瓷、宝石镶嵌等各种工艺美术相结合，制作技巧上得到了较大发展。

风格上，明代气魄雄伟、自然豪放，清代则鲜明华丽、古典雅致，有一种雍容华丽的幽静之美。胎型比明代多，大多是捶打制胎，也有立体感强的錾胎。不仅有仿历代陈饰工艺的造型，而且还结合日常生活创作了许多精致而适用的桌、椅、床、插屏、挂屏、酒具、洗、匣、笔、床等，大到高与楼齐的佛塔，小至床头上使用的帐勾等无所不备。在纹饰方面，内容也比明代更为广泛，有生动多姿的花鸟、优美的山水、栩栩如生的虫兽，还有利用景泰蓝工艺加工历代文人名画的图案。尤其与明代不同的是构图上广泛地采用锦地，在主题花纹周围，互相牵绕变化多端，显得均匀自然。珐琅釉的色泽较明代纯正光洁，彻底改变了灰暗干涩的质感，填料也较为饱满，釉层表面平滑，砂眼较少。通常仍采用浅蓝色釉为地儿，饰红、绿、深蓝、黄、白、紫色釉组成花卉图案。到了清乾隆时期，釉色出现了粉红、菜叶绿、银黄和黑等新釉色，色地的配合除天蓝地儿、宝蓝地儿外，又添了绿色地儿。当时粉碎技术有了很大提高，釉料研磨的加细，对点润技术的提高和作品的表现力起了很大的作用，产品上的砂眼也大大减少。在打磨上也创造了简单的脚踏磨活机，打磨出来的产品较明代要光润，产品具有精美细腻之风格特色。釉料除造办处珐琅厂自烧之外，尚用广州珐琅料与欧洲进口珐琅料。

从总体来看，清朝对景泰蓝工艺的发展还是起到很大的作用。清初景泰蓝工艺缺乏独创性，无论造型、色彩和装饰大都沿袭明代的风格；清中后期，景泰蓝制品造型丰富，表现内容题材广泛，色彩也较明代丰富，可以说是景泰蓝工艺发展的一个新的纪元。

解放初期景泰蓝的挽救恢复

解放后，党和政府对景泰蓝采取了抢救、保护和扶持的政策，发放贷款、订货、收购，使这一行业得到了迅速的恢复和发展。景泰蓝在继承、吸收明清两代色彩特点和润色技法的基础上，纹样设计又借鉴了国画的施色、勾线、烘染的技法，创作出了多种风格的作品。掐丝工艺方面：花纹可以叫上名来的发展到 100 多种，大凡民间流传图案，都可以看到，并吸取了古代民族图案和敦煌图案、古典文学上人物布景和祖国优美风景图案。过去掐花的周围一定要一圈叶子，如蜘蛛网一样看起来非常烦琐，而现在花纹首先注意到主题突出，布局和章法完整。以钱美华为代表的设计专家还以写意画为题材，以水墨形式和装饰画手法表现出赋有民族形式的写意画，诗情画意达到了高度艺术水平。色彩方面，釉料除大红、大黄、粉红为延续明清外，其他色彩比以前大有提高，有釉料 32 种，较明清增加了 20 余种，尤其是广泛利用配色和润色丰富了色彩，增加了产品的观赏性和艺术性。点蓝艺人与掐丝艺人配合加强了釉色质感和色彩的变化，技术上打破了必须密丝才能点蓝的规矩，创造了无丝点蓝法。这一时期的景泰蓝从胎型上看，除做到规整、稳重外，在生产品种上抛弃了一些不合时代需要的产品，还根据实用经济美观原则创造了瓶、盘、碗、洗子、烟具、壁挂灯具、奖杯等。恢复和发展了160多种产品。发明了制胎机，利用机械压胎提高了工作效率，胎型规整统一。这对景泰蓝艺术的发展和产品创新起了巨大的推动作用。

1963年，北京珐琅厂编制了《景泰蓝工艺操作规程》和《工序质量标准》，使景泰蓝行业第一次有了文字标准，这是手工业从经验生产迈向标准化生产的一个开端；1986年北京工艺美术品总公司提出由北京市珐琅厂起草，同年12月北京市标准计量局发布实施了《景泰蓝工艺品企业标准》；1996年3月北京工美集团、北京市珐琅厂起草，同年6月由中国轻工总会发布实施了《中华人民共和国景泰蓝工艺品行业标准》。从此，全国景泰蓝行业有了统一的产品质量标准，使景泰蓝的生产逐渐走向科学化管理。

20世纪五六十年代，景泰蓝处于恢复时期，其产品造型、图案、花色大部分承袭了传统的风格，创新产品极少。70年代以后，景泰蓝进入快速发展时期。由于国际市场需求量大，企业生产的景泰蓝几乎全部出口，占当时全国景泰蓝出口总量的70%以上。进入80年代后，景泰蓝出口达到顶峰，也是景泰蓝出口历史上最辉煌的时期。这一时期的创新产品数量有了较大幅度的增加，产品大部分为传统造型，花卉图案也多为牡丹、菊花、梅花，龙、凤、博古等题材，品种相对单一。进入90年代，随着市场经济的建立和发展，景泰蓝的主要市场也由国外转移到国内。这一市场变化，对景泰蓝的发展创新起了决定性的作用。1992年，北京珐琅厂提出了"紧跟时代，贴近生活"的创作主导思想。开发出华夏、欧美、伊斯兰三个文化系列产品。这些新品造型简练、大方，有鲜明个性，装饰取材更为广泛，特别是"垂绕式装饰"布局法的应用，丰富了景泰蓝纹样的装饰效果，给传统景泰蓝带来了一丝清新的气息。

"京珐"牌景泰蓝的辉煌

2002 年北京市珐琅厂转制,成立北京市珐琅厂有限责任公司,之前公司主要经营模式是以接待游客销售景泰蓝产品为主,到 2009 年企业的发展已面临瓶颈。2010 年 5 月,企业在慎重考虑研究后,停止了旅游接待,同时,充分利用企业的人文和技术资源,利用企业取得国家非物质文化遗产生产性保护示范基地、国内景泰蓝行业唯一的中华老字号、拥有众多大师等优势,主动整合资源,调整定位,转变结构,改善环境,加大了大师精品、收藏品的开发力度。对原有的销售模式进行了较大范围的优化、调整,改善了销售展厅的结构布局,拓展了对外销售的渠道和范围;将厂内的主体大楼进行整体规划,成立了大师工作室,改造了参观线,增加了技艺体验区,增设了京珐艺苑景泰蓝工厂店,开设了国内首家千余平方米的中国景泰蓝艺术博物馆,使企业的生产经营环境整体升级,将传统工业企业打造成了集文化欣赏、技艺展示、参观体验和特色营销为一体的景泰蓝文化中心。

为拓宽景泰蓝应用领域,谋求企业发展的新方向,近几年,企业加快了技术革新、设备和工装改造工作。同时,强化设计人员设计思路,将景泰蓝的艺术性与实用性、装饰性有机结合,探索景泰蓝应用领域的拓展,把景泰蓝主要以陈设品为主,逐步扩展到城市景观工程、室内外建筑装饰工程、日用品、高端政务、商务礼品、收藏品等多个领域,成功运作了 80 平方米的城市景观《花开富贵》《生命的旋律》等大型室外景泰蓝喷水池,新加坡佛牙寺高 3.21 米、直径 2.15 米的大型藏传佛教用品《转经轮藏》,中南海、首都机场专机楼、澳大利亚某五星级大酒店、华西龙希国际大酒店、北京新建会议厅等室内景泰蓝装饰工程。2014 年，企业承接了 2014 年亚太经合组织（APEC）第 22 次领导人非正式会议雁栖湖国际会都室内景泰蓝装饰工程和国礼《四海升平》的制作任务。该工程是景泰蓝室内装饰工程中难度最大、数量最多、时间最短、环保要求最严、政治任务最强的项目。完工后，装饰工程受到好评，国礼《四海升平》荣获了 APEC 会议礼品设计创新突出贡献奖。

2015 年，公司承接并完成了中央政府为庆祝新疆维吾尔自治区成立六十周年赠送的 1.8 米高的景泰蓝大型作品《国泰榴芳尊》的制作。参与深化设计研发和制作完成了联合国备选国礼《丝路扬帆》《和谐共生》《和平畅想》《和衷共济》等 5 种、大小 10 件异型景泰蓝大件作品。

2015 年 6 月，公司承接了扬州某宾馆酒店大堂内 4 根高 6 米、直径 1.2 米的景泰蓝堂柱建筑装饰工程。按设计方要求在景泰蓝圆柱上均匀掏出三种不同几何图形的窟窿，让柱体透出闪亮的灯光效果。

地铁十四号线在公司附近的站名原公布的暂定名为"安乐林"站，2015 年 10 月，"安乐林"站正式命名为"景泰"站。为体现地域文化，"景泰"站内主厅设有 3.2 米 ×10 米景泰蓝制作全过程的装饰壁画和与壁画相对应的 4 根高 3.2 米、直径 1.2 米的柱子中间段 1.3 米 ×1.26 米的仿明清景泰蓝代表性纹样缠枝莲纹的景泰蓝装饰。此工程由公司承接，现已完工，此举将对企业品牌和景泰蓝艺术博物馆的宣传、景泰蓝文化的推广和传播起到积极的推动作用。

通过以上项目的实现，提高了技艺水平，赢得了社会信誉，同时，也为企业今后承接异型大件产品提供了坚实的设备保障和丰富经验。

作为一家老国有企业，珐琅厂一直非常重视人才队伍的培养，重视国家级非物质文化遗产项目——景泰蓝制作技艺的保护传承和发展创新。特别是企业改制以来，公司投入了大量的人才、物力和财力，把专业技能型人才培养当作企业的头等大事抓好、做好，取得了一定的成绩。近几年，公司招聘了四十余名年轻人，这些年轻职工目前在生产岗位上已经成为主力军，有一半左右的年轻职工获得高级工艺技师资格证书。企业先后培养了国家级、市级工艺美术大师、高级工艺美术师、工艺师、工程师、高级工艺技师等众多技术人才，现在全国景泰蓝行业三分之二的优秀技术人才都聚集在珐琅厂，为企业发展、景泰蓝技艺保护传承奠定了坚实的基础。

在营销模式上，公司将景泰蓝文化传播与产品营销紧密结合，每年都要在企业内举办不同形式的景泰蓝展览展示活动，先后成功举办了"首届钱氏景泰蓝作品展"，"追本溯源——仿宫廷景泰蓝艺术精品展"，"走进珐琅厂，探秘景泰蓝"，"中国工艺美术大师——钱美华景泰蓝新书发布会"，第一届、第二届、第三届、第四届"景泰蓝老物件淘宝大集"，第一届、第二届、第三届"景泰蓝皇家艺术庙会"等大型展览展示活动。这些活动的举办地均设在企业内部，以便于借势扩大企业的社会影响力、传播景泰蓝文化。一次次展会的陆续推出，在极大提高"京珐"品牌和景泰蓝文化知名度的同时，也为企业带来了可喜的经济效益。

代表性传承人

钱美华（1927年6月8日—2010年3月31日），浙江宁海人，中国工艺美术大师，北京特级工艺大师，高级工艺美术师。1955年加入中国美术协会，1985年加入国际鼻烟壶学会。曾任特艺进出口公司研究员，北京市珐琅厂总工艺师、科技研究中心主持人。2007年入选首批国家级非物质文化遗产代表性项目传承人，2008年荣获中国工艺美术终身成就奖，2009年收藏界十大人物之一，她所设计的景泰蓝作品被国家命名为"钱氏景泰蓝"。

1951年，钱美华浙江美院毕业后，到清华大学继续深造，师从梁思成、林徽因主研工艺美术。学习期间跟随导师林徽因参与抢救正处于濒危的景泰蓝工作，是新中国知识分子从事景泰蓝专业设计的第一人。

她对传统图案颇有研究，最先突破在景泰蓝工艺上只能表现工笔画图案的框框，把中国水墨写意画运用到景泰蓝作品中，研究创新了4种施釉工艺新法；20世纪80年代提出并推广素雅色调即调和色，用色彩学原理和对釉色优选的方法，加强产品的艺术性。她设计的作品多次荣获国家级大奖，1981年《周其垒》荣获中国工艺美术百花金杯奖；《如意尊》曾获轻工部优秀创作奖，并在第41届国际旅游品和工艺品交易会暨国际礼品和家庭用品展上获金凤凰创新产品设计大奖赛金奖。

她编写了我国第一部《景泰蓝创作设计》教材并教授了第一、二届美校学生的毕业创作课程，她的很多学生也都已成为大师。编撰了《青铜器造型与纹样》《景泰蓝图案》等资料用书；学术论文《景泰蓝艺术历代风格》获第二届文代会金奖，被收入《世界学术文库》，《浅谈烟壶艺术》被收入《中国经典文库》；多种作品收入《中国文样景泰蓝》（日本出版）、《中国工艺美术大师精品》《京华瑰宝》等大型画册；国画《又一个春天》被收入《中国美术家选集》。

米振雄，生于1939年，中国工艺美术大师，北京市特级工艺美术大师。他 1958 年进厂学艺，拜老艺人于兆贵为师学习珐琅掐丝，1984 年在中央工艺美术学院进修，现为中国工艺美术协会高级会员、北京市非物质文化遗产代表性项目传承人、中国工艺美术学会金属专业委员会常务理事，1990 年被评为北京市劳动模范，1999 年被评为首都楷模，2008 年被中国知识产权局授予"文化大使"称号，2012 年荣获"亚太地区手工艺大师"称号。

米振雄大师是珐琅厂培养起来的国家级大师，从事景泰蓝事业 55 年，为了保护传承景泰蓝制作技艺，呕心沥血。为景泰蓝事业的保护、传承、发展做出了重大贡献，其作品多次荣获国家和市级金奖。

戴嘉林，北京人，1945 年生。中国工艺美术大师，北京市特级工艺美术大师，高级工艺美术师，中国工艺美术学会金属专业委员会常务理事，北京工艺美术学会常务理事，北京市非物质文化遗产代表性项目传承人。

戴大师长期从事景泰蓝生产、设计、研制开发及美术教学。有深厚的绘画功底和文化底蕴，创作视野开阔，不断从古今中外姊妹艺术中吸收营养，融汇到景泰蓝创作生产中。

代表性作品：《百鸟朝凤》、《九龙闹海》（20 世纪 60 年代）、1.8 米高的人民大会堂装饰灯（1991 年）、《奥运大瓶》（1993 年为国家体委送国际奥委会礼品）、《普天同庆大瓶》（1997 年北京市政府赠香港特区礼品）、《国泰万兴大瓶》（2005 年该作品被评为北京市级珍品）、可口可乐大鼎（为著名品牌可口可乐公司设计制作）、吐库曼礼品灯（2000 年为吐库曼斯坦使馆送总统礼品设计）。

钟连盛，男，1962 年生于北京，满族，中国工艺美术大师、北京市特级工艺美术大师、高级工艺美术师、国家级非物质文化遗产景泰蓝制作技艺代表性项目传承人，现任北京市珐琅厂有限责任公司总经理兼总工艺美术师，北京市政协委员，2004 年 4 月被授予"全国五一劳动奖章"和"首都劳动奖章"。中国民主建国会·民建中央画院工艺美术专业委员会副主任、中国工艺美术协会会员、中国工艺美术学会·金属艺术专业委员会副会长、北京工艺美术行业协会理事、北京传统工艺美术评审委员会委员、北京工业设计促进会常务理事、国家职业技能鉴定高级考评员。

钟连盛同志为人诚恳、治艺严谨，作品清新细腻、风格典雅独特，主张在继承传统的基础上不断探索、创新，因此在开发创作中始终倡导简约、抽象、现代的设计理念。无论在题材内容的挖掘、表现，还是技艺的革新、发展，以及传统工艺同现代环境装饰相结合这一新的领域中的发展应用上，均有所突破。其作品也由此具有了鲜明的现代感和时代气息，多次荣获国家、部、市级金奖。

衣福成，男，1957 年 10 月生于北京，1977 年从事景泰蓝技艺，师从老艺人米振雄、胡伯义。学艺期间他虚心学习，不到两年便掌握了景泰蓝所有制作工艺。他在吸取前人经验的基础上主张对传统技艺中存在的一些工艺瑕疵进行改进，以提高景泰蓝的应用领域，他善于将古人传下来的特殊技艺举一反三，创新发展。

衣福成长期担当技术指导、主抓产品质量。他从掐丝工艺纹样的形象、花卉、鸟兽的结构知识、构成要素、点蓝工艺装饰色彩的基本理论与应用等基础知识入手，通过讲座等形式丰富艺徒的专业知识和艺术修养，提高了景泰蓝的内在质量和艺术水平。

他从 1983 年开始带徒传艺，共带徒 20 余人，从传统纹饰图案的应用到各种珐琅釉彩的搭配等他将自己的艺术创作、工艺实践传授给艺徒。通过几年的传授，她们创作的《榴红似火》《四大名旦》《"荷"气生财》等作品获得了国家级、市级工艺美术大奖。

衣福成参与设计或制作的代表作品有荣获中国工艺美术百花金杯奖的《周其垒》、荣获轻工部优秀作品奖的《如意尊》、北京市人民政府制作赠香港回归《普天同庆大瓶》、荣获2015年金凤凰创新产品设计大奖赛金奖的《铜胎掐丝珐琅吉祥如意瓶》等；他全面组织深入挖掘传统技艺，完成的大型景泰蓝装饰工程有：《花开富贵》景泰蓝喷水池、首都机场专机楼景泰蓝装饰工程，2012年主持并参与复制完成了60种元明清时期珐琅器，2014年主持并参与完成了北京APEC会议雁栖湖国际会都大型景泰蓝室内装饰工程。

衣福成努力扩大景泰蓝文化的影响，先后主办了多次技艺讲座：2015年4月在北京市珐琅厂举办了"中国景泰蓝艺术发展研讨会"。5月，首次把景泰蓝文化带进了北京大学百年讲堂，并为300余名专家学者作了《皇家艺术

2014年北京APEC会议主会场集贤厅景泰蓝装饰工程

掐丝珐琅技艺的传承与应用》讲座。

2014 年他作为出品人、第一策划人，拍摄并在北京电视台播出了我国第一部专题片《京宝国粹景泰蓝制作技艺》。2015 年，他主持并建成了我国首座中国景泰蓝艺术博物馆。

衣福成从事景泰蓝事业 38 年，从传承带徒到开拓景泰蓝技艺新的应用领域，均有很大的突破，赋予了景泰蓝新的生命力，为景泰蓝技艺的保护传承做出了重大贡献。

李静，女，1962 年 11 月生于北京，1978 年进入技校学习景泰蓝技艺，在长期的学习与实践中，她虚心求教于各工序的技师，对掐丝纹样结构的合理性、点蓝色彩的丰富与多样性、色彩的协调性等方面都进行了大胆尝试。

她的作品融古于今、喜庆热烈，又不失优雅，具有鲜明的时代感。她在继承古人传统技法的基础上，对景泰蓝人物的塑造有了很大突破，开辟了自己的一条创新之路。其创新产品与实际相结合，既能得到院派专家的赞赏，也能被老百姓接受。

李静参与设计与制作的代表性作品连年获奖，有荣获第 43 届全国旅游品金凤凰创新大赛金奖的《鸿福齐天》《花序》《吉祥如意》；荣获第十一届中国工艺美术大师精品博览会百花杯金奖的《鱼乐图》《游》《幸福花》等。而获得的银奖和铜将更是不计其数，为国家级非物质文化遗产景泰蓝制作技艺的保护传承做出了很大贡献。

作品赏析一

《花开富贵》景泰蓝艺术喷水池工程

《花开富贵》景泰蓝艺术喷水池工程是景泰蓝工艺主体，锻铜、錾铜装饰，灯光及喷泉系统工程相结合的大型环境艺术工程。位于朝外 C 区"昆泰国际"前广场。俯瞰是一个巨大的钥匙型组合，总长 28 米，最宽处 8.2 米，总面积约 80 平方米。由两部分构成：主体是一个圆角三角形主盆，余部为三个长方形凹弧形的盆体组合，其间以水系相连。钥匙的理念、灯光系统形成的光影与水系的灵动、美妙，特别是同主体大盆形成的汇纳、聚和，自然强化出了传统思想"聚宝盆"的理念，似巨大的宝石镶嵌，与整个环境和谐地融为一体，并在朝外 C 区形成一个新的视觉中心，一个新颖、瑰丽、灵动的亮点。是我国目前最大的景泰蓝作品。《花开富贵》兼具民族装饰风格、现代艺术品位热烈、优美、精致、华贵的总体设计思路。形成了设计应用领域、生产制作工艺、创新攻关环节及装饰艺术效果的几大突破，为企业赢得了巨大的经济和社会效益。

《花开富贵》景泰蓝艺术喷水池

作品赏析二

铜胎掐丝珐琅《聚宝盆》

主体盆型端庄、简洁、厚重。在底足设计上，巧妙选取的中华民族的吉祥物——象征吉祥、太平的象四尊，奋力托起一件大聚宝盆造型。盆身主体四周福、禄、寿、喜四个开光花鸟纹样，与象征连绵不断传统寓意的缠枝莲、牡丹纹穿插辉映；盆内荷花丛中，赫然升起的绿色荷叶造型之上，三只栩栩如生的金蟾口衔铜钱，上书"招财进宝"，构成整部作品的中心点和制高点，与金盆内錾刻的连绵不断的缠枝莲纹，共同点出了"福、禄、寿、喜、财运连连"的主题。横亘盆沿两侧的双象头取义"太平有象"，中心主喷泉及六个荷花错落有致，丰富的循环喷水更增添了作品灵动的生命气息。整个作品洋溢着喜庆、祥和、富足、长寿的主题氛围。

作品由国家级非物质文化遗产项目代表性传承人、北京市珐琅厂有限责任公司总经理兼总工艺师、中国工艺美术大师钟连盛携手中国工艺美术大师米振雄创作，集各工序高级技师精心制作而成。

铜胎掐丝珐琅《聚宝盆》（直径：180cm）

作品赏析三

铜胎掐丝珐琅《繁花似锦瓶》

此作品工艺繁复、构图丰富、寓意深刻。所有纹样都是在大师监制下由高级技师手工掐制而成，花卉和绿叶由浅到深的润色细腻自然，珐琅彩中玫瑰红和玫瑰紫是珐琅厂投入近百万元研发成功的新色调，突显其"风姿绰约"和高贵典雅的艺术之美，象征着我们伟大的祖国繁荣昌盛，人民幸福安康。其制作工艺代表了我国当代景泰蓝发展的最高水平，具有极高的观赏价值与收藏价值，是景泰蓝行业中一件不可多得的收藏精品。

铜胎掐丝珐琅《繁花似锦瓶》

作品赏析四

铜胎掐丝珐琅《和平尊》

大型景泰蓝艺术品铜胎掐丝珐琅《和平尊》是年届82岁高龄的国家级非物质文化遗产传承人、中国工艺美术终身成就奖获得者、中国工艺美术大师钱美华先生集半个世纪创作精华，形成构思创意，联袂新生代中国工艺美术大师、现任北京市珐琅厂有限责任公司总工艺师钟连盛及北京市二级工艺美术大师李静精心设计、集体创作完成的一部精品力作。

《和平尊》从立意构思到制作完成，历时一年多，是为喜迎祖国六十华

铜胎掐丝珐琅《和平尊》

诞隆重推出的献礼作品。《和平尊》主体以造型各异、色彩多变的和平鸽、吉祥花及百鸟纹样交相辉映，烘托出和平、和谐、祥和的鲜明主题；绵延不绝的缠枝莲图案通贯作品，形成主脉，寓意中华民族五千年文明史与新中国六十年历程一脉相承，生机无限；作品底部三尊金牛托起瓶身主体，在明示《和平尊》作于牛年的同时，褒扬了中国人民勤劳、倔强的民族性格，是祖国振兴发展的坚实基础；整部作品2.009米的高度以及镶嵌于尊盖沿处晶莹剔透的60颗红色玛瑙，彰显出创作者向祖国六十华诞献礼祈福的赤子之心。

《和平尊》在突出景泰蓝工艺稳重、大气风格的同时，大量运用了以精细、小巧为特色的花丝、錾铜工艺，整部作品中，所镶嵌的青金石、木变石、玛瑙、松石就达266颗。从作品顶部栩栩如生的凤凰、傲立于尊盖之上的鹦鹉、作品颈部的和平鸽配饰，到瓶身下部的花丝孔雀，无不在向观赏者展示景泰蓝与花丝、錾铜工艺相结合的绝妙美感。独具匠心的创意、反复研讨形成的最终设计以及高水平的精心制作，成就了《和平尊》这一景泰蓝艺术杰作。

作品赏析五

铜胎掐丝珐琅《荷梦》系列

作品由钟连盛大师于 2001 年创作，荣获"2001 年西博会·第二届中国工艺美术大师作品暨工艺美术精品博览会"和中国轻工业联合会主办的"第二届中国礼品设计大赛"金奖。

器型简洁、流畅、现代，并采用成套装饰的方法，风格统一又富有变化，表现了似梦中拨开水纹，悠然的野鸭在荷中亲密而行，这一夕阳下荷塘怡然、舒适、浪漫的意趣。在色彩处理上，突破了以往常规、平淡的处理手法，在荷叶上以及大面积地色上进行了渲染处理，更好地烘托了主题，使装饰富于抒情、浪漫的情调和崭新的时代气息。在工艺上进行了创新尝试，打破了传统景泰蓝处处丝纹密布，装饰繁缛的习气，整个装饰主次疏密有致，主题突出，在工艺的严密控制中保证了大面积无丝而不崩蓝，做到工艺同内容紧密融合，更增强了作品的艺术感染力。

铜胎掐丝珐琅《荷梦》系列

作品赏析六

铜胎掐丝珐琅《周其垒》

铜胎掐丝珐琅《周其垒》

器型传统、简洁，丝工设计严谨、考究，图案用双鱼、蝙蝠、寿字、牡丹、莲花组成吉祥装饰纹样，寓意福寿有余、福寿连绵。色釉用砾红与调和色——绛色配合使用，形成渐变和统一的暖色调，经烧结呈珊瑚红色，光泽温润自然，色彩热烈，艳而不俗，很好地烘托了主题，增强了作品的艺术感染力，表现了典型的中国传统文化风格，具有极高的观赏价值和收藏价值。

该作品由中国工艺美术大师钱美华设计，北京市珐琅厂有限责任公司高级技师集体制作。

（北京市珐琅厂有限责任公司）

一场传承的文化苦旅

——金漆镶嵌髹饰技艺国家级非物质文化遗产
代表性传承人柏德元

他，今年已经 70 岁了，

却仍然坚守在工作岗位。

他说，一定要把金漆镶嵌这项古老的"非遗"技艺很好地传承下去。

他就是"金漆镶嵌髹饰技艺"国家级"非遗"代表性传承人、中国工美行业艺术大师柏德元。

中华漆艺具有 8000 年悠久历史，承载着华夏大地 5000 年文化之魂。早在商周时期，轻便耐用的木胎漆器便逐渐取代沉重的青铜器，成为酒具、食具的首选。在战国秦汉时期，漆器因胎薄体轻、装饰华美成为财富和地位的象征。马王堆汉墓出土的漆器色彩绚丽，成为西汉漆器辉煌的历史佐证。唐代经济发达、文化繁荣，漆器大放异彩。宋代漆器的髹饰技艺已经十分成熟，官方设有专门的生产机构。元、明、清时期，漆器备受珍视，成为宫廷御用佳品。元朝设有工部领导的油

柏德元

8000年前的漆弓

漆局。明永乐年间，皇城内设置了御用漆器作坊果园场。清宫内务府造办处下设漆作，专门为皇家制作漆器。

我国是漆器艺术的发祥地，北京是重要的漆器产区，北京金漆镶嵌是漆器艺术中的一个重要门类，无论从师传系统、工艺技法到艺术风格都直接继承和发展了明清宫廷艺术，有源有流，延续至今。清王朝灭亡后，清宫造办处的工匠散落到民间，大大小小的漆器作坊层出不穷。北京金漆镶嵌的漆器作坊由于受师传和技艺影响，形成了同宗一门、四大支流平行发展的传承体系。其中，韩启龙和苏明堂两支以彩绘、雕填类为主，王俊江一支以镶嵌类为主，中和局一支以漆器牌匾、楹联为主。四大支流的传承人分别掌握着不同的工艺技法，其中也不乏一专多能者，柏德元就是韩启龙一支第五代传承人的杰出代表。

误打误撞，15岁进厂

柏德元入行漆艺，这里面还有一个故事。1962年，由于中考失利让他告别学校，学习成绩一直很好的柏德元，怎么也没想到会与高中、大学失之交臂。15岁的他进入了北京金漆镶嵌厂，也就是现如今北京金漆镶嵌有限责任

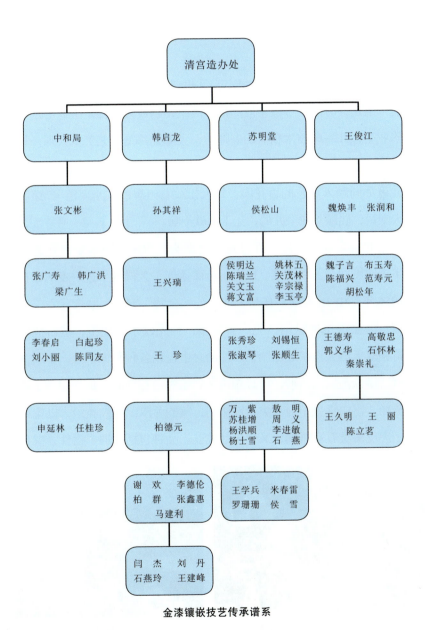

金漆镶嵌技艺传承谱系

公司的前身。误打误撞——柏德元总是喜欢这样形容刚进厂的自己。自此，他与金漆镶嵌结下了不解之缘。

刚进厂时，柏德元由于年纪小，又机灵勤快，被分到技术研究组当学徒。这个组是当时北京金漆镶嵌厂最好的组，构成人员都是工艺美术专业院校的毕业生，和一些技术精湛的老师傅，大部分都是工艺美术大师，具有非常丰富的实战经验，主要任务是研发制作高档漆艺产品和新产品。刚进厂的柏德元就如同踏入漆艺的百花园，每天扮演着组里的"小尾巴"，穿着工厂发的大围裙，屁颠儿屁颠儿的，让干啥就干啥。

说起北京金漆镶嵌厂，那可是大有来头。清末，原本是宫廷艺术的漆器大步走向民间。新中国成立以后，金漆镶嵌工艺得到了进一步的保护和发展。1956年，由16家漆器作坊采取"公私合营"方式，联合建立了北京金漆镶嵌厂。金漆镶嵌这门技艺内容繁多，首先以木胎成型，然后披麻、刮灰，再施以天然大漆制成漆胎，在漆胎之上运用各种装饰手法，不同工艺各具千秋。镶嵌类层次清晰，玲珑剔透；彩绘类色彩艳丽，灿如锦绣；雕填类线条流畅，富丽堂皇；刻灰类刀锋犀利，气韵浑厚；断纹类给人以饱经沧桑之感；虎皮漆类五彩斑斓，又似天然成就。品种包括器皿、摆件、家具、屏

北京金漆镶嵌有限责任公司总部

青年柏德元

风、牌匾、壁饰等，题材十分广泛。

而柏德元最初学的是漆活，也就是学着怎样把一件做好的木胎，通过"一麻五灰十八遍"的技法，制成一件漆胎。仅上灰这一道工序，就分扫堂灰、压麻灰、中灰、细灰、浆灰，每道灰过后都要用细腻的砂纸打磨，一直到浆灰，浆灰上面再上漆，刷生漆之后，再光垫光漆，然后再打磨，再光推光漆磨后出亮，而后至此，一件漆胎才算基本完活。除此之外，柏德元还兼学了金漆镶嵌的彩绘、雕填、镶嵌、刻灰等多种工艺。在技术研究组的工作经历，为柏德元以后的发展奠定了扎实的技术基础。

然而，最初的学艺生涯也并非一帆风顺，最困难的时候是让"漆咬"了。"漆咬"是行内的说法，是指初接触大漆的人皮肤过敏。一般来说，接触大漆的人会出现三种情况：一种是对大漆一点儿都不过敏，第二种是对大漆特别过敏必须调离岗位，前两种都是少数人，剩下的大部分人属于第三种情况，即刚接触大漆时强烈过敏，可一旦扛过去就没事了，而且还不留任何后遗症。柏德元就属于最后一种，过敏最厉害的时候，手肿得像个大癞蛤蟆，还流着黄水，吃饭连筷子都拿不了，脸全肿了，眉毛也掉光了，走路时两条腿只能叉着，晚上睡觉还得戴上手套，防止乱挠抓破自己，那罪受的就别提了，现在想起来身上都觉着痒。这样的过敏症状一直持续了半年多，母亲心疼儿子，多次劝说调离工作，柏德元也曾有过一丝动摇，最终是那与生俱来的傲骨，"决不能半途而废，更不能当懦夫"的信念，硬是让他生生地挺过了这道关。

师从"青石板"王珍，学得"四大断"绝技

柏德元与师傅王珍合影

1966 年，"文化大革命"开始，知识分子扎堆儿的技术研究组解散了，柏德元被分配到二车间五班，在这里他遇到了一个人，清宫造办处第四代传人，时任五班班长，人送外号"青石板"的王珍师傅。王珍见柏德元工作踏实肯干，人又聪明好学，觉着会是块好料，就把他收下作为自己的"关门弟子"。由此，柏德元开启了艰难的金漆镶嵌传承之路。

在柏德元眼里，师傅身怀绝技，技术相当好，名气在整个金漆镶嵌厂无人不知无人不晓，很多高档产品都点名让他做。不过他的脾气也大，一天到晚沉着脸，可对待工作那叫没挑，一丝不苟、兢兢业业。最让柏德元受益匪浅的是，王珍师傅将"四大断"绝技传授给他。"四大断"这项传统技艺最早出现于宋代，是一种将漆器产品做旧的绝活，即在漆地之上制作均匀细密的裂纹。从工艺上划分有晒断、烤断、撅断、颤断之别，从艺术形式上划分有龟背断、梅花断、蛇腹断、流水断之分。漆纹裂而不糠，仿古旧而不脏，给人以饱经沧桑后自然形成之感，由于制作配方不同，展现出来的效果也不一样。当时，能够掌握"四大断"绝活的只有王珍一人。

有一次，王珍带着柏德元做一对颤断漆器小柜，仿古造型，外面儿上的裂纹处理得那叫一个绝，只是柜子的里儿却遮挡不住新。"板儿都是新的，怎

么做旧啊？"柏德元充满了疑惑。师傅让他架上梯子，上去把房梁上的陈年塔灰和蜘蛛网什么的统统扫下来，用报纸包好，宝贝儿似地塞到抽屉里，扭脸嘱咐他："今儿晚上加班，别回家！"到了后半夜，睡得正香的柏德元被师傅拍醒后直奔车间。这时，晾了好几个时辰的漆柜，漆已经达到了八分干，只见师傅打开纸包用手捻着灰，一点儿一点儿地往柜子里撒，确定粘瓷实了，扭头接茬儿睡觉去了。第二天一早，漆柜已经干透，师傅倒扣过柜子啪啪一拍，没粘上的灰掉了下来，粘上的灰深深浅浅牢牢地嵌在漆

颤断堆鼓屏风《五经萃室记》

柏德元向大徒弟李德伦传授烤断技艺

面上，然后再一磨一戗，仿旧产品做成功了，漆柜仿佛历经了漫长的岁月，直到这时柏德元才恍然大悟。

师傅教的这些绝活儿，柏德元都非常认真地写在工作笔记里，几十年中记录了很多很多，基本没有间断过。1972 年，柏德元参加了研制马王堆出土汉代漆器工程，与大家一道完成了高仿汉代漆器作品 40 余件（套）。1983 年，与师傅王珍共同研发雕填类断纹产品取得成功，填补了国内漆器工艺的一项技术空白。2005 年，柏德元组织指导抢救恢复了再次断档失传近二十年的金

漆镶嵌"四大断"工艺，并且培养了八名能够全面掌握晒断、烤断、撅断、颤断"四大断"工艺的技术骨干，打破了手工艺"口传心授"的传统，整理了大量的技术文案，为企业和行业的发展留下了宝贵资料。就是在这日复一日、年复一年的坚守和积淀中，柏德元心怀对中华漆艺的热爱和执着，千锤百炼、茁壮成长。在当今中国漆器行业内，能够同时掌握"四大断"绝技的，柏德元应属"第一人"。

受命危难之际，背水一战保传承

凭借这特殊的工艺绝活，北京金漆镶嵌厂迎来了快速发展期，从初创时只生产一些彩绘和镶嵌类的首饰盒、挂屏等小件产品，逐步发展到生产家具、屏风等大件产品，职工人数达到600多人，产品全部销往海外，为国家创造了不少外汇收入。可是好景不长，到了20世纪90年代初，随着改革开放的深入，计划经济向市场经济转变，主要走出口路线的金漆镶嵌厂外贸订单骤减，大量产品积压，企业一时找不到出路，陷入十分严重的困境。

1992年，柏德元在进厂30年之后临危受命，被上级公司任命为金漆镶嵌厂厂长。1993年审计，当时厂里全部资产5300万元，负债4700万元，银行贷款本息3500多万元，再加上其他外债，年亏损217万元。财务账面上能用的钱只有10万元，仓库里就剩下一根上不了大锯的圆木。全厂800多名职工，有时开工资都是难题，技术工人大量流失，企业到了濒临破产的边缘。1994年，在北京工美集团总公司召开的工作大会上，北京金漆镶嵌厂被宣布为集团公司的"四大癌症"企业之首，"金漆镶嵌厂搞好了，整个工美

大型矫嵌屏风《丹凤图》

就好了",一位老领导的话深深刺痛了柏德元的心。

还是那与生俱来的傲骨,"决不能让金漆镶嵌在我们这一代人手中垮掉",在企业生死存亡的危急关头,柏德元决定背水一战。他带领全体干部、职工开始了艰难的跋涉。一方面,大力加强企业文化建设,制定了"团结、创新、务实、高效"的企业精神,"以经营为龙头,以质量为基础,以效益为中心"的工作方针,"重质量,讲信誉,顾客至上;做买卖,交朋友,用户第一"的经营理念。另一方面,整合企业优势资源,施行承包机制;调整产业结构和产品结构,开发适应市场的产品;组建专业销售人员队伍,挖掘产品文化内涵,建立产品销售展厅等一系列措施,帮助企业渡过了转轨过渡的艰难时期。

大家都说,柏德元受命于企业的危难之时,走的是一场传承金漆镶嵌的文化苦旅。柏德元也说,就是从那时候开始,他意识到传承金漆镶嵌这项技艺的责任。

让柏德元记忆犹新的一件事，就是在最艰难的日子里，厂子接到了一份加拿大订单，为购买完成这个订单所需原材料，他又从银行贷款60万元，历时几个月终于圆满完成了。以后带领职工大胆借鉴国画技法，创造出既有现代感又不失古典风韵的系列产品，这些产品既有工笔之风，又有写意之法，赢得了市场的认可。经过几年艰苦卓绝的顽强拼搏，金漆镶嵌厂渡过了史上最艰难困苦的时期，1998年扭亏为盈，逐渐走向良性循环的发展道路。

柏德元常说："这辈子，我和企业都获得过不少大大小小的奖项，唯有一张最为珍贵。"那就是2001年北京市人民政府给企业颁发的"为完成国企改革与脱困目标做出突出贡献的先进企业"奖状。这张奖状直到如今还珍藏在柏德元的书柜里。因为，这里面凝聚着太多金漆人的心血与艰辛，承载着太多的回忆与故事，这是对所有金漆人拼搏进取的高度评价。

为完成国有企业改革与脱困目标做出突出贡献的先进企业奖状

文化为魂，创新发展

2005 年，在党和政府的指导与支持下，北京金漆镶嵌厂完成改制，由国有企业转变为股份制有限责任公司，柏德元出任董事长。此后，公司一年一个新台阶，开启了北京金漆镶嵌发展的新纪元。

2008 年，"金漆镶嵌髹饰技艺"被列入国家级非物质文化遗产保护名录，赋予了传统漆器艺术崭新的生命力，也使柏德元深感使命艰巨，责任重大。他意识到，要让"非遗"技艺世世代代传承下去，必须着力抢救濒临灭绝的技艺和品种，以实现对"非遗"的"生产性保护"和"活态传承"。

2009 年，柏德元结合企业优势和社会文化发展需求，提出了"仿复制中国历朝历代漆器精品"的战略构想，并制定了具体的奋斗目标和实施方案。历时 6 年，有计划、有步骤地完成仿复制"历朝历代"、"海外遗珍"、"皇家风范"等系列经典作品 300 余件（套）。这些鸿篇巨制再现了中华漆艺的博

金漆镶嵌髹饰技艺被评为国家级非物质文化遗产

仿汉代彩绘鸟云纹圆盒

大精深，得到了各级领导、专家学者、业内同行以及广大市民的赞许，获得社会各界的普遍认可和高度评价。同时，还成功举办了"中华屏风文化展"、"金漆镶嵌漆艺精品展"、"皇家风范漆艺精品展"等大型文化宣传展览展示活动，受到媒体的广泛关注，引起强烈的社会反响，也为企业赢得了良好的社会效益和经济效益。

　　创新是一个国家和民族不竭的源泉，是企业生存与发展的动力。柏德元始终强调，"非遗"保护不是单纯为了留住历史，而是在继承优秀传统的基础上，进行文化创新和技艺创造。就像梅兰芳大师所说"移步不移形"，不然就是无水之源，无本之木。作为一个老字号企业，没有产品不行，没有适应市场的产品更不行。十几年来，柏德元带领金漆人紧紧抓住创新不放，在广泛考察调研市场的基础上，全面搜集、整理了相关资料，根据市场多样化和个性化的需求，在工艺品实用化的基础上，逐渐转变为创意化、品牌化、

"一带一路"敦煌挂屏系列之《反弹琵琶》

定制化、收藏化。把金漆镶嵌传统技艺，运用于"漆艺国礼"、"少数民族漆艺家居精品"、"北京礼物旅游产品"等创新产品领域，还陆续研发了符合时代节拍的"一带一路"敦煌挂屏系列作品。这些作品结构合理、风格多样、异彩纷呈，在造型、功能、题材、风格等方面都有很大突破，既能展现出开拓进取、积极向上的深刻内涵，又符合现代人文化生活的需求。柏德元用实际行动践行了党中央提出的文化惠民工程，让"非遗"

理念以一种"看得见、摸得着"的形式深入人心，让金漆镶嵌产品走进百姓家庭，走进大众生活。

七代赓续，薪火相传

当前，党和国家提出了实现中华民族伟大复兴，扎实推进社会主义文化强国建设的战略任务，"非遗"的保护传承得到了各级政府和社会各界空前的重视和支持。对于"非遗"传承人来说，如何应对时代变迁，让古老的"非遗"技艺世世代代地传下去，已成为毕生的课题。

为更好地保护和传承金漆镶嵌传统技艺，柏德元结合企业实际，制定了"继承、保护、创新、发展"的工作方针，并从保护传承人、保护技艺、创新产品等多方面制定了具体的保护和传承措施。一方面，采取退休返聘的办法，让那些身怀绝技的老师傅退休以后继续留在岗位上，传承技艺培养接班人。另一方面，坚持开展"大师带徒"活动和建立"传承人工作室"。柏德元亲自挂帅，带领徒弟们在研发中传承技艺、培育人才，逐步形成了产品研发、技艺传承、人才培养三者有机结合、相互促进的传承创新发展体系。

在柏德元培养的徒弟中，一位已经是北京市二级工艺美术大师；两位被评为"非物

百宝嵌葫芦座屏

质文化遗产项目北京金漆镶嵌制作技艺东城区级代表性传承人"；同时，大徒弟的工作室被北京市人力资源和社会保障局授予"北京市首席技师工作室"称号。2012年，柏德元创新工作室荣获首批"东城区职工创新工作室"称号。

为探索创新"校企合作"的新型人才培养模式，2015年，在柏德元的积极支持与推动下，金漆镶嵌公司与北京市工艺美术高级技工学校签订了"校企合作"协议，开办金漆镶嵌企业定向班。"金漆镶嵌人才培养实习实训基地"正式挂牌成立，为社会培养既有良好专业知识，又有实际操作技能的新时代工艺美术接班人。

现如今，北京金漆镶嵌的第六代、第七代传人开枝散叶，在金漆镶嵌的传承与发展中发挥了重要作用，七代赓续，传承发展。

斗转星移，岁月砥砺。这些年，为传承历史文脉，柏德元相继恢复了百年漆器老店"华丰斋"、"英明斋"、"艺俱轩"，建立了"物华苑"、"金漆艺术馆"、"金漆艺苑"、"金漆镶嵌奇石馆"、"燕京八绝艺术馆"和"天宝楼"等9家覆盖市内外的连锁营销新格局。公司占地面积77800平方米，建筑面积29700平方米，总营业面积16000多平方米。金漆镶嵌产品以及与之相关

柏德元创新工作室荣获首批"东城区职工创新工作室"称号

金漆镶嵌人才培养实习实训基地正式授牌

的古典家具、室内装饰、木
雕、根雕、石雕等工艺品，
形成了 4 大门类、13 个系列、
上万个品种的经营项目，为
企业发展夯实了基础。在柏
德元的带领下，北京金漆镶
嵌坚持以科学发展观为指导，

金漆镶嵌展厅照片

坚持发展是第一要务，奋发有为、真抓实干，成功应对了各种困难和挑战，
经济效益和职工收入逐年增长，在振兴发展的道路上稳步向前。

　　一个人，一辈子醉心漆艺，在"非遗"文化传承的热土上整整坚守了 55
个年头。与其说柏德元是漆艺界当之无愧的大师，倒不如说他是一条历经 50
多个春秋，真真正正"镶嵌"在中华漆艺史上的"中国龙"。

精工矫嵌屏风《锦绣前程》

（北京金漆镶嵌有限责任公司

肖葵葵）

百年老字号成就古典家具名片

——记龙顺成"京作"硬木家具制作技艺及其传承人

龙顺成是享誉京城的百年老字号，其起源可追溯到清同治元年（1862），至今已有 150 多年的历史。1995 年，龙顺成被中华人民共和国原国内贸易部认定为"中华老字号"；2011 年再次被中华人民共和国商务部认定为可保护与发展的"中华老字号"；2014 年被北京老字号协会认定为"北京老字号"。2008 年，龙顺成"京作"硬木家具制作技艺被列入国家级非物质文化遗产保护项目名录。

历史渊源

"京作"硬木家具制作技艺诞生于北京皇城，形成于明清时期，至今已有三四百年的历史，与"苏作"、"广作"并称为中国硬木家具的三大流派，具有家具中的"官窑"之称。

北京，作为明清两代的皇城，当时在宫内设有专门制造宫廷家具的机构。明代叫作"御用监"，清代称为"造办处"，来自全国各地的能工巧匠汇聚于此，为宫廷的设施、摆饰制作各式各样的硬木活计，其工艺精良，结构完美，件件都是珍贵的艺术品。

"京作"硬木家具制作技艺是在明清宫廷家具发展过程中逐渐形成的。明代宫廷"御用监"多为江南一带工匠，主要流行质朴、典雅、隽秀的"苏作"风格。后来由于"广作"风格的融入，以及帝王审美趣味的变化，宫廷家具开始逐渐追求厚重的造型、庞大的体形，更加注重家具的陈设效果，在纹饰上，吸收了夏商周三代古铜器和汉代石刻艺术的有机成分，并将各种龙凤纹样巧妙地装饰，广泛使用祥瑞题材，形成了具有雍容、大气、绚丽、豪华的富贵气象的"京作"硬木家具风格。特别是根据北方地区气候干燥的特点，使用独特的"京作"烫蜡工艺，在对木材起到保护作用的同时，又充分显示出木材的自然美。

"京作"硬木家具的制作，到清代的康熙、乾隆年间达到鼎盛，嘉庆、道光以后，随着宫中各处殿堂家具的逐渐齐备，清宫造办处制作家具的活计也大大减少，宫中的许多工匠为了生活，慢慢流出宫外，散落于民间，以开办木器作坊为生计，其中大部分都集中在北京城东南角（原崇文区）的"鲁班馆"周围。

清朝末年，在北京城东南角崇文区的龙须沟、金鱼池一带，地势偏僻，住房简陋，生活条件十分清苦，是劳动人民聚居之地。附近的晓市大街又称东大市，是当时北京有名的夜市。在晓市大街附近有一座供奉木匠祖师爷鲁班的庙宇，香火甚盛，人称"鲁班馆"。在馆的周围几条胡同里，有大大小小三十五家木器作坊和店铺，其中还有许多技艺超群的能工巧匠，这些工匠中有许多是清宫造办处活计减少后流散于民间的工匠师傅。他们能承做各式各样的"京作"硬木家具，对于继承和发展中国的传统家具文化起到了承前启后的历史作用。

　　清同治初年，在流于民间的众多宫廷工匠中，有一个王姓木匠在"鲁班馆"附近开办了一个取名"龙顺"的小作坊，为宫廷制作、修理硬木家具。因其产品造型美观大方，质量坚固耐用，深受用户赞许，赢得"百年牢"的美誉。1899年，为扩大生产规模，吸收吴姓和傅姓两家入股，把字号"龙顺"改为"龙顺成"，聘请魏俊富为大掌柜。

　　新中国成立后，龙顺成桌椅柜箱铺同兴隆桌椅铺、同兴和硬木家具店、义盛桌椅铺、六丰成桌椅铺、宋福禄木厂等大小三十五家生产传统家具的厂家，于1956年公私合营，合并后仍保留"龙顺成"字号，厂名为"龙顺成木器厂"。名义上虽然合营并厂了，但生产和门市销售还是分散的。1959年秋，经北京市崇文区政府和北京市木材工业公司联合决定，龙顺成木器厂的一部分工人调入北京市木材厂，将生产硬木家具的工人单独保留，制作上仍延续传统的"京作"家具制作技艺。1963年迁址到永外大街64号。同年并组成一个专门从事生产和维修"京作"硬木家具的厂家，1966年定名为"北京市硬木家具厂"。当时，龙顺成有约五十位"京作"硬木家具制作行里传承下来的行家里手，还有一些合营后聚集在一起的、早先收购的老的"京作"硬木家具精品。这就使得龙顺成的"京作"硬木家具生产有了正宗的制作规矩和现成的教科书。20世纪六七十年代，北京市硬木家具厂为外贸工艺品公司来料加工制造了大批的"京作"硬木家具产品，成为北京市出口传统家具的专业制造企业。1984年与"中式家具厂"合并，改名"北京市中式家具厂"，1987年注册了"龙顺成"商标。每年春、秋两季参加广州商品交易会，产品远销北欧、东南亚、美国、古巴等地区和国家，为国家出口创汇做出了巨大贡献。1993年又恢复老字号"龙顺成"，改名为"北京市龙顺成中式家具厂"，2010年，为适应企业发展需要，更名为"北京市龙顺成中式家具有限公司"。

从王木匠于清同治初年开办"龙顺"作坊至今，老字号龙顺成历经五代，现已成为"京作"硬木家具生产和制作技艺传承最集中的地方。

龙顺成"京作"硬木家具制作技艺代表性传承人

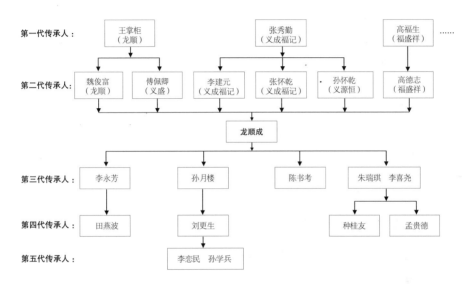

龙顺成"百年牢"之打造

在清朝末年的时候，政府腐败，民不聊生。北京人心里都很堵得慌，人人都憋了一口气，你想，今天签个《北京条约》，明天签个《马关条约》，不是割地就是赔款，天天让人欺负，这心里怎么能顺畅呢，所以人人都想变着法把这口气给发出去。

有一天，有一大堆人在前门外的一个小饭馆里吃饭，吃着吃着，不知是什么原因，这些人就打起来了，很快就打成了一锅粥，逮着什么抄什么，锅碗瓢盆、凳子、椅子全都成了打架用的武器。不一会儿，架打完了，气也发出来了，这些人就一哄而散全跑了，掌柜的和伙计一看全哭了，好好的一个饭馆全给砸了，不但饭钱一分没收到，锅碗瓢盆也全都给打碎了，桌椅板凳也都砸坏了。没办法，收拾吧。就在掌柜的和伙计们收拾的时候，突然发现有几个桌椅板凳完好无损，掌柜的赶紧把这几个完好的桌椅板凳拿过来一看，发现这些桌椅板凳除腿上或面上的漆皮掉了，其他的既没有裂的，也没有断的，更没有折的。他再仔细一看，发现在这些完好的家具的腿上都印有一个标记，上面写着"龙顺"两个字。很快，这个消息不胫而走，传遍了整个北京城。一来二去，北京人就给"龙顺"制作的家具起了个外号，叫"百年牢"。也就是说它制作的家具使用一百年都坏不了。

"龙顺"制作的家具的特殊之处，在于它在所有制作的家具上，均印上"龙顺"的字样，表明了其对客户的负责和对自身所做家具质量的态度。随着店铺的不断发展壮大，王木匠也就成为了龙顺成的开山立祖式的人物，被尊称为第一代祖师。此外，第一代代表性传承人还有张秀勤（义成福记大掌柜）、高福生（福盛祥大掌柜）等人。

1899 年，为扩大生产规模，经人介绍吸收吴姓和傅姓两家入股，形成了

龙顺成百年方桌

"龙顺"方桌印迹

前店后厂，买卖越做越大，并把字号易名为"龙顺成桌椅铺"，同时，王木匠聘请自己的大徒弟魏俊富为大掌柜（龙顺成第二代代表性传承人），由于他在生产管理上日益严格，对质量更加重视，信誉也越来越高，不但继续为宫廷制作、修理硬木家具，而且为拓宽经营，适应社会发展的需求，将经营的品种增加，产量也随之得到大幅度提升。

在他的经营下，所制作的家具开始讲究精细，造型美观大方，并在每件家具的腿部不显眼处仍延续以前的方法，打上"龙顺成"三字。在制作工艺上，完全秉承宫廷家具在制作上和审美上的传统，并在宫廷家具文化与民间文化的碰撞融合中，催生出了真正意义上"京作"家具。

从清末直至1945年抗战胜利前夕，整个龙顺成制作的家具在北京都是响当当的，很多人都以拥有龙顺成制作的硬木家具为荣。龙顺成的榆木擦漆家具风行数十年，为这一时期的著名产品。

龙顺成的榆木擦漆产品所以受欢迎，是它那一贯坚守的质量第一、信誉至上的原则，赢得了社会的承认。店里制订的严格的工艺流程，是保证产品质量的关键。先从取材说，它所使用的木料，以榆木为主，辅助木料还有枣木、椴木、柳木等。第一道工序是木料的干燥。木料干燥分风干、烘干两个过程。自然风干一年，把风干后的木料，码放进火洞中，一火十五天，共烘烤三次，使木料的含水量大大降低，以达到成品不走形、不开榫、不断裂。第二道工序是木工制造。龙顺成的木工，从

第三代代表性传承人李永芳接受北京电视台采访

213

**第三代代表性传承人李永芳
设计制作的经典托泥圈椅**

成品不走形、不开榫、不断裂。第二道工序是木工制造。龙顺成的木工，从开料到制成成品都由一人负责到底。每做成一件产品，制作的人在桌椅的底下、柜箱的背面，均写上自己的工号，以便负责到底。如产品需雕刻花样，还要加一道雕刻的工序。最后是上漆。龙顺成上漆讲究"一油三漆"。先上一道桐油，经过约一月风干，再上三道漆。经过一年的风干（俗话"年漆月油"）后，桌椅等产品呈鲜艳的枣红色，防潮湿，不怕热水烫，越使用越光亮好看。

在这一阶段，第二代代表性传承人除魏俊富以外，还有"龙顺桌椅柜箱铺"大掌柜王木匠之徒弟、后自己创办"义盛桌椅铺"的傅佩卿，"义成福记桌椅铺"大掌柜张秀勤之徒弟李建元，"义成福记桌椅铺"大掌柜张秀勤之徒弟张怀乾，"义成福记桌椅铺"大掌柜张秀勤之徒弟、后自己创办"义源恒桌椅铺"的孙怀乾，"福盛祥"大掌柜高福生之徒弟高德志等多人。

当魏俊富退出龙顺成历史舞台之时，也是新中国建立之初。1956年，龙顺成通过公私合营，使生产规模得到壮大，产品产量和质量都有了更大的提高。此时，传承与发展的重任，便落在了龙顺成第三代传承人李永芳、孙月楼、陈书考、李喜尧等人的身上。

在第三代传承人中，最具代表性传承人为李永芳，他15岁便独自来到北京，在"义盛桌椅铺"当学徒，先后做过木工、雕刻、烫蜡和设计。在几十年的实践中，他积累了丰富的"京作"家具制作经验。在20世纪60年代，他就经常出入图书馆、故宫博物院，把大量生动的家具造型、榫卯结构的运用记在脑子里，日积月累开阔家具制作思路。在严谨地传承"京作"家具制作传统的同时，还进一步完善了制作技艺。他精心设计制作的托泥圈椅，精工细作的手法，独特的烫蜡技艺，赢得人们交口称赞。目前市场上流行的托泥圈椅均沿用此设计。

对于一个刚从战争的创痛中建立起来的新中国而言，巩固政权、发展经济才是强大自身的唯一出路。因此，新中国成立不久，就开始积极建立外贸关系。在这一时期，龙顺成木器厂承担了大量的出口任务，与北京市工艺品进出口公司建立了业务关系，确立了专业生产出口硬木家具的格局。直到20世纪70年代，龙顺成为外贸工艺品公司来料设计、加工、制作了大批"京作"硬木家具产品，特别是"三线绣墩"、"五腿花台"、"如意绣墩"等多种产品，出口到北欧、东南亚、美国等地，成为国家出口创汇的重要产品，工业总产值得到大幅提升。其间，龙顺成还为钓鱼台国宾馆、中南海配置了经典家具，为朝鲜的金日成制作了生日家具等。1959年，为"十大建筑"之一人民大会堂甘肃厅制作了黄花梨沙发、茶几；60年代末，全国第一台"北京

三线绣墩

五腿花台

牌"电视机诞生，为党和国家领导人以及天安门城楼上设计制作了五台黄花梨木电视柜。

龙顺成与"天安门城楼电视柜"之缘

1969年"十一"前夕，北京天安门广场将举行盛大的群众游行庆祝活动。正当大家都沉浸在国庆在即带来的欢乐之中时，突然有一天，龙顺成的领导接到一个电话，让其马上到中山公园国庆总指挥部。到了指挥部以后，一位领导问你们龙顺成能不能马上赶制五个电视柜。这是怎么回事呢？原来每年搞群众游行，党和国家领导人都要上天安门城楼观看，但是那会儿的毛主席年事已高，身体也不太好，如果站两三个小时，有点儿受不了。周总理就想让毛主席出来站一会儿，然后到休息室坐一会儿，再出来站一会儿，这样也就不至于太疲劳了。可是毛主席看到这盛大的游行场面肯定是不会走开的。周总理就想，现在已经有电视机了，可以对游行场面进行直播，毛主席就可以看一会儿现场游行场面，休息时再看看电视直播的场面。于是就把电视机拉来了，可有了电视机还得有电视柜。当时有关部门就向南方征集了一些设计方案。但是，周总理看了以后觉得都太奢华、太烦琐，跟天安门城楼古朴、典雅、大气的风格不匹配。后来有工作人员说，北京有个老字号，是百年老店，叫"龙顺成"，他们兴许能做出来。这样就找到了龙顺成。龙顺成的领导一听事情的缘由，连夜赶回厂里，找老技师们就开始设计。老技师们熬了一夜，设计出5张图纸。这5张图纸送到周总理办公桌前，周总理看了又看，选了又选，最后在一张主题风格被命名为"梅花欢喜漫天雪"的设计图纸上画了一个圈。就这样，龙顺成就为天安门城楼、为党和国家领导人制作了五台黄花梨木的电视柜。

1969 年，为天安门城楼设计、制作的黄花梨木电视柜

当年之所以选用黄花梨木料制作电视柜，就是看中了黄花梨这种材料朴素中暗含着高贵气质，而为了充分表达这种与众不同的高贵，用黄花梨木制作的家具也不用再添加什么烦琐的装饰，造型也趋于简练，就是为了让这种材料得到充分的体现。

70 年代末，龙顺成还为毛主席纪念堂设计制作了金丝楠木水晶棺罩等。这些重大制作任务能顺利完成，龙顺成第三代传承人集体功不可没。

新时期的龙顺成：传承创新，后继有人

进入 20 世纪八九十年代，在第三代传承人的带领下，龙顺成利用其传承下来的独特技艺，还承担起重现和延续历史的职责，先后为北京颐

北京颐和园清代乾隆九屏风

和园延赏斋仿制了"清代乾隆九屏风";为北京香山公园勤政殿仿制了"清代朝服雕龙柜";为北京全聚德饭店帝王厅设计制作了屏风和宝座等。同时还为北京历代帝王庙、北京贵宾楼饭店、北京北海公园团城、首都博物馆、北京首都机场专机楼元首接待厅等仿制并设计制作了大量明清硬木家具。并为多个中国驻外使馆制作了批量"京作"硬木家具,不仅增进了世界人民对中华民族优秀传统文化的了解,也促进了我国和各个国家和地区之间的文化交流。

龙顺成在百年的风雨历程中,继承和发展着民族文化,不断地创新、开拓、维系,使未来与历史在家具发展的历程中交融。在百年的积累中,龙顺成拥有了诸多藏品,形成了修复古旧文物家具的专门技艺,培养和造就了一大批能工巧匠,特别是以李永芳、陈书考为代表的第三代传承人,穷其大半生,在硬木家具中延续人生的价值,赋予硬木家具以人类的灵性。精湛的技

北京全聚德帝王厅

中国驻阿尔巴尼亚大使馆

艺和百年的信誉一直被保存至今，成为新世纪里龙顺成这个百年老字号的立足和发展之本。

从 20 世纪七八十年代起，龙顺成陆续招收了大批学徒工，龙顺成的第四代传承人开始汇入龙顺成的发展历程。当时，龙顺成有约 50 位"京作"硬木行里传承下来的行家里手，这就使龙顺成的"京作"硬木家具生产有了正宗的制作工艺的现成的"教材"，成为"京作"家具文化在龙顺成继承发扬的根本。

由于国家外贸经济体制的改革，龙顺成再次面临发展困境，企业被迫进入市场寻求出路。以种桂友、刘更生、田燕波、孟贵德等为骨干的龙顺成第四代代表性传承人集体面对困难，卧薪尝胆，实干苦干，先后开发出了供应市场的八件套产品，为民族饭店、建国饭店、国际饭店等生产配套家具。同时，又增加了与之配套的古典中式室内装修业务，并在 1991 年成立了中式装饰公司。2001 年，龙顺成经北京市旅游局批准成为旅游定点单位，接待国内外宾客参观购物。百年老字号为北京市的旅游业增添了新的旅游亮点，并以全新的开拓姿态，在新世纪里继续坚持弘扬中国传统文化为己任。

第四代代表性传承人种桂友，2009 年被认定为"京作"硬木家具制作技艺国家级代表性传承人。

他 1968 年进入龙顺成，先后师承朱瑞琪、李喜尧学习木工。经过多年的历练，先后任木工班长、检验科长、生产科长、供销科长、技术科长、生产分部技术质量总监、厂办公室主任、古旧家

第四代代表性传承人种桂友

具修复中心主任等。1979 年以来，负责起草编写了《龙顺成产品质量检验办法》《龙顺成木工、雕刻工、油工工艺操作规程》等一系列技术质量文件。

种桂友先后参与中国政府赠送坦桑尼亚、赞比亚总统（坦赞铁路）专列餐车家具，北京贵宾楼饭店客房及餐厅家具，北京香山勤政殿清代朝服雕龙大柜，中央和北京市政府赠送连战、宋楚瑜等台湾朋友礼品盒等制作工作。2007 年以来，在古旧家具修复中，先后修复完成"清代乾隆时期黄花梨春椅"、"清代红木琴桌"、"清代乾隆时期老红木方桌"、"元代活结构拆装式铁梨木大平头案"等多件古旧家具。

通过多年的学习与实践，种桂友已熟知"京作"硬木家具的结构方法、制作工艺、绘图方法、放大样技艺、品相特点以及基本的中国古典硬木家具的断代知识，熟练掌握了古旧家具的修复、复原技艺。

在履行传承人的责任方面，种桂友为使"京作"硬木家具制作技艺这一非物质文化遗产保护项目得以更好地发展，2010 年积极参与文化部非物质文化遗产数字化数据库的录制工作，现场演示了硬木家具的制作技艺；2007 年，在龙顺成举办的"古旧家具修复工程启动仪式"大型新闻发布会上，向

修复完成的春椅

修复完成的琴桌

广大媒体记者介绍古旧家具修复知识和修复技艺；2009 年，在北京电视台 5 套《城市》栏目拍摄的龙顺成制作技艺及工艺专题片中，以及在北广移动传媒拍摄的龙顺成专题节目中，向广大观众详细讲解了"京作"硬木家具制作技艺及"京作"家具的历史、特点及技法；2010 年，北京电视台《这里是北京》栏目，对龙顺成制作技艺进行了详细介绍及普及。

在开展"非遗"保护与传承方面，种桂友积极参与企业非物质文化遗产保护的宣传及相关活动。其中有与大专院校师生的座谈交流活动；有与电视台、报纸、网络媒体的专题访谈活动；有关于企业技艺传承方面的介绍活动等。

为使"京作"硬木家具制作技艺得到有效传承，完成几代制作人的夙愿，种桂友已将自己从师傅那里学习来的技艺和自己在 40 多年实践中摸索出的"京作"硬木家具制作技艺及经验，做了初步的文字整理工作，为"京作"硬木家具制作技艺的永久传承做出个人的最大努力。

第四代代表性传承人刘更生，2010 年被认定为"京作"硬木家具制作技艺东城区级代表性传承人；2011 年获得北京市职工职业技能大赛"手工木工"优秀奖；2012 年被北京市经济和信息化委员会授予"工艺美术二级大师"荣誉称号；2015 年获得"北京市劳动模范"、"国资委系统十大标兵"称号。

刘更生 1980 年进入龙顺成，师承孙月楼学习木工制作，

第四代代表性传承人刘更生

修复完成的清代紫檀包厢转桌

后任木工班长。2001 年，成立古旧家具修复中心，成为古旧家具修复和制作主要骨干。2010 年，任古旧家具修复中心副主任。2014 年，任龙顺成古典家具制作分厂副厂长。先后参与北京首都机场专机楼家具、北京颐和园延赏斋仿制"清代乾隆九屏风"等家具的制作工作。在古旧家具修复中，先后修复了"清代紫檀包厢转桌"、"清代铁梨木罗汉床"等多件古旧家具。经过精心刻苦地学习，他全面掌握并继承了"京作"硬木家具制作的结构、制作工艺、制作技法及古旧家具的修复、复原等知识和技艺，对明清古旧家具的用料、结构、作工、工艺、样式等方面，均能做到断代与鉴定。在履行非物质文化遗产传承人的责任方面，为使"京作"硬木家具制作技艺这一非物质文化遗产保护项目得到更好地发展，在传承与发展"京作"硬木家具制作技艺项目中，积极参与政府和企业等举办的非物质文化遗产项目的各项活动。2007 年，参加在龙顺成举行的古旧家具修复工程启动仪式；在北京市和东城区（原崇文区）举办的各项非物质文化遗产成果展和古典家具展上，向参观者详细讲解"京作"硬木家具制作技艺相关知识及龙顺成的发展历史。2010 年，参与文化部非物质文化遗产数据库的录制工作，并在现场演示了榫卯结构、线条等"京作"硬木家具的制作技艺，并参加了文化部举办的全国非物质文化遗产数字化展演活动。

特别值得一提的是，2014 年，亚太经合组织（APEC）第 22 次领导人非正式会议在北京成功召开，由刘更生主持特制的"有束腰托泥圈椅"，成为

APEC 第 22 次领导人非正式会议主会场有束腰托泥圈椅

APEC 会议主会场 21 位重量级领导人的专用座椅。此椅在保持传统中式古典家具特色和韵味的前提下，结合与会领导人的使用特点，进行了改良和创新，将托泥圈椅的底部内凹，在内凹处加装上不外露的脚轮，使其既保持了传统家具的韵味，又方便了座椅移动。同时，在圈椅靠背处加装特制靠垫，按照人体工程学原理，为提升脊椎、骨骼的舒适程度而特制出不同曲线和厚度的靠垫及坐垫，在大大提升舒适感的同时，也避免了长时间久坐而产生的疲劳感。

龙顺成的"京作"家具与中国传统文化

实际上，任何一个老字号都有其特殊的文化内涵。龙顺成"京作"家具的美兼具艺术性和收藏性，同时也折射出了中国文化的浓厚底蕴。

从美学上讲，"京作"家具的美主要表现在木质活性美、造型古典美、结构自然美、技艺人文美四个方面。它们集中体现了中国传统美学的理想追求。

在百年的风雨历程中，龙顺成制作的硬木家具形成了自己的工艺特点：充分利用材质本身的色泽纹理，自然大方；准确无误的比例，协调而稳重；科学合理的榫卯结构，牢固耐用；线条雄劲流畅，雕刻适度、生动，辅以精致的铜饰件以及岁月久远所带来的特有色泽，赋予了家具无穷的生命力。龙顺成继承并发展着民族文化，在创新、开拓、维系中，使传统与现代在家具的发展中得到较好地协调。

"京作"与"精做"的统一，"京味"和"京韵"的和谐使龙顺成"京作"家具具有饱满的文化底蕴和内涵，在京城红木家具行业中独领风骚。"龙顺成"三个字彰显着150多年"京作"家具艺人制作家具的质量意识与品牌意识，这种意识已完全渗透到龙顺成每一件家具制作的各道工序之中。

（北京市龙顺成中式家具有限公司

邸保忠）

双手织就经纬文章
——北京宫毯织造技艺国家级非物质文化遗产
代表性传承人康玉生

温暖，是人们对"毯"的第一印象。然而，除了保暖这一实用的功能，毯还有装饰审美的功能。自原始人用树叶和兽皮羽毛铺设在洞穴以抵御严寒潮湿开始，"毯"在漫长的人类历史中经历了一系列名称的演变，同时也经历了由实用逐渐向审美的功能的转变。在此过程中，织毯技艺也在不断发展传承。元朝迁都北京同时带来了宫廷织毯技艺，《大元毡罽工物记》中记载

北京宫毯代表性珍品盘金毯五龙图

了元朝宫廷织毯技艺和宫中用毯礼俗的详细情况，《元史》中记载了元代地毯从业人员的人事安排和管辖规划。明朝设官营织毯机构"涤作"，"虽一物"之毯却"劳费百端"，动用全国力量：山西、陕西负责供给织毯所用的原料羊毛，河南负责供给棉纱等材料，工匠则来源于江南地区，宫中用度仅毯一项花费巨大。清军入关以后，在全面接受汉民族传统文化的同时，对其他少数民族文化兼收并蓄，设"帘子"、"门神"二库管理京师御用地毯作坊和新疆、宁夏、青海等地专为皇室织作地毯的作坊。清朝宫廷的地毯织造，不论是在图案纹样形制规格上还是铺设地点上，都体现出浓郁的皇家气派和强大的帝王意志。清末地毯传习所将这一宫廷技艺正式传入民间，从民国前

北京宫毯织造技艺非物质文化遗产国家级
传承人康玉生

后的民间作坊到新中国建立后的国营地毯厂，百余年时间里，从皇家供养到民间存续，北京宫毯织造技艺的传承，至今从未间断。

康玉生是非物质文化遗产国家级项目代表性传承人，北京市地毯五厂退休工人，现为北京华方地毯艺术有限公司顾问。他自幼学习织毯，从14岁到84岁，在70年的漫长历程中，他见证了北京宫毯的兴衰。从他织毯的故事中我们可以窥见特定历史环境下毯匠的生存状态与技艺的传承方式。可以说，康玉生的学艺史就是中国近现代地毯织造业历史的缩影。

14 岁起始学艺

1947 年，14 岁的康玉生，由于家庭贫困，被送到聚顺成地毯厂做学徒，拜东门派传人陈子权学习织毯技艺。初学徒时，康玉生很讨人缘。他是高小毕业无力升学才被送去学织毯的，所以有点儿文化底子，师傅们晚上没事都爱听书，常常租借些《封神演义》《三国演义》《水浒传》让他念着听。念熟了康玉生也会有声有色地慢慢讲，还模仿说书人的腔调，师傅们很是喜欢。因此，师傅们对康玉生的淘气也就睁一只眼闭一只眼。康玉生白天织毯，晚上业余说书让掌柜的大师傅非常不满，一来晚上念书不睡觉费电，二来晚上休息不好影响第二天的活计，常常告诫他晚上少讲点儿。但是师傅们听上瘾了，总是催促他再多讲点儿书，这让康玉生两头为难。好在他没有耽误白天干活，活计做得还不错，掌柜的也就不再深究了。

康玉生凭借说书获得师傅们的赞赏，却引起了师兄弟们的不满，经常在织毯时使坏为难他。学织毯，不光是把栽绒结扣拴好拴快，更重要的是把蓝图（大样）理解好，不然会由于疏忽看错了色号而不得不大面积拆活，因此师傅经常告诫康玉生，一定要下色叫号，互相提醒，互相照看才能避免错误。织大毯子

康玉生早年织毯情景

的时候需要四个人通力合作才能完成一件作品，四个人哪怕是性格不同或操作手法不同都干不到一起去，影响作品质量。有一次康玉生因为私事得罪了在上边干活的张师兄，结果向他叫号问色的时候，张师兄故意说错色，康玉生按错的颜色织，结果把大叶织错了。师傅很快发现了问题，批评了康玉生，说他不专心织，得知颜色是张师兄故意说错时，师傅便大声训斥张师兄。本来张师兄就认为师傅向着康玉生，这次的事激化了矛盾，张师兄几天都不理他。同织一块毯子免不了要交流，要叫号问色，张师兄不配合，康玉生犯了难。后来康玉生自己琢磨着把图样拿下来，按照图上颜色一一补上了，这样再叫号对色就防止了听错导致织错。在此基础上康玉生还给图案组色提出建议，标全图的颜色，使毯匠织毯的灵活性更高一些。康玉生的提议受到了师傅的赏识。在师傅的开导下，康玉生和师兄也和好如初。

学徒时康玉生非常勤奋，但也犯了不少因心急学艺而导致的错误。那是 1948 年，学徒一年后的一个夏季，下工后天气热，有的师傅回家了，有的师傅结伴到什刹海听书，几个师兄弟也说要出去玩。康玉生的师兄李学在打扫完机坑后神秘地跟他说，先不要出去有个事要告诉他。康玉生忙凑上前去，只听师兄小声说，你看金师傅织的"清朝绣"小勾子头特别棒，特别灵活，咱去看看后背是怎么倒的。康玉生也来了兴趣，说等其他师兄走了以后拆两道金师傅的活看看门道。等工房没人了，他们二人跟做贼似的小心翼翼地用刀直接把纬线拉开拆了一道，为了不被发现二人互相提醒着看完后按原样补上，可第二道坏了事，拉纬线的时候把经线给拉断了。这下师兄弟二人可算捅了娄子，紧张加上天热二人汗水直流，看不到勾子怎么倒的不说，经线断了活是要往回缩的，还得多拆几道才能接上。

二人也顾不上偷师了，只好把断了的经线凑合着接上，把拆开的纬线补上了。但是接补的地方失去了原样，经线也接得疙疙瘩瘩的。第二天，担惊受怕的师兄弟一早就到了工房，只见金师傅一上机梁就发现了问题，立刻大喊问是谁干的，眼神瞪着前一天负责打扫的几位徒弟。康玉生和李学心里有鬼不敢抬头，金师傅直冲李学吼道："是不是你干的，你为什么要查我的活啊！"他们瞒不住了，两个只好据实以报："是看您活做得好，头拴得活，不曾想拉断了经，给您织坏了，我们认罚，下次不敢了。"他们的师傅也帮着求情："看在我的面子上饶了这俩小子，让他们以后每天给你磨刀沏茶。"好话说了一大摞，金师傅这才松了口，告诫康玉生和李学，以后想知道就白天大大方方地问，不要自己瞎琢磨还乱拆别人的活，这是毯行里的规矩。

其实，也不是康玉生师兄弟二人不愿意大大方方地问，是毯行里有个俗规，张师傅带的徒弟不能问李师傅，这样显得徒弟看不起自己师傅，还显得自己的徒弟就爱逞能。就是问，也要私下偷偷摸摸地问，不能让自己的师傅知道，师傅要是知道了少不了责骂，几天都不好好教。两人就是因为这个规矩才偷的艺。

他们的师傅知道了这个情况就鼓励他们："别人的活不能乱拆，也不能乱扒着看，这是检查人家的手艺。要学可以明着跟人家请教，经过人家同意便可以随便问和看，人家还能手把手教。你们可以跟别的师傅学艺，我赞成你们这么做。你们手艺学得好，比我们强，我脸上也有光。以后不要顾虑我，看到好的就要学。"师傅的这番肺腑之言使得康玉生和李学羞愧万分，既感慨师傅的心胸大度，又后悔自己偷艺闯下的祸。

聚顺成里百般磨砺三年零一节出师功成

14岁被送到聚顺成地毯厂学艺的康玉生学艺的时候没少"吃苦头"，然而正是这样的"吃苦头"，练就了他扎实的基本功和娴熟的织毯技艺。康玉生最初做学徒的时候，先是学缠线、分辨颜色，晚上在师傅的指导下练拴头（拴栽绒结扣），手握小刀往下砍时，老是怕砍到手指，就拴一个结用刀划拉一次。在一旁指导的师傅着急了，说这哪成啊，必须往下砍才能练快，不然这样一天都干不了一工活。师傅说着就示范了起来。机灵聪慧的康玉生根据师傅的示范，练习几次后也就学会了砍绒的方法，但是手和刀总是配合不好，有时还真把左手拇指砍下一层皮直冒血。师傅便帮他上药，只见师傅用纬线合成一个小团用火柴一烧，还有明火的时候拉着他的拇指伤处往上猛的一按，过一会儿还真的不痛了。织毯时砍到手指是每个初学织毯的人必经的过程，但是经过勤学苦练，自那以后，康玉生就再也没有伤过手指，织毯技术也渐渐纯熟了。师傅告诫康玉生和他的师兄弟，拴头是毯匠的基本功，基本功学不好，什么都干不成。以后还得学平、剪、修，要能做全活才能算毯匠，学织毯不能好高骛远，一瓶子不响，半瓶子晃荡。

拴头的基本功打好之后，师傅就开始教他们学平毯了。左手插入经中，托起毯背，右手手持平活剪子，紧贴毯面和后面的托背逐步走剪剪平，第二遍找齐，第三遍扫光。平毯是个非常吃力的活计，左手托得疼，右手剪得酸。第一次学习平毯的康玉生还真有些招架不住，把毯面剪得一个坑一个坑的，反而"平毯"变"不平"了。师傅开始给他们示范，托背走剪非常轻松，告诫他们学艺要在练中学，不能使蛮力，费力不讨好。

平毯技术掌握个八九不离十，师傅开始教他们剪花，师傅常说"三分做，七分剪，剪花就是修正织的不足之处"。必须走剪灵活，左手托剪是个轴心，右手走剪是动态的动作，要刀走得灵，走得准，剔余补缺，才能掌握好剪花的

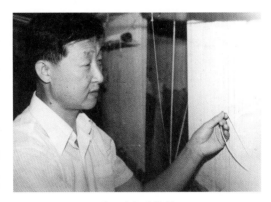

康玉生织毯情景

要领。师傅手把手教他们如何剔除多余部分，如何巧妙借缺失的部分进行修改，不显露痕迹。

总的说来织地毯，织、平、片、剪、修，操作手法各有不同，要细心体会多观察学习别人的长处才能弥补自己的不足。别人好的手法就要学习，同样别人错的手法就要吸取教训。错误在动作上有一个惯性，改起来非常吃力，满身较劲就是找不到正确要领。过去康玉生拴头是用手指，当见到别的师兄用手指甲拴比较灵巧，他就想改过来。但是改的时候十分吃力，总是走空扣不起来，心里一急又改回原样，不服输的康玉生硬是每天苦练，终于改成了手指甲拴头，提高了织毯效率。

正是师傅的严格教导和言传身教，培养了康玉生踏实、肯干的性格和努力钻研的精神。

1950 年，学满三年零一节的康玉生出师了。那时，出徒学满就可以去外厂干活儿，正好赶上新中国成立，掌柜的大师傅舍不得他的好手艺，就没有让他离开，一直在厂里工作直到公私合营成立西城地毯厂。

"板膏药"的黄金时代

在西城地毯厂一车间有个赵振生、二车间有个康玉生、三车间有个李长生,这三人被戏称为"三生"。他们是公认的织毯好手,可三个人在不同车间工作,只有在全厂开大会时,才有机会见面,工作上没有太多的交流。三人彼此都知道对方的大名,暗地里都在工作中较劲,比产量、比质量、比节约,都想一起干活比试比试。

"板膏药"康玉生

正巧 1964 年三车间改机加工,李长生来到二车间,与康玉生一起搞一个样板机梁,这才有了交流的机会。二人一起织毯干活,从拴头看图到剪荒毛过纬等都能了解得很清楚。李师傅倒纹样灵活、过纬速度快,康玉生很钦佩,二人成了好朋友。后来,李长生因身体原因调离,车间又把赵振生调来。赵师傅工作上稳重,活面做得好,倒纹样大方简洁,就是爱抽烟,经常干一会儿活就要下机去过烟瘾。康玉生不抽烟,除了去卫生间是不下机台的,干的活多,把赵师傅落在后面,正因为这样大家给康玉生起了个外号"板膏药",就是粘在板上下不来。"三生"较劲这段故事也成了毯儿行的一段佳话。

业务扎实让康玉生在毯儿行小有名气。20 世纪 60 年代初期,在"比学赶帮超"的生产运动中,康玉生总结了织毯"平、顺、短、齐、底"的操作法，受到同行师傅的好评。1962年春，京津两地展开互帮互学赶帮超比赛，北京市组织各个行业代表团到天津取经，那时北京市地毯五厂的前身西城地毯厂和北京市聋人地毯厂一起被分配到天津市地毯二厂对口实习。天津地毯二厂有两千多名工人，从纺毛、染色到洗毯、图案、片剪、织毯、整修工序齐全，北京派去实习的工人，主要围绕片剪、洗毯、染线等工序"取经"。天津厂的郭厂长跟西城地毯厂的王厂长表示，既然是互帮互学，北京代表团就不能只"取经"不"送宝"。于是西城地毯厂的老师傅指出天津厂织毯车间存在不同程度拴头过长，原材料浪费的现象，并派康玉生前来示范"平、顺、短、齐、底"的绝活。年轻的康玉生接到任务以后心里打了鼓，天津那么多手艺精湛的老师傅，我去不是班门弄斧么？但是，康玉生一上机梁就平静了下来，跟往常一样稳稳当当地拴起头来，并向各位老师傅们解释"平、顺、短、齐、底"的操作方法。康玉生在天津地毯二厂做示范的消息不胫而走，天津其他的地毯厂和地毯技校也纷纷邀约康玉生做示范，推广他的独门绝技拴头法。康玉生当然不能放过这个机会，完成示范任务以后他总是各处参观"取经"。天津赵雅典师傅拴头，纹样抱团和底线互不干扰非常清晰，对剪活有利，从中康玉生总结出纹样边缘如何运用技巧的方法，还有过细纬如何不浪费，等等。真是"不学不知道，一学好多招"，这一趟去天津切磋织毯技艺，让康玉生取长补短，提高了工作效率。

织毯技艺过硬的康玉生，也有过失误。至今回想起这两次错误，康玉生都非常懊悔。1978年初冬，中国外贸在天津等地筹办地毯出口交易会，康玉生为展会大厅织做一幅12×8英尺的挂毯"依红理绣"，画稿由国画大师俞致贞提供。经过五个多月的紧张织做，挂毯终于下机完成了。但是在后面的工序上为了平正毯面的光洁度，平活用的剪刀磨快上油时不慎在正中间空白的地方溅上了几滴油污，正好在着眼点上。由于溅上油污的当天下午就要把毯子运走，康玉生赶紧用擦洗地毯油污的苯，擦洗吹干后就运走了。可在展出时出了岔子，苯用得不彻底，又返上许多油渍，虽然不太显脏，但是与毯面颜色很不协调，打眼一看就能看出来。正是由于这个油污，造成了大损失。这块挂毯的定价是25000元，买家直言这幅挂毯从织做工艺到配色运用都十分完美，只是中间的油污是个大瑕疵，要求降价，最后以22500元成交。为这一小块油污就损失了2500元，康玉生作为负责人非常愧疚，想起师傅曾经告诫他货卖一张皮，织出的毯子，首先就是看外观，有了油污就是降价降级的口实。至今，康玉生都难忘那次油污的教训，他常说要吸取教训，要对自己做出的活负责。

作为厂里的织毯主力，康玉生织出的毯子都是"一级品"、"优秀品"，这也免不了让康玉生放松了对自己的严格要求。1980年，康玉生织做了两幅美术地毯，由于他产出的一级品较多，验收员也草草检查定为优质品。有位同志顺手拿起那张毯，用量具检验了一下，发现横向有一个一寸左右的坑洼，导致毯身少了半分，有部分同志坚持少半分也是不达标。检验员犯了难，询问康玉生的意见，康玉生心里很难受，一直织造一级品的他，这次产品要降级了。其实，康玉生只要用尺子，把那一寸左右的小坑洼推一推匀一匀就达标了，但是他本着对自己负责，对产品负责的态度，要求检验员把产品由一级降为二级。这是康玉生从事毯儿行以来第一次织出的二级品，这件事对他打击很大。但他没有怨天尤人，没有责怪重新检验他毯子的同志。在以后的工作中他再也不敢掉以轻心，不敢因为技术过硬而放松了对规格的要求。打那以后，康玉生再也没有织过一块二级品，他的作品全都评定为优。

重现盘金毯

从艺 60 年，康玉生总结出了无数织毯经验，织做出了无数精品。临退休，最让他遗憾的是没能做出盘金毯。

盘金毯、盘银毯在我国清代作为皇家御用品，当时由清宫廷工部所辖帘子、门神二库管理的京师御用地毯作坊和新疆等地专为皇宫织做地毯的作坊进贡。由宫内"如意馆"进行图样设计，遵旨织造宫内各殿堂、寝宫娱乐场所、盛典喜庆铺用的地毯和盘金盘银毯。皇室贵族把铺挂盘金盘银毯视为吉祥富贵，权势至高无上的象征。因此，在民间遗留下来的实物不多，没有流通，现在只能在故宫和布达拉宫中见到遗存实物。如清乾隆时期的盘金彩色壁毯"玉堂富贵"（645cm×207cm）和盘金银彩色开光纹样的地毯"五彩莲花牡丹"（290cm×551.5cm）等。

盘金毯《九龙图》

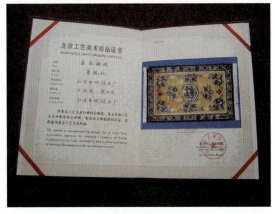

盘金毯证书

盘金毯织造技艺在织毯技艺流入民间后失传。很多在地毯传习所里学习织毯的毯匠，也只是从老师傅口里听说过，谁也没见过，更别提会织了。可以说，复原盘金毯织造技艺，是许多老一辈毯匠的心愿，也是康玉生的心愿。

2003 年，北京地毯五厂在北京市工业促进局和北京市工艺美术协会的支持下，为抢救失传的盘金（银）毯工艺，专门成立了盘金毯复原小组，康玉生名列其中。该小组先后两次深入故宫，进行实物考查研究，走访北京剧装厂、南京金箔厂，实地考察研讨金箔线的制作与规格。复原小组在初期提出许多建议和思路，并经过试织样品，从设计构图、选材、配色、设计工艺，层层把关，终于完成了一幅 5×8 尺《九龙图》盘金丝毯的创作，使古老的盘金毯技艺得以恢复，濒临失传的技艺得以传承。与此同时，在抢救传统工艺的过程中康玉生在继承技艺的基础上对该技艺进行创新，把纹样进行浮雕处理，使其纹样更加灵动突出，增添了艺术效果。复原出的盘金毯《九龙图》在北京第二届工艺美术展览中被评为珍品并获金奖，在中国杭州西湖博览会上，被评为金奖。失传近百年的古老技艺得以展现在世人面前，以前专为皇家所用的宫廷御用贡品，得以向世人展现，也了却了康玉生的一桩心事。

从"毯匠"到国家级"非遗"传承人

北京宫毯织造技艺在技艺承袭过程中，由于社会性质发生改变，技艺的持有者——"毯匠"的身份也发生着翻天覆地的变化。康玉生也见证了北京宫毯织造技艺在近现代的兴衰。

自小在聚顺成地毯厂学艺，康玉生耳濡目染听师傅讲当年宫里织毯的情景。那时，宫廷毯匠作为宫廷御用工匠，其织做的宫毯直接为皇帝及其亲属所用，这既是至高无上的荣耀，也往往是悲惨命运的开始，稍有差池，轻则充军，重则砍头。皇宫中的毯匠，没有任何创作自由可言，一切规格形制皆唯皇帝马首是瞻，皇帝对毯的要求甚至细化到了什么地方要接补什么样的花纹的程度。那时的毯匠是没有署名的权利的，因此，现今传世的精美宫毯已经不知道是哪位工匠承接织做的了。我们只知道历史上出现过这样一群织毯的人，整日战战兢兢生怕出错、一丝不苟地用自己的智慧完成着一件又一件作品。

如果说各地的进贡使得宫廷中宫毯的图案纹样得以丰富是宫毯发展的第一阶段，那么，宫毯织造技艺由宫廷传入民间则是宫毯发展的第二阶段。康玉生的师爷就是从宫廷工匠那里习得技艺并成为毯匠的第一批学习者，成就了毯匠身份的第一次转折——毯坊毯匠。那些习得技艺的毯匠自己开毯坊，成为毯坊掌柜，收徒弟，继续传习技艺。不过，那时"授徒传艺"并不是单纯为了技艺传承的需要，而是这些毯坊掌柜急需一批廉价的学徒工来为他们做工赚钱。学徒们除了用心学习织毯以外，经常要帮师傅做一些家务活来讨好师傅。做学徒工的生活非常辛苦，要学满"三年零一节"才能出师，才能去独立完成宫毯的织做。出师以后日子也不好过，整日待在阴暗闷臭的厂房内，一坐就是一天。这也就是为什么那时只有家庭极其贫困的孩子，才会被送去学织毯的原因。这时的毯匠，失去了宫廷御用的光环，处在社会的最底层，却拥有着过硬的技术和钻研的精神，创造着远高于他们劳动报酬的价值。

新中国成立后，从公私合营到成立国营地毯厂，此时的毯匠地位发生着翻天覆地的变化。由过去处在社会底层的毯匠，变成了备受尊敬的织毯工人。康玉生正好经历了这次身份的转变。这时的毯匠不再受到封建帝王的压

康玉生正在指导王国英

迫，也不用受毯坊掌柜的剥削，而是独立自主地进行地毯织做。也是在这一时期，发展了新技术、新图案、新设备和新标准。

随着机器大工业的蓬勃发展，传统手工行业面临着普遍的危机，国营厂纷纷倒闭，企业不景气，国营厂工人纷纷下岗或转做他行，传统织毯技艺面临失传的危险。仍坚守在织毯第一线的这批毯匠又经历着身份的转变，或者可以说又增加了一种身份，那就是非物质文化遗产传承人。

2009 年，康玉生入选第三批国家级非物质文化遗产代表性传承人名录，这既是对他从艺 60 年所达到的精湛技艺的肯定，更是对他肩负起传承传统技艺重任的一种期许，既要保证优秀技艺不流失，也要保证该技艺能够顺利地传与后人。

在康玉生的众多弟子中，王国英最得师傅真传。生性内向的王国英，是非物质文化遗产市级项目代表性传承人。自 1983 年进入地毯技校学习织毯，她做"毯儿匠"，也有将近 30 年时间了。王国英是较为全面传承康玉生技艺的徒弟，不仅具有过硬的专业技术，还有对作品的领悟能力和对设计稿的再创作能力。她织出的毯子，规范严谨，同时又赋予毯子新的生命力。不论是植物图案还是动物图案，她都能织得栩栩如生，活灵活现。她不仅在织毯上拥有较高的技术水平，还熟练掌握手工平活、片活、剪活等技艺，并且对色彩和图案均有研究。可以说是"毯儿行"里的全面人才。

北京宫毯织造技艺传承谱系表

代别	姓名	出生时间	学艺时间	传承地点	师从
第一代	地毯传习所教员(一说喇嘛传艺、一说宫廷工匠)	不详	不详	宫廷	不详
第二代	继长永毯儿行的大掌柜	不详	不详	传习所	传习所教员
第三代	陈子权	不详	1920 年	继长永毯儿行	继长永毯儿行的大掌柜
	焦殿功	不详	1920 年	继长永毯儿行	继长永毯儿行的大掌柜
第四代	康玉生	1933 年	1947 年	聚顺成地毯厂	陈子权 焦殿功
第五代	王国英	1967 年	1985 年	北京华方地毯艺术有限公司	康玉生
	高春荣	1962 年	1997 年	北京市地毯五厂	
	苗桂福	1962 年	2000 年	北京市地毯五厂	
第六代	张立红	1970 年	2011 年	北京市地毯五厂	王国英
	王翠和	1963 年	2011 年	北京市地毯五厂	
	郭兰红	1984 年	2011 年	北京华方地毯艺术有限公司	
	彭春梅	1984 年	2011 年	北京华方地毯艺术有限公司	
	房宝银	1973 年	2011 年	北京华方地毯艺术有限公司	

走进新时代

为了改变国营工厂的一些限制,更好地传承技艺,北京华方文化公司在位于顺义的华方文创产业基地内,投资 1000 多万元,整合北京市地毯五厂技术优势,于 2014 年重新组建了现代企业模式的北京华方地毯艺术有限公司。

北京华方地毯艺术有限公司在区国资委、北京工美协会等多部门的大力支持下承袭技艺发展脉络，以原汁原味传承清宫造办处"宫毯织造技艺"为己任，继续弘扬和发展国家级"北京宫毯织造技艺"非物质文化遗产项目。

公司聘任国家级非物质文化遗产传承人、北京一级工艺美术大师康玉生，中国工艺美术大师、亚太手工艺大师周道生为顾问；北京一级工艺美术大师曹艳红、北京市三级工艺美术大师、北京市级"非遗"传承人王国英为技术骨干，充分发挥现有技术力量，织造高精尖宫毯艺术珍品。并大力培养技艺人才，做到有序传承，尽最大努力将"北京宫毯织造技艺"的唯一性、独特性、原创性加入创新元素，使产品融入市场经济模式中，在保护和传承的良性发展下，取得更大的社会效应和经济效益。

公司由最初的图稿设计到最后的整修、美化，已经搭建成了一条完整的生产线。三名学员——郭兰红、彭春梅、房宝银作为王国英的徒弟，在熟练掌握基本技艺要领的同时，加大了学习技艺的难度，在产品的编织技艺上，加用渐变色彩织做图案，灵活润色，使毯面图景更加生动富有生气。这些高难度技艺训练，也使徒弟们的技艺得到飞跃，成为下一代织毯技艺传承人。

《心平气和》

公司成立后，由周道生、曹艳红设计王国英带徒织做的《女娲补天》，受到业内有关大师的高度评价。此幅作品在北京工美行业协会举办的工美杯上获得优秀奖，《女娲补天》是在以往宫毯织做技艺上进一步创新的作品，其织做难度较大，也是学员们首次采用润色技艺的作品，大大提高了学员们的织做技艺水平。

由曹艳红设计、王国英织做的《心平气和》，它的主旨是勉励世人，时刻保持平和的心态，平心静气地做人做事。此幅作品在法国斯特拉斯堡欧盟国际发明展览会上获得金奖，中国工美协会百花杯评比中获得银奖。在加拿大国际文化艺术节暨五星国艺·龙韵国际文化艺术展，盘金丝毯作品《龙》和《牡丹图》荣获"中国手工艺术金奖"。

在屡创佳绩的同时，北京华方地毯艺术有限公司利用法律武器保护优秀技艺的知识产权——先后对盘金毯织造技艺进行了专利申请，对产品图案申报了版权专利；注册了品牌"华宫坊"，等等。

织毯子有什么难？做毯匠又脏又累有什么好？又不挣钱又费力气，多划不来！面对种种误解，康玉生和他的徒弟们正在坚守他们的织毯阵地，虽然他们没有什么豪言壮语，但是却用实际行动守护着我们的文化遗产和手工传统，用他们的话说"想那么多干嘛？眼下干好自己这摊活最要紧"。

从聚顺成地毯厂的学徒到北京华方地毯艺术有限公司的顾问，康玉生经历了北京宫毯织造技艺传承场所的种种变迁，但不变的就是"这摊活"——他和他的徒弟们要守住的最宝贵的东西。

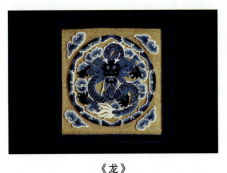

《龙》　　　　　　　　　　　　　《牡丹》

（北京华方地毯艺术有限公司

李媛媛　秦溯）

精诚之心　推陈出新

——记鹤年堂中医药养生文化及其传承人雷雨霖

　　北京鹤年堂成立于明永乐三年（1405），是由元末明初著名回族诗人、医学养生大家丁鹤年创建的。鹤年堂原址坐落在原北京宣武区菜市口大街铁门胡同迤西路北，骡马市大街西口，与丞相胡同相对，与回民聚居的牛街相邻。鹤年堂是真正的"老北京"，它比故宫和天坛要早15年，更要比地坛早125年。早在盛唐时期，菜市口所在的广安门内大街当时叫檀州街，是幽州城的闹市区。到了明清，外省人士进北京城主要有两条路：水路是京杭大运河过通州进北京；陆路是京汉路沿线过卢沟桥由广安门进北京城，一进广安门就是菜市口，所以这里客栈会馆云集，商铺茶楼林立，终日行人不断，热闹非凡，据杨懋建在《京尘杂录》中描述："宣武门外大街南行近菜市口，有财神会馆；少东铁门有文昌会馆，皆为宴集之所，西城命酒征歌者，多在此，皆戏园也。"鹤年堂就位于菜市口大街路北，属于中心地段，而门前正匾"鹤年堂"三个大字又为明朝首辅、权倾朝野的严嵩亲笔题字，招牌醒目，自然成了进入北京最明显的标志，以至人们介绍进京之路时，常把鹤年堂作为方位物：过了卢沟桥就是广安门，过了广安门，看见鹤年堂就算进了北京城了。

　　据《中国药学史料》（人民卫生出版社）、《中国回族史》（人民出版社）

等文献记载，丁鹤年（1335—1424），字永庚，号友鹤山人，祖籍在西域。1405 年，在阿訇和当地回民朋友的帮助下，他来到北京回族集居区牛街，开办了以自己名字命名的鹤年堂药铺。1424 年，90 岁的丁鹤年卒于杭州，葬阿老丁墓旁，称"丁氏垅"。

丁氏家族深受古人"治未病"思想的影响，提出"和者鹤寿"之说。丁氏家族很好地把回、汉医药学结合在一起，有着回族元素的调理脾胃、治疗骨伤特色方剂和带有很强西域风格的"熏蒸、药浴"等方法留传后世。丁鹤年家族执掌鹤年堂 120 年，即 1405 年至 1525 年，先后由鹤年堂创始人丁鹤年，第二代承袭人丁文勇，第三代承袭人丁禹，第四代承袭人丁霭传承。

至明嘉靖初年，鹤年堂由浙江药商曹菩飒接掌，并将店址迁至菜市口。曹家在丁家的基础上又有发展。在养生思想上提出"调元气生化收藏不违其时，养太和阴平阳秘不失其正"的鹤年堂"调元气，养太和"养生核心理念，并由戚继光题写成匾额悬于店内，成为鹤年堂养生方法论的核心；在实践中坚持"未病常调，将病预调，已病医调"原则。当时，以预防温病为目的的鹤年堂"辟瘟金汤"很有名，后人逐渐丰富其配方并改称"药露"、"甘露饮"，明万历四十八年（1620）京师瘟疫，鹤年堂大舍"辟瘟金汤"，医药名家张景岳曾描述说："众人趋骛鹤年堂。"

这一时期的鹤年堂比较兴盛，当时南京翰林院侍读严嵩（后为明朝首辅）为鹤年堂题匾"鹤年堂"，明朝重臣杨继盛为鹤年堂题写"欲求养性延年物，须向兼收并蓄家"楹联；据《旧京人物与风情》中记载："严嵩的匾额使药铺生意大发，掌柜的又连开四家分号，取'五鹤朝天'的吉言，原店位于城西，为示区别，店名便改做了'西鹤年堂'，严嵩的儿子严世蕃也来附庸风雅，提笔写了'西鹤年堂'的匾额，就是今天人们在店门前看到

西鹤年堂

的。"明隆庆年间，抗倭名将戚继光为鹤年堂题写"调元气，养太和"匾额及"拮披赤箭青芝品，制式灵枢玉版篇"楹联。1556年前后，鹤年堂曾相继开设了五家分号，遂有"五鹤朝天"之称，老店作为总店仍在菜市口原址。

曹菩飒家族执掌鹤年堂230年，即1525年至1755年，先后由第五代承袭人曹菩飒、第六代承袭人曹永利、第七代承袭人曹佑贤、第八代承袭人曹尉鹤、第九代承袭人曹良玉、第十代承袭人曹琅、第十一代承袭人曹庹传承。

乾隆十三年（1748），鹤年堂转由当时的名医王圣一家族与曹氏合营（王家为主），王圣一以"医不三世，不服其药"的严谨态度，对鹤年堂的原有配方进行了精选，融合自己家族的秘传配方，于乾隆二十三年（1758）撰写出版了《西鹤年堂丸散目录》，记载了516种中药，是中国最早公开发行的类似"百姓用药指南"的书籍之一。同年，在正阳门前又设了分号。适逢乾隆盛世国泰民安，王氏家族更加重视天地阴阳规律对人体健康的影响，提出"天道鹤年"的养生理念，强调"四时之律，鹤寿之本，不可违也"。同时，也提出"人道鹤年"的观点，除了强调精神的自我修养对健康的影响外，更注重了补虚、调气、活血对人的精神调节作用。比如根据不同季节时令，阴阳变化对人精神的影响进行有针对性的调养，适合人们保健的养生酒、茶等配方都有增加，特别是膏、煎、露等配方有了极大地丰富。食疗药膳更是在王圣一家族掌管时期从理论到方法都得以系统和完善，不但从选料、配制、烹饪等方面进行了规范，还分为四时调养药膳、虚衰对证调养药膳、女性安神养颜药膳等多个系列和粥、汤、茶、酒、菜、羹等不同食用方法。

王圣一家族执掌鹤年堂172年，即1755年至1927年，先后由第十二代承袭人王圣一、第十三代承袭人王延鹤、第十四代承袭人王祖鹏、第十五代承袭人王保新传承。

1927年，刘一峰以五万银元将鹤年堂铺底盘过来。刘家成为鹤年堂店东。

1929年，在东安市场开设分号；1935年，又在西单开设了分号；1936年还在西安开设了分店。

刘一峰父亲刘辅亭曾做过清宫御医，为京城名医。刘一峰被后人称为"中药改良大师"。接手鹤年堂后，在北平陶然亭首建养鹿场和鲜药场，养殖和培育本店所用的鹿茸、薄荷、佩兰、藿香等鲜活药品，而鹤年堂也以鲜鹿制品和鲜药入方闻名遐迩。

1936年，鹤年堂鹿茸产品荣获"巴拿马万国博览会"金奖。鹤年堂的中药饮片以"道地药材，炮制精良，药力靡足"闻名于中外，刘一峰对中药生产工艺也进行大胆改良，中药制品更加丰富，各种药露、参茸、细料药材等20类科目，共计694种中药，在当时的京城鲜有比肩。刘一峰家族执掌

鹤年堂库房

鹤年堂时间最短，只有 29 年，即 1927 年至 1956 年，先后由第十六代承袭人刘一峰执掌 24 年，第十七代承袭人刘侣笙执掌 5 年。

600 多年历史的鹤年堂凝聚的中药文化精髓一代又一代地传承至今。其中，有一个名字不可不提，这就是国家级非物质文化遗产鹤年堂中医药养生文化传承人——雷雨霖。

雷雨霖，14 岁进入鹤年堂药店学徒，先在斗房学习中药材汤剂，饮片蒸、炒、炙、煅，之后又调到丸药房学习丸、散、膏、丹，吊腊皮、摊膏药、露露水等。经过 2 年的学徒便能够独立操作并独当一面。19 岁被提升为丸药头，掌管丸药房全面工作，民国期间鹤年堂公开销售的 600 余种制品，都由丸药头带领制作。

鹤年堂当时有一个规矩，凡是宫廷秘方只传给药头，因此雷雨霖又学会了细料及套色工艺，掌握了鹤年堂"四宝酒"的宫廷秘方及制作工艺。

雷雨霖还掌握了鹤年堂独特的饮片炮制方法。早年间鹤年堂就以汤剂饮片名闻京城，除"皆遵古法"外，还有四十余种饮片的炮制方法是鹤年堂独有的，雷雨霖学徒时就是从饮片炮制学起，因为其能识字，师兄把鹤年堂这些独有的方法传授给他，炮、炙、煨、炒、煅、煿、滥、炼、制、度、飞、伏、镑、椴、露、晒，无一不精。雷雨霖掌握的鹤年堂的许多传统工艺都是需要口传心授秘传下来的，特别是一些关键性工艺技术，比如制作膏剂，什么样的主料用什么蜂蜜功效好、不起砂，熬膏时的火候，熬的程度都有方法检验，有的品种要看"拉旗"程度，有的要看是否"滴水成珠"，有的要看是否"泼之若雾乍散"，等等，都是凭经验掌握，靠口传心授。

雷雨霖制作的鹤年堂养生制品，在秉承传统追求功效的同时，也非常注重口感，在制作时，从原料的炮制到工艺上都有

工作间

刀房（饮片切制车间）

雷雨霖现场指导

特殊要求，如配方原料哪种先入哪种后熬，哪种先泡哪种必须是鲜品，要求非常严格。如玉容膏、太和膏、元气茶、梅苏煎、甘露饮、荷叶露等，都是具有"久服鹤寿"的上药之品，在成都、北京地坛等参加博览会时，也受到参观的各地群众的交口称赞。

改革开放后，雷雨霖先后为鹤年堂培养技术骨干20余人；指导徒弟研发养生制品100余种，其中养生"四宝酒"——玉瑰酒、玉佛酒、金茵酒、金橘酒及养生饮料"鹤年九宝"已经投入批量生产，鹤年养生茶、鹤年御膳食已经进入市场销售。此外，他还指导徒弟完成鹤年堂传统配本的挖掘整理工作。1986年北京医药总公司为其颁发了老药工荣誉证书。

退休后，雷雨霖仍继续发挥余热，2004年，鹤年堂全面恢复师带徒的传统，雷雨霖满腔热情帮助鹤年堂建立传承人队伍，并正式接收王国宝、雷松等9名徒弟，进行分类传帮带，经过近五年的努力，这些徒弟已经成为掌握鹤年堂传统技艺的带头人。同年，作为有技术专长的老药工，特邀参加了在人民大会堂举办的养生文化学术研讨会。2005年鹤年堂授予其终身荣誉职工称号，肯定其为鹤年堂中医药养生文化的传承和发展所做的贡献。

已有90岁高龄的雷雨霖师傅，仍然为鹤年堂中医药养生文化，为传承、发展非物质文化劳碌奔波，参与了很多新闻媒体的专题节目进行"鹤年堂中医药养生文化"的宣传以及养生方法、养生食品的介绍。

2010年6月24日在北京电视台《养生堂》周末版栏目为观众传授养生知识。

2010年6月27日在北京电视台《养生堂》周末版栏目为观众介绍了鹤年堂法制黑豆的用料和制作方法以及适宜人群。

2010年9月在中央电视台《人物》栏目介绍沐春茶、乾元膏用料和制作方法以及适宜人群。

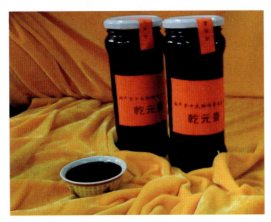

乾元膏

2011 年 3 月广东电视台《健康面对面》栏目邀请做公益性讲座。

雷雨霖时常面对鲜花、掌声，他说："我是鹤年堂的人，传承和弘扬鹤年堂中医药文化是我的责任和义务。"他用实际行动深刻阐释了这句话的内涵。

（北京鹤年堂医药有限责任公司办公室供稿）

胸怀一颗仁心　守护千万黎民
——记北京同仁堂中医药大师芦广荣平凡人生的伟大奉献

　　中医、中药起源很早，甚至可以追溯到原始社会，有数千年的悠久历史，是我国人民在长期的生产劳动、生活实践与医疗实践中不断地进行积累总结的结果。从太古时期依靠师承口授到现知最早的本草著作《神农本草经》，从唐代修订和颁行最早的一部药典再到明代名医李时珍编成的中国本草史上最伟大的著作《本草纲目》，中国劳动人民在长期的实践中，不断传承、发展、丰富了中医药文化。大量事实证明，这是一笔极为宝贵的财富。直到今天，传统医药书籍中收载的药物和方剂，很多还被广泛地应用着，具有很好的疗效。

　　同仁堂正是传统中医药文化发展到一定阶段出现的。清康熙八年（1669），乐显扬创办同仁堂药室，同仁堂登上历史舞台。参照古典名方、挖掘名医名药、严把药材质量、传承仁德文化，将数千年来锤炼的中医药文化，不断总结经验、遵古创新，逐渐成长为传承中医药文化的一支强大力量。从供奉御药188年，到风雨屹立300余年，发展至今，中医药文化最具代表性的传承机构非北京同仁堂莫属。不论是中医药文化精髓的传承，还是所创造出的社会经济价值、品牌价值同仁堂都是行业的翘楚，在国内乃至世界都有着举足轻重的地位。

　　北京同仁堂传承至今，不仅没有衰微反而愈发繁茂，这其中最重要的当属对同仁堂中医药文化的坚守。同仁堂中医药文化是国家级"非遗"项目，是人类医药文化的伟大宝库。它是在继承中国传统中医药文化精华，并融入清宫制药规范的基础上，经过三百余年的传承与创新，将中医与中药相结合，传统与现代相结合，国内发展与海外发展相结合，所形成的具有自身特色的传统技艺、炮制方法、仁德文化、质量文化、诚信文化、经营哲学、价值理念、品牌形象与队伍建设的总和。

　　提到北京同仁堂和同仁堂中医药文化，就不得不提一位女中豪杰、一位著名药材专家。她原来是幼儿园教师，并非科班出身，更没有名牌大学的文凭。只是凭着对中医药文化的喜爱和个人的不懈努力以及同仁堂深厚文化传统的滋养熏陶，成为同仁堂中药材传统鉴别技术的代表性人物。她于1958年正式进入同仁堂，师从细贵药材专家赵振刚，学习细贵药材的传统鉴别技术。五十多年来，她认真工作在细贵药材检验的第一线，通过实践练就一身中药材鉴别绝技。各类珍贵药材：人参、鹿茸、虫草，一经她的法眼就能看出来是真是假，产地在哪里，质量如何。药检所也经常请她去鉴定药材，因为那些进口的精密、灵敏的仪器，有时还不如她的手捏、鼻闻、眼看、口尝。

　　她就是国家级非物质文化遗产代表性传承人，享受国务院特殊津贴的中医药大师芦广荣。现在，同仁堂集团领导已经将芦广荣聘为北京同仁堂集团公司专家咨询委员会专家、终身专

芦广荣

家。尽管芦广荣在同仁堂专家中学历不高、职位也不高，但她有的是真才实学，有绝技、绝活，并且长期受同仁堂文化的熏陶，爱岗敬业，讲仁德，守诚信，符合同仁堂专家"精通业务，有突出贡献"的标准。"英雄不问出处"，芦广荣虽算是半路出家，从零学起，但她经过自身的努力，掌握了技艺的关键，不仅在群众中深孚众望，也深受集团领导的信任，经常对她委以重任。

这里要讲的就是她的故事。

执着追求，满腔热血同仁堂

时间回到 1956 年，那年芦广荣刚满十九岁。出生在农村、没怎么读过书的她，勉强在厂里当个幼儿园老师。然而，通过两年工作和生活中的耳濡目染，她逐渐体会到了中医药的神奇，对中医药产生了浓烈的兴趣。1958 年，她毅然请示领导，转到储运站当起了学徒工，这个转变在当时非常不易，一方面是离开熟悉的岗位和牵挂的孩子们，一方面是想办法打破老师傅们心中的偏见——女孩子吃不了这苦，学也学不会。但是这时的芦广荣已经下定了决心，是几驾马车也拉不回来的，也正是靠着这股偏脾气，芦广荣最终打动了她后来的师傅赵振刚，正式收她为徒。

学艺时期的芦广荣经常是白天工作，晚上学习到深夜。从又臊又臭的海狗肾到又腻又香的安息香，从一尺多长的巨型参到小如米粒的肾精子，甚至连吃饭时的猪骨头、狗骨头、牛骨头都要研究一番。

那时药材行有句老话"小虎大豹不好分"，说的是幼虎的虎骨和成年的豹骨难以区分。为了能够解决这一难题，芦广荣直接去了动物研究所，让那里的专家从动物学的角度讲解虎骨与豹骨的区别，这一讲解使芦广荣找到了两者的鉴别重点，药材行多年存在的一个大难题被刚入行不久的女弟子芦广荣给破解了。从此芦师傅也明白了一个道理，学药材鉴定不能光靠死记硬背，还得多掌握植物学、动物学、气象学和地理学等多方面综合性的现代科学知识，而这也正成为芦广荣后来多年来努力的方向。

经过多年的刻苦钻研及学习，芦广荣练就了十分纯熟的鉴别技艺。一次同仁堂门市进了四支野山参，芦广荣仔细观察后坚决说不允许入库，当时许多师傅都十分不解，芦广荣指着须子上的珍珠点说："这珍珠点是含在须子里面的，而野山参的珍珠点是涨出来的，因为野山参的生长过程中没人给松土，珍珠点是楞给憋出来的，移山参是从山里发现后挖出来移植到药圃里养上十几年、二十几年，松过土，珍珠点憋不出来。"一番清晰的讲解让在场的师傅们心服口服，最后这四支山参被作为移山参使用。

牛黄、麝香因价格昂贵，历来掺假严重，但是再逼真的假品也无法从芦广荣的眼皮底下蒙混过关。芦广荣能仅根据外观性状判定出牛黄、麝香产自哪个省、哪个国家。鹿茸规格等级较多，芦广荣可以根据不同规格等级的性状特征，说出其采集日期，是几茬茸，有的鹿茸甚至能说出多生长了几天。如此神奇的鉴别功底，是芦广荣多年执着钻研的结果，她深厚的鉴别技艺赢得了业内人士的一致称赞。

以质为命，至优至精守命脉

在当年工作中，芦广荣是出了名的"拼命三郎"，时刻秉承强烈的主人

253

翁责任感，做好细料药材的质量检验工作。在那段时间，她荣获了众多荣誉，如全国先进女职工、北京市劳动模范等等。凭借着扎实、娴熟的技艺和稳重、严谨的作风，她最终成为同仁堂集团公司系统细贵中药材的把关第一人和同仁堂中药材传统鉴别技术的代表人物。

质量检验工作在一些人眼里是一种权利，可是芦广荣却认为那不是权利而是一种责任。她坚持原则、不徇私情，在检验工作中，不管生人熟人，也不论新老客户始终坚持质量第一的原则。只认货的质量不认货的主人，不合格的药品坚决不予入库。在这种责任感的支配下，自觉地抵制住了社会上的许多不良风气，一身正气，使许多人油然而生敬畏。也是由于有了这种责任感，她在工作上更加精益求精，细致认真，从不放过药品的细小变化，从而使制作技术再高超的伪劣产品也难逃她的慧眼。然而这样的作风，也使她和许多人结下了"梁子"，甚至有时面临威胁，有人问她怕不怕，她回答我怕对不起良心、对不起同仁堂。

她常说的一句话是："药品是特殊商品，是治病救人的，来不得半点马虎，特别是细贵中药材更是如此。"为此，四十余年如一日努力钻研业务技术，始终坚持质量第一的原则，通过实践练就一身细料中药材鉴别绝技，不论多难鉴别的细贵药材，也不论假药多么逼真，在她那里都别想蒙混过关，被业内人士誉为"火眼金睛"。经她检验杜绝的伪劣药品价值每年达1000万元左右，防止了伪劣药品流入市场和进入生产环节，确保了药品质量，保证了人民用药安全有效，为企业的经济效益和社会效益做出了突出的贡献。

她在细贵中药材的质量检验方面已是一位技术纯熟、技艺精湛的知名专家了，但她不满足于已有的技术知识，还在不断地向新的知识领域进军。她主动学习掌握现代的科学检验方法，了解质量检验方面的信息，并把传统的中药鉴别技术与现代的科学检测手段有机结合，使自己专业知识不断扩展，检验手段方法更加多样化，技术水平进一步提高，使检验结果更加科学、准确，为中药检验技术的发展做出了贡献。为了保证药物的疗效，芦广荣在长期的实践中，对于药物的栽培、采收、加工、炮制、贮藏保管等方面，也都积累了极为丰富的经验。

生命不息，传承弘扬永不止

退休后，她心里一直放不下同仁堂，她甚至比当年在岗时还尽职尽责。服务"非遗"、投身老字号品牌推广、做好同仁堂人才储备……没有了上下班的时间限制，反而给了她更多施展的空间，时时刻刻都在为同仁堂奉献着能量，用自己的专业特长更好地服务于社会。

由于多方面原因，中药的质量检验人才匮乏，而细贵中药材的检验人才

芦广荣被认定为国家级非物质文化遗产项目同仁堂中医药
文化的代表性传承人证书

更加后继乏人。为培养中药事业后继专业人才，解决中药事业后继乏人乏术的问题，弘扬光大传统中医药文化，芦广荣从1986年起先后带徒弟十余名，即便是退休十几年后，她仍然没有放下对后继人才的培养，一如既往地投身传承工作。芦广荣把自己在实践中摸索总结的宝贵经验技术手把手地传授给她的徒弟们，让他们在干中学，学中干，快速提升专业技术水平。在传授鉴别技艺的同时，芦广荣不忘向其弟子灌输传统中医药文化以及同仁堂的制药精神，用同仁堂优秀的企业文化教育引导他们成为德艺双馨的同仁堂人。

多年的呕心沥血、辛勤耕耘，毫无保留地把自己的宝贵经验传授给所带徒弟，终于换来了丰硕成果，数名徒弟都被同仁堂集团公司聘为同仁堂专家委员会中药鉴定专家，在各自的岗位上发挥着骨干作用。徒弟中的毛民、张志广、刘天良、樊变兰在她的言传身教下，早已学有所成，负责中药材质量的验收、检验等工作。徒弟中的赵小刚、王悦、项英福不仅成为同仁堂专家，还成了"非遗"传承人，在重要岗位上把关。芦广荣用自己的言传身教栽培影响着一代代同仁堂人，为同仁堂未来发展储备了重要的人才力量。

芦广荣中药鉴定的技术达到了炉火纯青的境界，她的威望越来越高，上门聘请的人也越来越多，退休后更是如此，许多人承诺提供各种优惠条件，

芦广荣带领徒弟张志广进行细料药材的检验

芦广荣和徒弟赵小刚参加"非遗"推广活动

应有尽有。可她总会坚决地说："我就认准同仁堂了。"一句朴实无华的坚定答复，是同仁堂悠久历史文化熏陶的结果，也是芦广荣对患者负责、对企业负责、对社会负责的有力体现。芦广荣常说："这药材是治病救人的，来不得半点马虎。"这句话几乎成了她经常挂在嘴边的座右铭，时刻提醒自己和自己身边的人要严把质量关。

几十年的辛勤付出与实践换来的不仅仅是精湛的技艺，而且还有社会的认可。芦广荣虽然早已退休十几年，但她从不拒绝找她帮忙、请教技艺的人。如今，她的知名度也是越来越高，前来咨询求教的个人和单位很多。特别是一些国家的法定药品检验部门，在遇到现代的科学检验手段方法都无法解决或难以判定的药品质量问题时，经常前来咨询求教，她都耐心细致地讲解、对比，直到他们学会学懂满意为止。她还经常帮助系统内兄弟单位检验药品质量，确保进入市场或生产环节的药品质量，同时促进了同行业专业技术水平的提高。

大家都知道，只有武侠小说和科幻世界里才有返老还童的情节，然而现

集团领导向芦广荣、金霭英颁发荣誉证书

实中的芦广荣大师却在同仁堂技艺的传承、中医药事业的发展和对社会的无私奉献上做到了返老还童。时光荏苒，当年 19 岁的小姑娘，如今已是将近八旬的老人。但她依旧活跃在我们的面前，活跃在同仁堂的发展轨迹中，活跃在中医药的发展大潮中，在看似平凡的工作中做出了伟大的贡献。

[中国北京同仁堂（集团）有限责任公司]

心怀酿酒梦想　弘扬传统技艺

——北京二锅头酒传统酿造技艺传承人高景炎的故事

　　俗话说，京城有三乐："登长城、吃烤鸭、品红星二锅头。"在北京这座具有三千年历史积淀的帝都里，红星二锅头不仅代表了清香甘洌的北京味儿，更代表了北京独特的酿造技艺。清康熙十九年（1680），北京前门源升号酒坊的酿酒技师赵存仁等三兄弟为纯净烧酒质量，进行了工艺改革：在蒸酒时，将用作冷却器的天锅内第一次放入凉水冷却而流出的酒称为"酒头"，第三次换入天锅里的凉水冷却流出的酒称为"酒尾"，掐头去尾只取第二次换入天锅里的凉水冷却流出的酒，称为"二锅头"，口味最为香醇，在老北京也称之为"二逮（dei）子"。

　　"二锅头"最初为工艺名称而非产品名称，如同"老五甑"、"混蒸混烧"等工艺名称一样。新中国成立前夕，红星牌二锅头酒正式注册为商品名称，成为把"二锅头"这一工艺名称作为产品名称的首创者，开创了以白酒工

北京二锅头酒传统酿造技艺传承人——高景炎

艺命名产品的先河。

新中国成立前夕，华北酒业专卖公司实验厂（红星前身）收编了京城的十二家酒坊，全面继承了二锅头酿造技艺，使二锅头这一传统技艺迎来了新的发展契机。2008 年 6 月，《国务院关于公布第二批国家级非物质文化遗产名录和第一批国家级非物质文化遗产扩展项目名录的通知》认定北京二锅头酒酿造技艺为国家级非物质文化遗产，并公布北京红星股份有限公司是北京二锅头酒酿造技艺的传承者。2009 年，原北京酿酒总厂厂长、中国食品工业协会白酒专业委员会副会长、全国白酒专家委员会主任委员高景炎被中华人民共和国文化部评定为北京二锅头酒传统酿造技艺的唯一代表性传承人。今天，我们和高景炎大师一起，走进那段激情燃烧的岁月。

从南到北，冥冥之中与酒结缘

从小学到高中，高景炎一直是品学兼优的好学生，等到高考报志愿时，同等资质的同学都报考清华、北大、复旦等名牌大学或热门学院，他却准备报考师范类院校。高景炎后来回忆说，当时有子承父业的想法，因为父亲就是教师。

然而冥冥之中自有安排，他的一位高中同学对他志愿选择师范学院深表惋惜，建议他报考南京工学院，因为南京工学院食品工程系很有名。在这位同学的建议下，高景炎考上了南京工学院食品工程系（江南大学生物工程学院前身）。1957 年，国家鼓励高校发展，南京工学院被分成几所学院，化工系成为化工学院，而食品工程系则成为轻工业学院。由于轻工业很多专业与

南京工学院（其食品工程系为江南大学生物工程学院前身）

农业相关，校址就选在了无锡太湖边上，更名为无锡轻工业学院（江南大学前身）。这里不仅是风景秀丽、物产丰富的鱼米之乡，而且是培养中国酿酒产业人才的理想摇篮，从这里走出了一批批酿酒行业的权威专家和技术科研骨干，高景炎大师就是这里第二期学员中的佼佼者。

缘定红星，正式开启酿酒生涯

大学毕业后，高景炎被分配到国营北京酿酒厂（红星的前身），这个位于北京市大望路的厂区，见证了他全部的青春理想和激情岁月。

高景炎被分到了酒厂检验科，这里是首届全国评酒样品检测的所在地，是当时全国酿酒技术检验与实践的中心，汇集了全国最顶尖的酿酒人才，是

新中国成立初期的华北酒业专卖
公司实验厂

北京酿酒总厂大门

所有酿酒人心中的一方圣地。在此之前，这里的大学生很少，所以领导们都格外地重视他。当时的红星有白酒车间、酒精车间、葡萄酒车间、果露酒车间和溶剂车间等。为了尽快将所学的知识投入到生产实践中去，高景炎提出要到每个车间的一线去参加实习劳动，丰富自己的实践经验。科长对他的这一想法非常赞赏，不但鼓励他放手去干，还帮他与各方协调，于是在1962年12月，他向厂里递交了一份《实习计划》的申请。

在接下来的一年里，在果露酒、葡萄酒、白酒、酒精、溶剂等各个车间，高景炎与工人打成一片，详细了解每一个车间的每一道生产工序。当时技术员与工人的粮食供应标准不一样，高景炎因为参加劳动，饭量增加，粮票不够用，科长为此多方协调，帮他申请到与工人同等的待遇。他积极劳动，从不拈轻怕重，从而逐渐熟悉和了解各个工艺的操作流程。工作不论轻重繁简，只要涉及产品质量的环节，他都事无巨细地认真记录下来。

天道酬勤，一年的实习生活后，高景炎已经是一位沉稳练达的"小专家"。1963年10月，他主动向上级提交了一份《国营北京酿酒厂"二锅头酒的质量调查"专题报告》。这份报告围绕北京酿酒厂最核心的产品"二锅头"的历史发展、工艺演变和质量变化等多个方面进行阐述，观点鲜明、论据确凿，其中既谈到了当时红星二锅头酒生产过程中存在的不足，也提出了系统的解决办法。这份报告虽然与高景炎如今的权威专家级水平相比，显得十分稚嫩，但却是他一年来实践经验的理论结晶，也成为后来影响他一生的一部重要资料。由于这篇报告里详细讲述了红星二锅头酒在建厂到 1963 年的生产状况及其发展变化的过程，因此是研究二锅头品类早期发展最翔实的珍贵史料。同年，高景炎被评为"北京市五好职工"（当时"五好职工"暂时代替"劳动模范"）。

　　1964 年，国家经济有所复苏，随着人们物质生活的丰富和满足，白酒供不应求的矛盾就变得更加突出。1965 年以前只有红星一家生产瓶装二锅头酒，根本满足不了市场需求，当时每户每月凭购货证只能购买两瓶红星二锅头。为了扩大白酒的产量，高景炎直接参加资深白酒专家龚文昌先生组织的新产品研发，研发出了红星二锅头的新配方。高景炎至今保存着当时的实验记录，这份记录是研究我国新工艺白酒开端的第一手材料。该试验极大地提高了红星的产量。试验之前，北京酿酒厂的白酒产量大约 1000 吨左右，试验成功之后，很快突破 1 万吨，极大地缓解了当时的供需矛盾。产品物美价廉，市场售价 8 毛钱 / 斤，深

酒厂初期条件艰苦的酿造车间

1966 年北京市凭个人购货证买酒，每户每月限购两瓶

受北京老百姓的欢迎。在随后的几十年里，他大力组织推广应用"UV-11 菌种制曲"，实现了行业出酒率里程碑式的突破。

师承王秋芳　传播二锅头酿造技艺

王秋芳是新中国培养的第一批酿酒专家，是红星二锅头的建厂元老，曾参加过首届全国评酒会的化验分析工作，既是全国著名的酒类专家、一代酿

著名的酒类专家、红星建厂元老王秋芳

酒大师，也是二锅头酒的命名者和二锅头酒传统酿造技艺的第七代传承人。1972 年 10 月，由于北京二锅头酒的产品质量严重下滑，尤其是郊县酒厂的质量良莠不齐，北京酿酒总厂革委会决定请回技术科的老科长王秋芳重组技术科。重组后

的技术科的主要任务，是想尽一切办法提高二锅头酒的质量水平，满足广大人民群众的消费需求。这次，高景炎不仅又回到了自己最擅长的技术工作岗位，而且出任白酒组长。从此之后，白酒正式成为他毕生奉献的事业。

20 世纪 80 年代王秋芳（右三）、高景炎（右四）在红星酒厂门口合影

　　如今业界皆知高景炎是王秋芳的高徒，确实，在高景炎的心中，王老是他最尊敬的师长和领导。高景炎进入北京酿酒总厂工作的时候，王秋芳任北京市食品酿造工业公司技术科科长（食品酿造公司后并入红星组建北京酿酒总厂），再后来王老升任北京酿酒总厂（红星的前身）副厂长，而她负责的技术科则分为技术科和检验科。随后，总厂为了加强归口管理，成立归口科，高景炎任科长。1980 年至 1982 年，从技术科白酒组长到归口科科长，再到技术检验科科长，他走遍了北京市所有的酒厂，足迹遍布牛栏山酒厂、大兴酒厂、昌平酒厂、通州制酒厂、密云酒厂、延庆酒厂、交道酒厂、杨镇酒厂、海淀酒厂、仁和酒厂、朝阳酒厂、平谷酒厂、京都酒厂等。但这个

"走"，不是走马观花的走，而是负责归口管理的郊区白酒厂的技术输出和生产咨询服务。当时高景炎的主要工作有四大类：

第一，在王老的指导下，落实各归口厂严格按照二锅头酒生产规程统一操作，然后对生产的成品酒进行质量鉴定，确保质量合格后才能投放市场。高景炎的主要工作，就是编写《白酒讲义》，下酒厂讲课，手把手地教会他们熟练掌握二锅头酒酿造技艺。现在，北京所有酒厂的技术骨干、企业高层，见了高景炎都要毕恭毕敬地叫一声："师傅！"

第二，在王老的指导下，组织并参加了部分郊县酒厂将茅台、五粮液、泸州老窖、汾酒等国家名酒生产工艺引进北京的研究与指导工作。这项浩大的酿酒工艺引进工程，不仅结束了北京地区白酒品类单一二锅头品类的历史，极大地丰富了北京白酒行业的品种，而且作为示范效应，在全国范围内迅速掀起了一阵名酒试点的高潮。

第三，在王老的指导下，1984年组织招待北京酿酒企业把好质量关，参加轻工部酒类质量大赛，参赛的白酒、葡萄酒、啤酒、果露酒、黄酒等23个产品全部获奖，获奖总数和获奖产品数名列全国第一。

第四，一对一指导部分郊县酒厂，开展科学研究。例如参加北京一轻工

业研究所和总厂合作的利用微波新技术人工老熟白酒的科研攻关，该试验的成功，不仅改善了白酒质量，而且缩短了白酒的贮存期，节省了酒库和贮酒容器，从而大大节约了企业经营的成本，提高了企业的经济效益。

高景炎向郊县各分厂传授技艺

1965 年以后，北京酿酒总厂安排各归口管理厂开始生产二锅头酒的时间表

企业名称	投产时间	商标名称
北京昌平县酒厂	1965 年	十三陵牌
北京通县酒厂	1967 年	向阳牌
北京大兴县酒厂	1977 年	永丰牌
北京顺义县牛栏山酒厂	1972 年	潮白河牌
北京顺义县杨镇酒厂	1977 年	杨镇牌燕东牌
北京密云县龙凤酒厂	1975 年	密云水库镇龙凤牌
北京延庆县八达岭酒厂	1975 年	八达岭牌
北京平谷县酒厂	1975 年	沟河牌
北京房山县交道酒厂	1979 年	庆丰牌明华牌
北京永乐店酒厂	1980 年	永乐牌
北京仁和酒厂	1983 年	仁和牌
北京怀柔酒厂	1981 年	雁溪牌古钟牌
北京怀柔汤河口酒厂	1976 年	汤河口牌
北京朝阳酒厂	1978 年	朝阳牌
北京西山酒厂	1981 年	龙泉牌
北京保林寺酒厂	1981 年	宝泉牌

肩负重任，制定二锅头生产规范

高景炎在技术检验科工作的 10 年间，为稳定和提高各酒厂生产二锅头酒的质控水平，做了大量的基础性工作，也积累了大量的调研数据和基础资料。在此期间他和施炳祖合作编写的《北京市白酒工业"尝评、勾兑、调味"培训班教材》，深受基层酒厂技术员和工人的欢迎，该教材于 1982 年在全国酿酒行业核心刊物《酿酒》杂志上作为增刊发表。后来，高景炎根据自己的实践，并广泛学习和借鉴全国名优白酒厂的经验，和王存厚、任可达一起又将该教材修改、充实后编成《白酒精要》，在 1993 年知识出版社出版。

1982 年，北京酿酒总厂（红星的前身）的两位技术副厂长同时退休。一位是恩师王秋芳——白酒、葡萄酒和果露酒等多领域的权威，一位是老领导齐志道——啤酒领域的泰斗。他们两个人不约而同地推举高景炎为接班人，就这样，高景炎从技术检验科科长进入厂领导班子，成为主管技术的副厂长，同时接替了两位老师长的工作。升任副厂长之后，为了统一北京二锅头酒的产品质量标准，高景炎开始组织有关人员编写《二锅头酒产品工艺规程》《红星牌二锅头酒产品操作规程（适用于联营厂）》《红星牌特制二锅头酒工艺规范》。这些资料当时被奉为二锅头酒生产的重要文献，至今仍有很大的借鉴和指导价值。

20 世纪 80 年代，北京地区二锅头酒的总产量约计 3 万吨。如今，仅在统计范围内的二锅头酒年产量已经达到 28.5 万吨，虽然规模不断扩张，但产品质量却非常稳定。而且在总厂管辖的几十年间，北京二锅头酒从未发生过因为假酒、劣质酒而引发的食品安全事故。这些和高景炎参与并主持修订二锅头酒生产规范、严格控制北京二锅头酒产品质量的工作，密不可分。

迎合需求，红星 56 度二锅头诞生

1987 年 3 月，国家计委、原轻工业部、商业部、农业部在贵阳联合召开"全国酿酒工业增产节约工作会议"，史称"贵阳会议"。该会议上确定将"四个转变"作为中国酒业发展的基本方针，即高度酒向低度酒转变；蒸馏酒向酿造酒转变；粮食酒向果类酒转变；普通酒向优质酒转变。

当时，国内生产低度白酒的历史已经有 10 年，但二锅头酒在这一领域却是一片空白，而且多数产品的酒精度仍然保持在 65 度。如果不根据市场形势变化及时调整，二锅头酒将失去新兴的消费群体，其所面临的生存与发展危机可想而知。

1988 年，高景炎组织有关力量着手推动北京低度酒的发展，并提出发展低度酒的核心思路：发展低度酒，不能简单地调配降度，而应当充分借鉴兄弟企业的先进经验，从酿酒生产的全过程入手，在改进工艺、改进设备、酒质优选勾兑调配等环节下苦功，探索出一条变单纯调制型为生产调制型优质低度白酒发展途径，以确保低度酒的酒体风格达到低而不淡的水平。

任何创新都会遇到保守势力的阻碍。为了更好地调动各个酒厂对低度酒科研攻关和发展生产的积极性，高景炎组织协会开办培训班，总结和推广北京市、全国乃至洋酒生产的先进经验。后来，北京低度白酒的发展形势超出了高景炎的想象。他们不但成功地摸索出了一条生产调配型优质低度白酒的生产途径，而且在产品的多样化、个性化等方面也取得了许多突破。也就在那时，开始分别生产高、中、低不同度数的二锅头酒，产品畅销至今。

此时的高景炎已经是北京酿酒总厂（红星的前身）的厂长和北京酿酒协

红星"大二"67 年升级历程

会会长，是北京酒市当之无愧的掌门和舵手，但他依然保持着幽默、随和、低调的性格，毫无官架。看来凭借权势谋取私利，绝不是他的性格，他更喜欢低调做人、务实做事。

北京红星，北京二锅头酒酿造技艺传承者

进入 21 世纪，公众对文化遗产的保护意识逐渐增强，并以全新的角度认识文化、传承文化。2007 年，第二批国家级非物质文化遗产申报工作启动。北京二锅头酒酿造技艺是中国清香型白酒酿造技艺的典型代表之一，它具有鲜明的民族特色和地方特色，是宝贵的非物质文化遗产。2008 年，《北京文化报》刊登北京二锅头酒酿造技艺非物质文化遗产认定公告，公布北京红星股份有限公司是北京二锅头酒酿造技艺传承者。

非物质文化遗产是以人为载体，由传承人的口传心授而得以代代传递，对传承人的保护是红星"非遗"技艺保护工作的核心。在 2009 年，高景炎大师被中华人民共和国文化部评定为北京二锅头酒传统酿造技艺的唯一代表性传承人，同时每年享有传承人专项补贴。但高景炎大师将此笔补贴款全额

蒸馏酒传统酿造技艺·北京二锅头酒传统酿造技艺被评为
国家级非物质文化遗产

交予红星，作为专项资金，用于二锅头工艺的传承发展。在高景炎大师对人才的培育理念之下，二锅头"非遗"技艺至今已传至第十代，并已做好传承梯队的建设。为了扩大国家级非物质文化遗产影响力，更好地传承与推广北京二锅头酒酿造技艺，北京红星股份有限公司建造了北京二锅头酒博物馆与前门源升号博物馆。其中，北京二锅头酒博物馆坐落在怀柔区北京红星酒厂内，建筑面积3400平方米。博物馆展示了二锅头的起源与发展，并设立了二锅头酿造技艺传承工作室——高景炎大师传习所。

位于红星酒厂内的北京二锅头酒博物馆

高景炎大师每年都到传习所亲自教授二锅头酿造技艺，并参与到二锅头"非遗"技艺的推广、交流工作中去，以二锅头酿造技艺传承工作室和高景炎大师传习所为平台，提升"非遗"技艺影响力。在高景炎老师的培育与指导下，博物馆逐渐成为一个集非遗展览、推广、流通、学术交流和研讨为一体的综合平台，多次举办传统技艺体验展示活动，有力地促进了"非遗"传承保护和社会推广，对二锅头品类的发展做出了巨大贡献。

十代传承，红星二锅头生生不息

北京二锅头酒酿造技艺是北京酿酒技艺的重要代表，这一古老技艺源自清康熙年间的"源升号"酒坊，历经三百多年传承至今。1949 年红星收编"源升号"等 12 家京城老字号酒坊，独家传承北京二锅头酿造技艺，使这一项珍贵的非物质文化遗产得到了新的传承与保护。

北京二锅头酒传统酿造技艺传承谱系

北京二锅头酒传统酿造技艺采用名师带徒、口传心授的传授方式。一直以来，红星都注重对"非遗"传承人的保护，每月给予做出突出贡献的传承人津贴补助。在红星的悉心保护下，二锅头"非遗"技艺至今已传至第十代。

第九代传承人——艾金忠

艾金忠，是国家级非物质文化遗产北京二锅头酒传统酿造技艺的第九代传承人，也是红星公司中为数不多的享受国务院特殊津贴待遇的技术人才之一，目前担任红星公司总工程师、品控副总经理。他从事酒类科研工作近 30 年，满怀严谨求实、积极进取、

艾金忠

开拓创新的敬业精神引领着红星公司的技术研发始终走在国内同领域的前沿。他具备扎实的白酒酿造理论知识和丰富的实践经验，在酒类产品品评、研发、热点课题研究、工艺和装备技术进步、技术质量管理方面孜孜不倦地探索奉献，在传承创新二锅头酒酿制技艺、白酒生产工艺研究与应用等方面为北京二锅头酒和全国白酒行业的健康发展作出了重要贡献。

为提升二锅头酒品质，他主持开展了"健康因子功能菌在红星二锅头酒生产中的应用"和"红星二锅头白酒风味物质剖析技术的研究及应用"等专项研究，将从酒曲中分离培育的功能微生物应用于红星二锅头生产中，提高了红星二锅头酒中健康因子的含量。该项目荣获中国食品工业协会科学技术奖一等奖、中国白酒科技大会优秀科技成果奖等荣誉。以上项目均已通过中国酒业协会及中国轻工业联合会专家的评审鉴定，项目成果达到国际先进水平。此外，他的研究项目"一种中草药保健酒及其制备方法"、"一种保健饮料及其制备方法"等先后荣获了 5 项国家发明专利，在《酿酒科技》《中国酿造》等核心期刊发表过多篇专业论文。

除了技术革新，他在产品研发方面更是具有深厚的造诣。由他主持研制的产品"红星1949酒（千尊）"荣获了2015年比利时布鲁塞尔国际烈性酒大奖赛金奖，并被授予食品工业科技进步优秀项目和中国白酒国家评委感官质量奖；"52度红星二锅头酒（清香典范）"产品入围2015年度"青酌奖"酒类新品TOP10；"52度珍品红星二锅头"荣获首届中国白酒大师论坛"中国白酒大师品鉴优秀创新产品"。

红星青花瓷千尊　　　　　　2015年布鲁塞尔金奖证书

对行业的卓越贡献，让艾金忠在业内拥有极高地位，如今他已拥有"中国评酒大师"、"中国首届中国首席白酒品酒师"等多个技术含量极高的称号。2016年，他被中国国家标准化管理委员会聘为全国食品质量控制与管理标准化技术委员会委员。

艾金忠主要科研项目有："高酯化酶活性红曲霉及生香酵母在二锅头白酒中的应用"、"健康因子功能菌在红星二锅头酒生产中的应用"、"红星二锅头白酒风味物质剖析技术的研究及应用"、"红星珍品千尊系列白酒工艺技术创新与应用"等。

第九代传承人——张坤

在第九代传承人中有一名女性，她
就是张坤女士。从 1993 年大学毕业进
入红星实习算起，今年已经是她在红星
工作的第 24 个年头了。24 年来，她凭
借自己的勤奋好学和钻研精神，实现了
由一个实习生到红星股份有限公司研发
副总经理的蜕变。

张坤

张坤女士这些年工作的重中之重是产品研发，不过要说最令她骄傲的
一件产品，那必定是她主持研发的红星青花瓷二锅头酒。当年，张坤女士接
到研发一款高端二锅头的任务，而那时红星产品价格普遍亲民，出一款高端
二锅头无疑是巨大的挑战。但她没有退缩，而是迅速组织队伍，开展研发工
作，在团队通力协作下，终于研发出品质出众的酒体，并搭配上我国瓷器文
化的精髓——青花瓷，就这样，红星青花瓷珍品二锅头酒横空出世。青花瓷
二锅头一经上市，便引起轰动，人们都对这款雅致的二锅头赞不绝口。该产
品取得了不俗的销售业绩，还荣获了全国食品工业科技进步优秀新产品奖，
第二届国际餐饮、食品博览会金奖产品等荣誉。2008 年，红星青花瓷被选为
北京奥运会接待用酒，代表国家礼遇八方来客。

红星青花瓷系列产品

除了产品研发，张坤女士还对工艺技术研究兴趣浓厚，常常因搞研究而废寝忘食。她擅长将新工艺技术应用到实际工作中，做到推陈出新。她承担过数十项研究项目，在这些课题所涉及的研究领域取得了较大突破，促进了企业的技术创新。她开展的"实验室白酒勾调装置及电磁阀选择方法"研究，是针对生产研发中勾调流程的优化，研究成果极具可操作性，可广泛应用于白酒行业的实验室勾调过程，该项目已获得国家发明专利。她参与的"万吨红星二锅头酒自动化勾调系统研发及工程化实施"项目实现了设备控制、过程控制、生产控制之间的"管控一体化"；提高了红星二锅头酒勾调的自动化、智能化、标准化水平；提高了红星产品质量的稳定性和一致性；在行业中起到了示范、带动作用，使红星二锅头酒这一国粹得到了更好地传承和创新。张坤女士在产品研发和工艺技术研究上的造诣，成就了她在业内的地位，如今，她已是中国白酒工艺大师，国家级一级品酒师，高级酿酒师，是少有的女性白酒专家。

张坤主要科研项目有："珍品红星二锅头酒的研制开发"、"多微新工艺麸曲酒的研究和应用"、"实验室白酒勾调装置及电磁阀选择方法"、"新型保健饮品的研制开发"等。

第九代传承人——李东升

17 岁就来到了红星，在技术研发岗位一干就是 30 多年，对于第九代传人李东升来说，30 年和 3 年甚至和 3 天并没有什么差别，每一天都充满了挑战与创新。正是几十年如一日的摸爬滚打，让他练就了一身无人能及的技术本领。

攻坚克难，发明新技术，在他手中是信手拈来。由他主持设计的白酒过滤设备及输酒管路的安装方案，提高了单位时间的过滤能力，为稳定白酒的过滤质量提供了可靠的保证；他创新了"净酒贮存"和"分级贮存"操作法，提高了入库原酒的贮存质量，为每一批次产品质量的稳定性和一致性提供了技术支持和保证；他创造了"空气循环法"白酒匀化机，实现了简化勾调流程，提高成品感

李东升

官质量的效果；他提出建立白酒调配"人机合一"微机勾兑系统的发展设想，实现人的感官品尝信息通过高科技手段处理和数字化控制及全过程的在线检测，这一设想具有前瞻性，是白酒发展的趋势所在。

不凡的业绩成就非凡的人生，李东升不仅获得了由中华人民共和国人事部授予的"全国轻工业劳动模范"称号，并在 2010 年获得由北京市委组织部授予的"北京市有突出贡献的高技能人才"称号。2011 年，他成为享受中华人民共和国国务院特殊津贴的技术革新领军人才。

第十代传承人——杜艳红

第十代传人杜艳红，瘦小的体格始终蕴藏着巾帼不让须眉的工作爆发力。自 1999 年毕业后入职红星以来，她从技术开发部科员成长为高级工程师、高级技师、一级品酒师、白酒国家评委，享受北京市政府特殊津贴。目前任职红星产品研发部部长。

她主要负责白酒类产品的研发、工艺技术研究工作。凭借其对研发工作的执着与对红星二锅头的热爱，杜艳红和她的研发团队被人力资源和社会保障部评为国家级技能大师工作室和北京市首席技师重点资助建设项目。

杜艳红

为了满足市场饮酒低度化的消费需求，杜艳红主动承担起"43度红星蓝瓶二锅头"系列产品的研发工作。经过不懈努力，红星蓝瓶二锅头成功实现降度的同时，凭借绵柔口感获得消费者青睐，成为红星公司的明星产品。在号称"酒界奥斯卡"的布鲁塞尔国际烈性酒大奖赛上，该产品凭借其优越品质从多个国家选送的众多产品中脱颖而出，斩获国际金奖。

杜艳红在重点推动产品研发的同时，也非常重视科研工作。她参与过"万吨红星二锅头酒自动化勾调系统研发及工程化实施"、"红星二锅头酒低度化酒体风味设计及系列产品开发"、"绵柔陈酿系列红星二锅头酒的工艺研究与应用"等项目，建立了红星二锅头年份酒的产品质量标准和技术管理体

红星蓝瓶二锅头系列

278

系，以上科研成果成功应用在红星系列产品中，促进了企业的技术创新和科技进步，推动了白酒行业的技术进步。

杜艳红主要科研项目有"蓝瓶系列红星二锅头酒的研制开发"、"红星二锅头酒低度化酒体风味设计及系列产品开发"、"绵柔陈酿系列红星二锅头酒的工艺研究与应用"、"红星健康白酒研究"等。

第十代传承人——王小伟

王小伟，二锅头传统酿造技艺传承人中唯一的一名80后，2010年入职红星的他，凭借工作中的一股韧劲儿，7年内成长为中级质量工程师、国家二级品酒师，入选白酒优秀中青年专家培训计划。历任红星技术开发专员、微生物研究主管、酿造研发部部长职位。

目前主要负责公司酿造相关研究项目的技术管理工作，提升原酒品质保证公司创新的原动力。性格温和、不擅言辞的他，最大的乐趣就是沉浸在实验室中，攻克各种技术难关。同时，他加强开展红星食品质量安全监测管理，从原料、工艺及微生物几个方面研究，确保了红星产品的食品安全质量。2010年以来，王小伟通过对红星检测中心检测技术的完善及实验室体系的梳理，协助红星检测中心通过了国家认证认可监督管理委员会的实验室认可，一方面提升了公司的检测能力，确保产品质量，另一方面，实现了红星检测结果的国际互认，客观上推动了红星二锅头酒的国际化进程。技术创

王小伟

新方面，王小伟先后参与了中国酒业协会组织的"169"计划，"3C"计划及"白酒产业创新技术联盟"等多个科研项目，包括功能微生物项目、食品安全项目、品质提升项目等，取得优异成绩。同时实现了技术转化，为公司实现了盈利。

王小伟的主要科研项目有："应用红曲霉提升红星二锅头酒白酒风味的研究"、"红星二锅头酒用大曲中微生物的筛选与应用"、"红曲酯化霉的研究"等。

如果说，高景炎大师的故事是北京众多酿酒前辈中的一个代表，那么，红星第九代、第十代 5 位传人则表现出了北京二锅头酒这一传统酿造技艺的生生不息。正如红星的品牌精神所言："心怀梦想，勇敢前行"。北京二锅头酒传统酿造技艺得以传承至今，离不开十代传人的坚守，而技艺的发扬光大，则是得益于一代代红星人对于品质的精益求精。作为北京二锅头酒传统酿造技艺的正宗传承者，红星将以消费者需求为导向，打造更优质的产品，同时继续开展人才培育，做好传承梯队建设，更好地传承与推广北京二锅头酒酿造技艺。如今，老字号红星二锅头已成为老百姓餐桌上的当家酒，北京二锅头酒酿造技艺已经被大众所熟知，红星品牌也经过不断的提升，焕发出新的活力。在未来，红星将会继往开来，砥砺奋进，在老字号发展的新征程上继续前行，书写老字号在新时代的新故事、新篇章。

（北京红星股份有限公司）

清香芬芳　纯正典雅
——记北京牛栏山二锅头酒传统酿造技艺及其传承人

　　牛栏山镇为京北古镇，今属北京市顺义区。该镇地处土地肥沃的燕山脚下，东临潮、白二河汇合处，地下水水源丰富，水质好，适宜酿酒。清初以来，牛栏山镇酿酒业就已十分发达。康熙五十八年（1719）《顺义县志》卷二"集镇"载，牛栏山酒肆茶坊等"铺店亦数百家"；其"黄酒、烧酒"为远近闻名的地方特色"物产"。民国二十年的《顺义县志·实业志》亦记载，"造酒工：做是工者约百余人（受雇于治内十一家烧锅），所酿之酒甘洌异常，为平北特产，销售邻县或平市，颇脍炙人口，而尤以牛栏山之酒为最著"。这里所提及的"烧锅"即现在的牛栏山二锅头酒。历经数百年的发展，牛栏山二锅头逐渐形成我国北方清香型酒中极具特色的代表性酒品之一，主要销往北京及山西、山东、河南、内蒙古、天津等地。

　　牛栏山地区得天独厚的物候条件和当地人们喜饮善酿的人文环境，孕育出独特的北京牛栏山二锅头酒传统酿造技艺。这一宝贵的文化遗产，是我国博大精深的酒文化的重要组成部分，具有重要的保护价值。

历史源流

牛栏山的烧锅始于何年已无从考证，鼎盛时期约始于清康熙年间。20世纪初，牛栏山镇较有名气的烧锅有两家，一为王记烧锅（后改名"公利号"烧锅），另一为富顺成号烧锅，此外还有义信号烧锅和魁盛号烧锅。按规模排序分别是公利号、富顺成号、义信号和魁盛号，均为前店后厂模式，传统技艺均是由厂店模式传承下来。

清同治年间，牛栏山"王记烧锅"主要生产二锅头酒，生意红火，东家为河北省香河县人。王东家40余岁病故，"王记烧锅"卖与牛栏山镇北门外人孙孝先。后孙氏分家，烧锅分与孙孝先之六子孙化，并于1917年10月将烧锅更名为"公利号"；1935年10月孙化病逝，公利号传与其子孙秉武。20世纪40年代，公利号烧锅的大掌柜为刘心耕，顺义人。20世纪50年代初期，孙秉武之侄孙校出面将公利号烧锅捐献与国家，与富顺成等烧锅共同组建为牛栏山酒厂。

富顺成号规模小于公利号烧锅，东家为任献亭，大掌柜叫马显汀，二掌柜是吴志和。任献亭，名文达，字献亭，北京市怀柔杨宋镇梭草村人，清朝秀才，于19世纪后期到牛栏山烧锅学习烧酒酿制技艺，并落户于牛栏山镇。19世纪末，任献亭接管烧锅，并于1927年5月更名为"富顺成号"。吴志和，牛栏山镇禾丰村人，1891年生，12岁来到富顺成号烧锅师从任献亭，曾任二掌柜。20世纪40年代，吴志和从任献亭手里把富顺成号烧锅买下，改名"天府烧锅"，但人们仍称其为富顺成。吴志和于20世纪40年代末期去世，由其徒弟阎文玉掌管酿造工作，传承技艺。阎文玉，字从周，牛栏山镇禾丰村人，原籍河北省三河县，1912 年生，十几岁入富顺成烧锅学习烧酒，1980年病故。

义信号烧锅的大掌柜叫龚信忱，顺义区赵全营镇去碑营村人；魁盛号烧锅的东家为商魁廷，名文英，顺义区牛栏山镇下坡屯村人，1888 年生，1908年创立魁盛号烧锅；大掌柜叫吕荫庭，密云县人，具体情况不详。

1952 年，河北省顺义县政府以富顺成号、公利号等烧锅为基础，组建了牛栏山酒厂，厂址设在富顺成号烧锅原址。烧酒工二三十人，多为当时四家烧锅的工人。至此牛栏山二锅头酒传统酿造技艺由牛栏山酒厂具体传承，继续沿用传统酿造技艺生产二锅头酒。

北京牛栏山二锅头酒传统酿造技艺

牛栏山二锅头酒具有自己独特的传统酿酒工艺，其中包括对原料、水源、发酵工艺的认识和掌握，各个环节的技艺均为历代酿酒师丰富实践经验的总结，通过师徒相授传承至今。传统酿造技艺所生产的二锅头酒具有清香芬芳、纯正典雅、甘洌醇厚、自然谐调的风格特点。

具体说来，传统的酿造工艺有制曲、高粱粉碎、清蒸排杂、润料、配料、扬活加曲、入缸发酵、出缸、装甑蒸酒和掐酒、贮存、勾兑等工序。

老烧锅取水之井

制曲：以优质的大麦、豌豆、小麦为原料，将三种原料按比例掺拌均匀后破碎，加入适量的水掺拌均匀后装进模中人工踩制。要求踩得曲块松紧适度，表面平滑、平整，无飞边、缺角；将踩成的曲凉至表面不干皮，曲子有挺劲，然后送入曲房卧曲；曲房地面铺好苇席或稻壳，喷洒适量的水，曲间距离要求2—3厘米，层间用竹竿隔开，以二至三层为宜；卧曲后便可入房培养；入房后，曲要适时通风、挑霉、长层、堆积，待曲子成熟后，出房入库养曲，3个月后可投产使用。

工人粉碎粮食　　　　　　　　　　　天锅（甑）

高粱破碎：二锅头酒的主要原料是高粱，第一步就是把高粱破碎，要求把原料破碎为四、六瓣儿，这样有利于糊化完全，提高出酒率。

酿酒高粱

清蒸排杂：分清蒸原料和清蒸辅料，分别进行。清蒸原料是把高粱放入甑桶中，用蒸汽清蒸，排出原料的杂味，并杀灭原料中的杂菌。清蒸辅料是把稻壳放入甑桶中，用蒸汽清蒸，达到排出杂味、杀灭杂菌的目的。

润料：将清蒸排杂后的原料加入适量的水，使其有效地吸水膨胀，有利于润料糊化及发酵作用，增加和微生物的接触界面，同时摊晾降温，以备配料。

配料：将蒸好的原料同发酵好的酒醅混匀，同时加入稻壳。加入稻壳可以

清蒸排杂

使原料松散，增加含氧量，有利于发酵，并且使酿出来的酒口味醇和。

扬活加曲：即将蒸完酒的混合物（此称为粮醅），薄铺在地上，工人用柳木锨向高处扬散，以使醅子降温，温度合适后就可以加曲子和适量的水。加曲的目的是起糖化发酵作用。掺匀后就可以入缸发酵了。

入缸发酵：入缸就是将掺匀的醅子装入地缸中发酵，其目的是发酵产酒。发酵是使醅子中的淀粉在曲子的作用下转化成乙醇和多种二锅头酒的微量香味成分。入缸温度根据季节而定，使发酵温度保持前缓升、中挺足、后缓落。

装甑蒸酒：把从地缸中取出发酵好的酒醅，同清蒸、摊凉后的原辅料按照

入缸发酵

装甑

一定比例混合，均匀地装入甑中。这是最为关键的一道工序，直接影响到出酒率和酒的品质。

掐酒：掐酒就是出酒时掐去酒头和酒尾，只保留口感好的这一批酒[1]。掐酒讲究的是"看酒花"，掐酒师傅需要有相当丰富的掐酒经验，否则就无法准确把握分段截取，从而影响酒的质量。

看酒花

掐酒

贮存：将分段摘取的原酒品评定收放入陶缸，以黄泥封口，入地下酒窖

① 古时蒸酒所用器具为锡锅，也称天锅。天锅由甑锅和釜锅两部分组成。在甑锅内撒放发酵好的酒醅，然后在釜锅内注入凉水，甑锅中的酒醅被加热后，蒸发出酒气，遇凉凝聚成酒，用管引出。釜锅内的凉水温度升高后，需再换一锅凉水，以降低温度，继续使酒气冷凝成酒。由于每锅次所冷凝出的酒从香气、口味上都有明显区别，而第二锅冷凝出的头半部分酒既口感平和又香气醇厚，因而商家特意引接出来单独售卖，并冠以"二锅头"的俗称，流传至今成为品名。

储酒所用陶缸（泥封）

贮存。至少贮存 3 个月以上。

传统的酿造工艺包括酿酒师对酿造工艺的灵活运用和其熟练地掌握具体技巧两方面。首先，酿酒师根据季节、气候、原料以及空气温度、空气湿度等具体条件对整个酿造过程进行总体把握。同时，每一道工序又各需要其熟练地掌握并且达到相应的要求。如扬活，需在离地约三米左右的屋梁上系一个红布条，要求扬起来的醅子必须达到红布条的高度。而醅子的温度则由造酒工根据经验掌握；又如装甑，就是把取出的酒醅用柳条编织的簸箕均匀地撒入木甑中。装甑用的是巧劲，要求酒醅撒得越薄越好，要疏松均匀，不能压得太实，要让底部的蒸汽能够达到甑中酒醅的最顶层，但还不能让蒸汽冒出来，这就需要凭装甑工人的经验了。装甑有见潮法、见气法和探气法，根据酿酒师的经验具体掌握，但必须保证蒸汽的三齐，即底齐、中齐、上齐。即不论甑中酒醅的下、中、上部都要求蒸汽均匀，刚好透过而又不冒气；再如掐酒，掐酒师傅全凭丰富的经验，根据冷凝器中流出的酒液撞在花盅上溅起的酒花大小、存在时间长短和出酒的口感来掐去酒头、酒尾，以保证酒的质量。

传承谱系

北京牛栏山二锅头酒传统酿造技艺主要由师徒心口相授得以传承，其传承谱系如下表：

代别	姓名	性别	出生时间	传承方式	学习时间	籍贯
1	王 氏	男	清同治年间	师传	不详	河北香河
2	孙孝先	男	182？—188？	师传	不详	牛栏山镇
	任献亭之师	男	不详	师传	不详	不详
3	孙 化	男	1866—1935	师传	不详	牛栏山镇
	任献亭	男	18??—19??	师传	不详	怀柔杨宋镇蓑草村
4	孙秉武	男	19??—？	师传	不详	牛栏山镇
	吴志和	男	1891–194？	师传	不详	牛栏山镇
	龚信忱	男	1897—？	师传	不详	顺义赵全营镇
	商魁廷	男	1888—？	师传	不详	牛栏山镇
	吕荫庭	男	不详	师传	不详	密云
5	孙 校	男	不详	师传	不详	牛栏山镇
	阎文玉	男	1912—1980	师传	约1920年	牛栏山镇
6	梁 柱	男	1915—	师传	约1930年	河北香河
7	王忠臣	男	1937—1994	师传	约1964年	天津
8	李怀民	男	1961—	师传	1980年	顺义马坡
9	宋克伟	男	1966—	师传	1988年	北京
	魏金旺	男	1971—	师传	1992年	顺义区高丽营镇

其具体的传承脉络如下图：

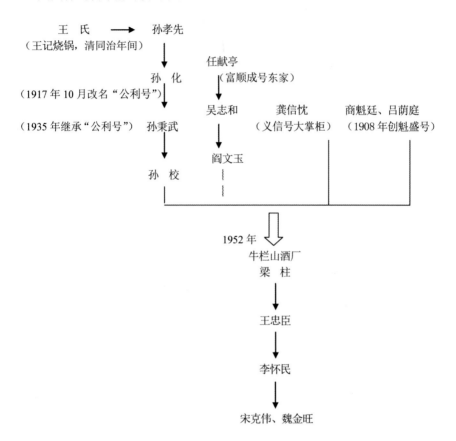

代表性传承人

任献亭，名文达，北京市怀柔区杨宋镇梭草村人，清朝秀才。19世纪后期到牛栏山烧锅学习烧酒，19世纪末接管了其师傅的烧锅，1927年5月更名为"富顺成号"。

龚信忱，名朝言，顺义区赵全营镇去碑营村人，1897 年生，16 岁时入公利号烧锅学习烧酒，40 岁后创立义信号烧锅。曾任牛栏山镇商会理事长。

王忠臣，天津市南郊人，1937 年生，1959 年毕业于河北省轻工业学院食工系中级班酿造工学，分配到北京市第一轻工业局食品处，负责白酒酿造工作；1964 年调入牛栏山酒厂任技术员和化验员，后任酒厂总工程师。

李怀民，1980 年进入牛栏山酒厂师从王忠臣学习烧酒，曾任技术员，现为高级工程师。2006 年 12 月 18 日，李怀民被中国酿酒工业协会授予"中国酿酒大师"荣誉称号。

（北京顺鑫农业股份有限公司牛栏山酒厂）

王晓伟和菊花白的故事
——记北京仁和酒业配制酒传统酿造技艺·菊花白酒传统酿造技艺传承人王晓伟

几百年过去了，皇上爱喝的菊花白还在，仁和老号也续上了香火。坚守这份文化遗产的是一位年轻人。

触摸历史

人到三十，还远不是梳理自己经历的年龄，可自从王晓伟当上北京仁和酒业的掌门人以后，每每触摸到菊花白那厚重的历史，就总会想起人生路上的各种机缘。

从一名专业运动员到一家企业老板，这种跨越不是每个人都能完成的。不是机缘是什么？

仁和酒业酒厂

291

　　许多老字号企业都爱把自己的产品历史跟皇亲国戚联系起来，有的是那么回事，有的不太是那么回事。而仁和酒业的菊花白，确实是跟皇宫贵族有着扯不断的关系。这是一款清代宫廷养生酒，有近 300 年历史。原来只有内宫的皇上、妃子、贝勒爷能喝上，外朝的大臣们都尝不到。赶到同治年间，宫廷缩编，包括在宫里造酒的太监都被精兵简政，皇上又怕太监们没了饭辙，就把莲花白、菊花白、玫瑰露、桂花陈等御酒秘方赐给这些太监，也好让他们在外面有个营生。这些太监出来后就成立了仁和字号，做宫里用的东西，也接着做酒。定期或不定期地往宫里送，得赏银，换财物，吃的还是宫廷饭，用的还是朝廷的资源。等没了皇上，这皇上爱喝的御酒就成了达官贵人所爱，仁和号还是跟上层社会打交道，买卖自然没有衰败。

　　王晓伟掌管的这家北京仁和酒业，便是原来皇上的那根支脉。

　　老仁和最早在西什库，后来又搬到海淀西大街。原来有三间门脸，不光是做酒，还经营其他业务，相当于一个杂货店。

　　公私合营后，老仁和就散了。业务也都归了类，其中杂货归了日用百货或是工美行业，仁和的酿酒师傅呢，自然就归了各家酒厂。到了 1959 年，赶上新中国建国十年大庆，各行各业都争着向国家献礼。有仁和的技师拿出御酒方子献给国家，菊花白等宫廷配制酒也就成了国营产品，也曾受到市场欢迎。可再后来，菊花白等御酒的命运就不那么顺当了。

　　假设重生再世的菊花白没有最终落脚在京郊良乡的长阳，假设落脚在长阳的国营菊花白没有衰败，也就没有了后来王晓伟和菊花白的故事了。巧的是，王晓伟就是长阳人。赶到酒厂衰败了，他又刚好掘得第一桶金，这又不能不说是一种机缘巧合。

　　皇城御酒怎么到了京郊，这是后话。

先说王晓伟。生于 1978 年的王晓伟，打小就知道长阳农场有家酒厂。后来这家酒厂改名为仁和。小时候，每次从酒厂门口路过，都会盯着那两个字看，很喜欢，觉得特古老。不过，小时候的王晓伟最喜欢的还是体育，特长是中长跑。从学校第一名跑到区里中学生比赛的第一名，又在北京市的比赛中取得了好名次。这时，有老师看他是个当运动员的苗子，就推荐去市体校。可体校那位管中长跑的老师嫌他个头儿矮，没发展前途，不要他。奇怪，跑步跟个头高矮有什么关系？以前跟个高的赛跑，自己不是照样超过了他们？正在王晓伟郁闷的时候，打门口路过一个人，瞧见王晓伟，站住了，说："甭练跑步了，跟我学柔道吧！"就这样，他干上了柔道。

相中王晓伟的那位柔道教练应该算是伯乐。王晓伟在体校练了三年，又在专业队干了七年，前后当了十年专业运动员。拿过全国冠军，还在洲际比赛得过亚军，成绩相当不错。只是男子柔道至今也不是中国体育的优势项目，王晓伟把能努力做到的都做到了，也算对得起自己和教练的栽培，于是他开始想到退役。

2000 年，王晓伟正式退役。本来他可以当教练，继续吃柔道这碗饭，可他想闯出属于自己的一片天地，上班没几天就去倒腾服装。结果是做赔了，他也只好再找单位去上班。后来赶上永定河清淤，他看上了沙石料生意。那可是要用大钱投设备的买卖，他哪会有那么多资金。有道是穷则思变，他想到了一个经商的叔叔，就说服叔叔当投资人，自己做起了高级打工仔。

叔叔只管投钱，剩下的事都由王晓伟去做。其实这也是叔叔对他的信任。他当过运动员，能吃苦，有责任感，这就是做事的基础。当然，也是因为叔侄关系，换了别人，谁也不会拿几百万冒险。

沙石料生意做得比较顺，王晓伟博得叔叔的更大信任，也掘到自己的第一桶金。可干沙石厂是靠山吃山、靠水吃水的营生，单从环保的角度看也不是常事。巧的是，正赶上家门口的仁和酒厂经营不下去了，王晓伟跟叔叔一商量，就承包了下来。

"也是一种缘分。"王晓伟说，"我喜欢这个酒厂，觉得它与众不同。再往深里了解，知道了菊花白的历史，更觉得有意思。"

不错，王晓伟触摸到的是一段广为人知又鲜为人知的历史。想起小时候看到"仁和"二字的那种感觉，他觉得这种缘分其实就是一种文化感染。只可惜，等到他接手时，酒厂已经停产，设备堆在屋里。厂房院落已经破败不堪……

这是在 2003 年。

面对现实

从长阳酒厂到仁和酒厂，菊花白其实也有过一段辉煌。尽管这段辉煌跟当初老仁和的御酒不能相提并论，但在市场上广受欢迎的程度，足以让酒厂收益颇丰。

菊花白能落在良乡长阳，也是政治运动使然。

长阳虽是乡野之地，却建有一家颇具苏维埃特色的国营农场。这是新中国成立后，与生产建设兵团并存的一种国有农业企业，集农、林、果、牧、渔及农产品深加工于一体，形成了初步的现代农业模式。与国内其他农场一样，长阳农场除了供职于农场的职工外，还兼有改造那些够不上判刑又必须劳动改造的五类分子的功能。在这些人里，就有一位握有御酒秘方的仁和老号的后世传人。

简短直说，改革开放后，长阳农场致力于发展经济，找仁和老号的后世传人求得御酒秘方，成立了长阳酒厂，并聘其为酒厂副厂长，主攻恢复菊花白的生产。随后又给市政府打报告，申

仁和酒业酒厂门口

请将酒厂恢复为老字号企业。因为与宫廷御酒有着千丝万缕的关系，又请来爱新觉罗·溥杰先生鉴定。溥老乃皇上至亲，对宫廷养生酒当有发言权。他对长阳酒厂生产的菊花白表示认可，并亲笔为酒厂命名，长阳酒厂生产的菊花白，正式以溥杰题写的"仁和"而命名。

1981年，菊花白正式上市，在广交会上受到日本及港澳台客商的青睐。后来又经香港转销到东南亚国家。在国内市场也有很好表现。当时，仁和酒厂的菊花白年产高达3000吨。

在王晓伟看来，菊花白毁就毁在这3000吨上了。

"量太大，就开始建分厂。"王晓伟说，"宫廷酒做的一定是酒中上品，原材料都非常讲究。产量过大，原料不够，就以次充好，品质就下来了。酒民虽然不知道怎么回事，但是知道这酒好不好喝。后来都说这酒不好喝了，慢慢也就不喝了。"

更惨的还有跟菊花白齐名的莲花白。那也是与菊花白同宗同族的宫廷保健酒，二者相辅相成，相得益彰。谁知道，河南还有个莲花露眈眈着北京的莲花白出身皇族，就抢先把"莲花"商标给注册了，莲花白就不能叫莲花白了。无奈之下，改名为玉莲白。把主体的名称改了，丢掉的是一段历史，损

失的是市场原有的认知度。没了品牌价值，莲花白也就慢慢淡出了市场。

没了市场支撑，酒厂自然会落到濒临倒闭的地步。可以想象，接手这样的企业，等于是接下一个烂摊子。要想让一个濒临倒闭的企业起死回生，谈何容易！

王晓伟从2003年开始承包仁和酒厂，干了一年，觉得酒厂的国有体制依然对企业多有束缚，就跟甲方提出一次性买断方案。正赶上中央力推国有企业抓大放小，王晓伟很快便在2004年对企业实行了股份制改造，成立了现在的北京仁和酒业股份有限公司。

原本以为可以进入正轨了，却又有股东觉得酒厂挣钱太慢，决意退股。万难之中，王晓伟也犹豫过，因为改造过的仁和酒业转手卖出去也能赚上几百万，接着干下去，也可能把老本都赔进去。但王晓伟舍不得卖掉酒厂，他看中的是这份事业，毅然决然地把退股股东的股份给买下来，心里对自己说：扛也要扛过这道难关。有道是吉人自有天相，刚好那时候，国家出台了一个鼓励给中小企业贷款担保的政策，有了贷款，仁和酒厂很快就运转起来。

市场经济就要按市场规律办事。怎么办？酒行业自然有酒行业独特的地方。和计划经济体制下的酒厂相比，改制后的仁和酒业要有自己的经营理念。

出好酒，卖好价。这是王晓伟的产品定位。

有人不理解，说：原来的菊花白也就卖到几块钱和十几元，一下子窜到上百元甚至几百元，是不是异想天开？

王晓伟不为所动，却也耐心解释。

菊花白和莲花白等宫廷养生酒的配方都是很严谨的，核心的配方和核心技术只有几位技师掌握。王晓伟形容，这就像厨师炒菜一样，同样的原料，

重阳节活动

不一样的厨师，菜就不一个味儿。

面对现实，王晓伟认为一定要把菊花白的品位做出来，这样才能有别于那些滥竽充数的御酒。从实际效果看，王晓伟的路子走对了。高质高价的菊花白，重新赢得小众群体的喜爱，因为品质，也因为其特有的文化内涵。

"其实菊花白和莲花白是姊妹酒，两者一佛一道，缺一不可。菊花白、莲花白的家就在北京，到了别处怎么出清廷御酒呢？"

目前，踌躇满志的王晓伟又在准备恢复莲花白的生产。王晓伟和他的团队现在也在和国家商标总局商量，打算注册仁和牌莲花白。他认为，莲花白的秘方和技术都掌握在北京仁和酒业的手里，不能浪费了。

坚守文化

近些年来，酒文化已经是一个几乎被用滥的词汇了。究竟什么是酒文化，王晓伟也不想夸夸其谈，他认定，一款有历史渊源的酒必须要有相应的品质，这样才有文化品味。

菊花白师法自然，让酒和自然结合。从视觉上看，普通的药酒和保健酒都是带颜色的，那是因为药和酒是脱离的，喝下去药味没了就是酒味。而菊花白的菊香、酒香、药香非常协调，酒和药相融合，入口感觉非常干净。

别以为这是给菊花白做广告，其实菊花白不用做广告。

菊花白需按季节生产，每年十月到来年三月，加上陈贮工序，生产周期在八个月左右。再加上菊花白用料讲究，所需原料都要细分到当时供奉皇宫的原产地，这就限制了产量。正因如此，仁和酒业的菊花白采用的是订制销售，市面上很少，也就犯不上满世界做广告。

"宫廷的做法就是高来高走，从来不会计较它的价格，要的是品质，要的是高端。"这是王晓伟的观点。

有人曾建议王晓伟不要过于阳春白雪，适当出些低档产品，他认为这样就失去了宫廷的意义。倒不是他看不起低端市场和低档酒的消费者，是市场调查告诉他，经常饮用烈性酒的人，并不习惯喝菊花白，或者说菊花白的酒精刺激性不能达到那部分消费者的满足要求。他觉得这就如同喜欢昆曲和喜欢喜剧小品的两类人，你不能认为小品市场火爆就把昆曲改成小品。要么做小品，要么就做昆曲，不能兼得。

陈储

看得出，王晓伟是要坚守一种文化。用他的话说，喝酒也是一种品味修养，只有站在文化层次上面才能享用菊花白。

事实上，王晓伟并没有把菊花白完全当作一种酒类产品，而是将其当作一种传统文化现象。他认为，随着国民对传统文化认识的逐渐提高，很多具有传统文化特色的文化现象都会在复苏中促进中国传统文化的复兴。他总是跟员工强调，"我们不单是在做一个企业，也是在做一个文化、做一个文化的传播"。他喜欢"仁和"，是因为喜欢中庸。

2015 年国际烈性酒大赛金奖

配制酒传统酿造技艺·菊花白酒传统酿造技艺被评为
国家级非物质文化遗产

文化都是相通的。当初柔道文化的熏陶使王晓伟对酒文化多了许多悟性。他很佩服仁和酒业现在的总工，那老爷子，对北京文化特有研究，喜欢古典文学，喜欢戏曲。六十多才开始学电脑，但电脑水平在厂里是最高的。他能把菊花白等秘方保留这么多年，完全出于一种修养和境界。当初很多人出高价买这个方子，他就是不为所动，认定只有仁和才能做出真正的菊花白。毕竟这是老祖宗留下来的好东西，不能给做滥了。

传承人指导工作

传承人参加交流会

北京仁和酒业的总工是性情中人，日后再表。且说，总工对王晓伟的影响很大，但他的心态也很不错。这又跟他的悟性有关。现在，王晓伟只把菊花白当作了一门手工技艺，不要求做多大，也不想铺开了去做。他认为，真的那么去做，菊花白就算完了。

天道酬勤，由国营酒厂改制成的民营股份制企业，北京仁和酒业的菊花白以配制酒传统酿造技艺，荣列第二批国家级非物质文化遗产名录。这是王晓伟带着原班人马迈出的一大步。

以后呢？

王晓伟说："踏实点，一步一步走！"

（北京仁和酒业有限责任公司）

百炼成钢方成金

——记王麻子剪刀传统锻制技艺国家级非物质文化遗产传承人史徐平

　　毛泽东主席 1956 年 3 月 4 日在《加快手工业的社会主义改造》一文中说:"王麻子、张小泉的刀剪一万年也不要搞掉,我们民族的好东西搞掉了的一定要来个恢复,而且恢复得更好一些。"同年 12 月 7 日毛泽东主席对民建、工商联负责人的重要谈话中进一步强调:"王麻子、东来顺、全聚德要永远保存下去。"

　　"王麻子"是闻名海内外的中华老字号。它的历史可以追溯到清朝顺治八年(1651)一个姓王的山西商人在北京菜市口开张的一家刀剪杂货铺。因王掌柜脸上有麻子,故同行人及顾客直呼其"王麻子"。他的杂货铺被称为"王麻子刀剪铺"。到了嘉庆二十一年(1816),王麻子的后人正式在店铺外挂出了"三代王麻子"招牌,并在刀剪上打上王麻子标记,使王麻子这一名牌在市场上的地位确立下来。民国期间,内忧外患,三代王麻子刀剪店挣扎度日,濒临倒闭。1956 年,北京 68 家刀剪作坊联合在一起,统一使用"王麻子"商标,统一生产、统一管理、统一销售,为王麻子的快速发展奠定了基础。1959 年,北京市人民政府命名成立北京王麻子剪刀厂,注册"王麻子"

商标。1964年北京市政府为了满足市场需求，扩大生产能力，在昌平沙河镇重新建厂，1965年北京王麻子剪刀厂迁至沙河，步入了规模化生产的轨道。1999年北京王麻子剪刀厂与其他企业投资成立了北京栎昌王麻子工贸有限公司，由公司统一经营"王麻子"刀剪产品。2006年，北京栎昌王麻子工贸有限公司基本完成对下属生产厂的调整，蓄势待发，加快发展。

在历经了365年风风雨雨后，今天北京栎昌王麻子工贸有限公司义不容辞地扛起了保护、传承和发展王麻子的责任。而这里要讲述的国家级"非遗"传承人史徐平，正是从王麻子走出的一位杰出代表，他用他那双出神入化的双手，以匠人的精神，续写了新时期传承王麻子剪刀传统锻制技艺的新故事。

结缘

史徐平生长在一个军人家庭，父亲是高级军官。1961年他在北京出生时，父亲正在徐州军官学院学习，为了纪念父亲在徐州而他和母亲在北平，所以起名叫徐平。

史徐平是地道的北京人，从小本是在通州长大的，后来因为父亲的部队换防去沙河飞机场，全家随军又到昌平沙河安家落户。

1978年高中毕业后史徐平本想去参军，可时隔不久，正赶上地处沙河的王麻子企业面向社会招工，也许是因为史徐平是家里四个孩子中唯一的男孩子，母亲不想让独子远离父母去当兵，还有可能是母亲从她女性的角度，对王麻子的刀剪情有独钟。母亲就对他说："王麻子剪刀多棒啊，咱家几辈人都用它做活儿，它有名气又好使，你还是进工厂学这门技术吧。"按着母亲的心意，史徐平打消了他本想入伍当海军的想法，去王麻子企业报名并最终被录取。1980 年他进厂当上了一名光荣的工人。这年他 19 岁。从此，他人生的轨迹与王麻子紧紧结合在了一起。

做人

史徐平从小就受到家庭的良好教育。从他进厂的第一天，母亲就对他说："干一行爱一行，要吃苦、尊重师傅。"有了母亲的话垫底，他一门心思好好学艺，再苦再累都不怕。

史徐平至今清楚地记得当时的情景，他初学的活儿是剪刀制作流程中最苦的环节——"盘活"。那时候是一个师傅带多个徒弟，但是师傅并不是先教技术。而是先教你如何做人。师傅的话他至今记忆犹新，师傅对他们说："师傅干活儿的工具不能乱动，师傅做的剪子没做完时也不能动。"还说："干活儿时要紧睁眼，说的是仔细看；慢张嘴，说的是看清楚了再问；平时要眼勤、腿勤、手勤、嘴勤。工作中有活儿抢着干，平时见着师傅和师兄弟时要打招呼。"每天干活儿中师傅要求很严，师傅的教导就是：你做剪刀时首先把自己视为用户，产品才能做好，做好的刀剪自己反复试试好使不好使，干活儿不能糊弄人！史徐平把师傅的话牢牢记住，每天提前上班，去了就先到车间打扫卫生、点着炉火，给师傅打好水，提前做好工作准备。下班也是打扫好现场收拾好卫生再回家。

进工厂之初，像史徐平这种在厂子里不沾亲、不沾故的外来人，只有被分配去干最苦的，谁都不爱干的各种杂活。杂活儿就像京剧里的跑龙套，不管哪个车间，哪儿忙、哪儿累、哪儿有杂活儿，哪儿就是他的工作，甚至是食堂需要人帮忙也让他去。但是不论在哪儿，史徐平都任劳任怨，他珍惜各种机会，在哪儿都把工作干好。

中午别人休息时，他却忙里偷闲，用废料和下脚零头料给大家做些钩针等小物件，甚至用零碎的物料还给自己的班组做了一个柜子。有时别人看不懂的图纸，他却能看明白。这一切令师傅刮目相看。

史徐平每天上班时间干的是杂活儿，下班后别人去看电影、逛公园、谈对象去了，他却抓紧时间学做剪子的技术。有时候他也觉得苦，也有过内心的斗争，比如一起进厂的徒弟，有的选择去了食堂，一来吃得好，二来环境相对干净，而且3个月就能出徒，工资涨得快。面对这些情况，史徐平能否再坚持呢？每当他内心犹豫动摇时，母亲和师傅的教导就回响在他耳边，他最终战胜了自己，执着地坚守在车间，坚持努力学好技术。

他对工作的敬业、对师傅的尊敬、对同伴们的友好，带他的师傅看在眼里记在心里。这位师傅就是厂里技术骨干第七代传承人张更勤，老师傅从1925年至1985退休历经了个体作坊、北京剪刀生产合作社、北京王麻子剪刀厂全部授业传承历史过程。张师傅炉上熟火锻打、炉下冷作各道工序技艺精湛，其在锻制技艺方面达到的精深造诣，是行内很多人难以望其项背的。

史徐平干活心灵手巧爱琢磨活儿，做人勤劳肯吃苦，张更勤师傅很看好他，决定选收作为剪刀制作技艺的徒弟。此时王麻子剪刀锻制技艺的传承，经历了家族传承、集体传承、师徒传承等多种形式后，按传承代数来计算，史徐平已属第八代传承人。

谱系

王麻子剪刀锻制技艺的传承脉络比较复杂。由于历史上集合在王麻子旗帜下的商店居多，手工作坊也有多个，因此王麻子锻造技艺也出现了师徒传承、家族传承、集体传承等多头多线多种形式。

以历史最长、出师最多的"天兴号"手工作坊为例，它的技艺传承基本上是以河北省人为主体，在亲戚和同乡的范围内进行的。其主要脉络是：郭恒瑶，又名怀尤（生卒年月不详），河北省冀县人，清同治十年（1871），在北京粉浆胡同设立剪刀作坊，取名"天和兴"，收内弟段春生（生卒年月不详）为徒。1916年，段春生当"天合兴"掌柜后，收河北省冀县滕振基（1908—1974）、杨福庆（1910—1975）、张福田（1900—1971）为徒。1933年，滕振基在北京哈德门大街开炉立业，次年迁至北京金鱼池大街，立号"天立"，收河北省南宫县张更勤（1925—2009）、河北省新河县张振强（1923—2007）为徒。1936年，"天立"与"天和兴"合并，立名"天兴"，杨福庆、张福田为炉头，张更勤为冷作师傅，到1956年成立生产合作社前，他们带出邢计山（1923—2011）、王子明、荀占奎、梁文斗等一大批徒弟。

从1956年成立北京刀剪生产合作社，到1959年建立北京王麻子剪刀厂，来自各手工作坊的师傅汇合在一起，技艺得到交流，传承出现了一人多师和一师多徒的情况。这期间炉上和炉下冷作师傅有：滕振基、杨福庆、张福田、张更勤、张振强、邢计山、朱生庆（1935—2016）、吴玉章（1931—2010）、陈金生（1933—）、李长春（1937—2014）、赵清连（1934—）、朱生云（1932—）等。学徒工人从107人发展到596人。

学艺

俗话说：自古世上三样苦行当，打铁、摇船、磨豆腐，而打铁又居首位，可见打铁这个老行当的活儿有多辛苦。打铁是个体力活，更是个技术活，史徐平认为，打铁似乎也包含了很多东西，第一是专业性，第二是需要毅力，第三是要积累经验。没有三五年的时间是学不出来的。

这些看似简单的铁器，工序却很复杂，一把剪刀或菜刀，从铁块开始，到成品出来，需要很多道工序。史徐平说："王麻子传统手工锻制技艺就共有26道工序，炉上从选料到平活有13道工序；炉下从开刀到盘活也有13道工序。"

王麻子人推崇粗工细作，一般行活砸一趟锤，他们要砸10趟锤；一般行活蘸火只是硬火烧红，他们则使用软蘸火的方法，煤铺得厚，火烧得匀，慢慢将剪片熏红，讲究水温适度。行活一天蘸100个，他们一天只能蘸20个，在充分发挥钢的性能上下真功夫。还有就是工具多样，仅仅制作刀剪时所用的主要工具就有十几种。

除了工序复杂，制作车间的活儿也很艰苦。根据传统技艺制作出的每一把剪刀，所需要的原料有熟铁、钢、铜、煤、油、"药"等。制作时每道工序都倾注了锻制人的心血。比如，打铁时火星四溅，手上就会烫伤起泡，脸上会汗如雨下。史徐平的手背上星星点点有些烫伤的疤痕，他的胳膊上有曾被铸铁溅伤落下的黑斑。至于工作服上烧溅上的斑斑点点，甚至是窟窿更是司空见惯。每天干完活儿，两只手又黑又油，要用皂角粉甚至用锯末掺上洗衣粉，才能把手洗干净。

　　像他这样长期干这行的人，不仅有小的烫伤，而且由于手长时期一个姿势敲锤，两只手不一样大，肩膀也是歪的。谈到学习及从事这门技艺时，他给出了简单的几个字："千锤百炼。"他深有感触地说："在这个行当学精这门手艺必须能吃苦，反复锤炼啊。"

技艺

　　王麻子剪刀传统锻制技艺特点有：

　　（1）厚重大气，质朴自然，造型富于北方文化特色。王麻子民用剪乌黑发亮，剪体横实，头长口顺，刃薄锋利，剪尖灵活，把宽受用，符合北方人心理需求，是北方刀剪产品的代表。

　　（2）结构独特，剪切有力，手感轻松。王麻子民用剪，除把宽头长之外，剪片咬合面设有槽口，增强了剪体的强度，减少摩擦阻力；剪轴粗，一端固定在剪片上，称为"死活轴"，支点稳固，结实有劲，剪切果断；剪轴垫圈呈拱形，富于弹性，保持剪刀咬合的灵活度，也便于调整咬合的松紧度；裁衣剪用铜轴，不长锈。为使剪刀咬合，剪片都有不易发现的扭曲度，行内称向外为闪，向内为裹，王麻子剪刀确保闪、裹适度，用起来吃活，剪口平直，一剪多用，切口整齐，不起毛、不挂丝。由于特殊结构，致使它用起来剪切明快，特别适合剪布料、剪羊毛、剪皮革、做鞋剪袼褙之用，受到人们喜爱，被称颂为"黑老虎"。

　　（3）好钢用在刀刃上，易制好修，好使耐用。传统王麻子剪刀剪体为熟铁，只在剪刀内侧贴有韭菜叶般一条钢。钢贴着铁，铁护着钢，外柔内刚，不崩不卷，刃口锋利。由于铁较柔软，便于制作，便于修理，好戗好磨，耐用好使。

（4）精湛的传统锻打复合技术。这项技术贯穿于炉上活全过程。锻打的目的不仅在于成形，更重要的是使钢铁黏合牢固，均匀平整，内无夹灰和断裂。熔化钢铁的炉火温度要恰到好处，全凭炉上工观察钢铁颜色变化，捕捉锻打时机。

（5）独一无二的蘸火技术。传统王麻子蘸火，在剪片上抹"药"。经过抹"药"蘸火处理，剪刀钢线分明，硬度高，剪体发亮。现今，这门技艺历经王麻子传承人代代相传，时代又赋予它更具鲜活持久的生命力。

出徒

天道酬勤。在张更勤师傅口传心授下，史徐平经过自身的不懈努力，很快地掌握了各种刀剪的制作加工技术，并提前10个月出徒了。

在手工作坊时期，徒弟出师立业有个行规，就是要由师傅为徒弟垒灶，第一次开炉由师傅主持以示告知。如果没有遵守规矩徒弟另立炉灶，日后就得不到社会的认可，产品也无人收购。王麻子的这种传统做法，让我们深深感到，历代王麻子传承人，都秉承执事有恪的敬业精神，授业育人的严肃态度和对工艺技术传承的严谨态度。

王麻子剪刀传统锻制技艺，是先人经验的积淀，是历代传承人智慧的结晶，印在了一代一代老师傅的脑海里，体现在各项制作过程中。史徐平自己学这门手艺也都来自于张更勤师傅的示范、启发和教导。如圈股、平四股、勾刃、调口等绝活是师傅口授心传，在衣钵承传的同时，也各有创新。特别是师傅那些绝活儿，只能在实践中心领神会、总结体验才能掌握。

工匠精神

常言说：三百六十行，行行出状元。史徐平和王麻子几代人，用一生时间千锤百炼打磨刀剪，他们精湛的技艺、对产品精雕细琢、追求完美的精神理念，已经升华为王麻子的工匠精神。

王麻子精益求精，注重细节，追求完美和极致，不惜花费时间精力，孜孜不倦。其工艺严谨，一丝不苟。王麻子剪刀传统锻制技艺每道工序都有绝活。如选钢靠经验；熟火凭眼力；正如老师傅所说："等到炉中钢铁一冒汗，拿出来锻打正合适。"锻打的过程也是排除杂质的过程，除通过磕、甩动作排出一小部分杂质外，要赶出其余大部分杂质，全凭下锤技法。传统锻打，使钢铁性能得到充分发挥，增加产品的强度，提高了钢铁的韧性。锻打要技法；蘸火，根据钢的性能，控制水温和入水的深度、次数、时间；圈剪股凭感觉。正是有了这些绝技，才提高了产品质量，促成了传统王麻子产品尽善尽美。

王麻子剪刀视质量为生命，不断向标准化迈进。为了保证质量，他们制定"五要"、"五不行"标准。"五要"是：（1）刃要宽而薄；（2）底口要宽而平；（3）蘸火要均匀；（4）轴粗帽大要结实；（5）闪、裹要适度。"五不行"是：（1）阴钢不行（钢没在刀刃上）；（2）裂伤不行；（3）重皮不行（黏合不好）；（4）断刃不行；（5）剪刃出现碎弯不行。

工作中他们将纷杂的制造过程条理化、简约化、标准化，便于掌握，便于操作，便于检查。正是这套严格的制作标准，还有老一辈师傅在做活儿时，首先要把自己当成用户，对待产品质量绝不能糊弄的教诲，深深铭刻在史徐平和其他王麻子人的心中，使得他们成为名副其实的工匠。

传承

近些年，史徐平一直潜心钻研剪刀制作技艺，收集企业文化材料，不断研发新产品；还去大学讲授企业的"非遗"知识等。现在除了责任意识，他身上还多了一份忧患意识。他认为王麻子技艺是历代工匠们的心血积淀，是民族的瑰宝和骄傲。如不抢救，如不传承，这个行当宝贵的东西，恐怕就人走技失了。

从1983年史徐平开始带徒弟，但是眼下的局面是"打铁实在太苦，现在没有年轻人愿意干这行了"。为此，史徐平在培养传承人上，有了创新的举措，他首先培养徒弟对干这行的兴趣，因为唯有热爱才能学好干好。他从技艺最后的环节启发徒弟，让徒弟们回家从各种渠道找回来旧的剪刀，然后让徒弟打磨或是修理，当一件件商品重新恢复了价值，徒弟们看到了如新的产品后欣喜有加。史徐平就是要让徒弟们先爱上这行再学艺。目前他从十几位徒弟中，已经选择了两名，打算收为第九代传承人重点培养传承技艺。

抢救

史徐平作为国家级王麻子剪刀传统锻制技艺的传承人，对于奋力抢救这门技艺，他责无旁贷。他认为，王麻子人用辛勤的汗水和超人的智慧锻造出了王麻子这块发光的金字招牌，犹如一颗璀璨的明星闪耀在历史的天空，它成为中国刀剪业和刀剪文化的象征。

现在，王麻子剪刀传统锻制技艺已被确定为国家级非物质文化遗产。王麻子走过的崎岖坎坷而又无限辉煌的创业之路，集中代表和体现了中国民族工商业的坎坷、顽强、辉煌的发展历程，它深厚的文化积淀是中华民族弥足珍贵的文化遗产。为此，他们也制定了各项保护措施及抢救方案。

第一，趁老师傅健在，立即着手王麻子传统锻造技艺挖掘与整理工作，理清传统王麻子技术项目，录制锻制技艺音像资料，将粗略的记述变为翔实的文字记载。珍惜老师傅对王麻子的真挚情感，为他们传承王麻子剪刀锻制技艺提供方便，从生活上照顾好老师傅。

第二，在旅游线上建立铺面。以前店后厂的格局，前店陈列销售，后厂加工制作，向游人展示王麻子传统锻制技艺和手工锻制产品，在说明书上写明锻制人姓名，介绍技艺水平和王麻子剪刀特点及文化风格，宣传王麻子的历史和典故，弘扬民族品牌。

第三，建立王麻子研究中心。搜集整理王麻子史料，编辑王麻子志书；利用学术讨论和宣传媒体等多种形式宣传王麻子，唤起社会各界对王麻子的再认识；挖掘王麻子工艺技术和文化内涵，研究新工艺，促进传统技艺的传承和发展；调查社会需求，找准市场位置，确定生产方向，研发新产品。将传承与宣传结合起来，与生产结合起来，与研发新产品结合起来。

第四，继承和发扬王麻子理念，以细分后的目标市场需求为出发点和归宿点，抢救王麻子传统工艺，挖掘王麻子深厚的文化内涵，创新工艺技术，开发适应市场需求、科技含量高、性能超群、富于文化品位的系列产品，生产、管理、运营走向标准化、信息化、国际化，将企业做大做强。

第五，在厂里，史徐平与领导班子一起建立了拜师制度，确立了传承基地。把天津市蓟县等传统王麻子剪刀手工作业加工点作为传承基地，制定选拔师傅和徒弟的基本条件。招收新徒工，传授锻造技艺，签订传承合同。提高传承人待遇，使他们的劳动报酬适当高于同等技师和一般工人水平。使王麻子剪刀传统锻造技艺薪火相接、代代相传。

在谈到王麻子剪刀传统锻制技艺传承和创新时，史徐平说，首先是要采取保护措施。一是采取措施加强对传统技艺的保护。二是采取措施强化对传统技艺的社会文化价值的保护。三是采取措施加强对民族工业发展的保护。

现今在王麻子文化馆内，仍然保存着的王麻子档案和历代生产的样品，无疑是十分珍贵的。王麻子植根于中华大地，受民族文化的滋养，体内流淌着民族文化的血液，保护和研究王麻子是永不终结的课题。

无悔

选择这行干了一辈子，有人说过他屈才，但他用一句"无怨无悔"表达了他的决心。他心里回响着的还是母亲那句话，"干一行爱一行"。从这里，人们看到了这位硬汉不忘初心，咬定青山不放松的革命精神，他是母亲生命的延续，母亲的话潜移默化在他的骨子里和血液里，使他在人生的道路上，放弃了很多诱惑，甚至是去法院当公务员的机会。有志者事竟成，他选择了这一行并且通过执着的努力取得了成功。也许没有轰轰烈烈，但是能够把一项技艺做到极致完美，何尝不是另一种非凡的成功！

史徐平

面对荣誉和赞美，史徐平显得谦虚而平静："我没那么好，师傅和其他徒弟，都做得非常好，但是他们其中的很多人都是默默奉献了一辈子，没得到很多荣誉和待遇。"他一再说，师傅对他恩重如山，师傅把传世绝活制作绒花剪刀的技艺，毫不保留地教会给他。王麻子的国家"非遗"技艺是师傅一代一代传给后人和他的。他从进厂时什么都不会干、不懂事的孩子，到学会了做人，学会了手艺和绝活，并且干得很好，离不开师傅的引领和培养。他说自己不能半途而废，不能辜负师傅的培养和恩惠，当然更不能忘记党和国家领导人对王麻子的殷切希望。

史徐平目睹了王麻子的辉煌、低谷到重新振作、自强不息的过程。他感到任重道远，在王麻子还有许多事情要做，他觉得在这里最能体现他的人生价值。

走过的是岁月，留下的是故事。一路走来，远古的思绪难于追寻，但昨天的记忆十分清晰，史徐平在王麻子遇见了恩师张更勤；还结交了朝夕相处的好伙伴市级传承人杨海滨；在厂里他还收获了自己的爱情。王麻子给予他

王麻子剪刀传统锻制技艺国家级"非遗"传承人史徐平在传授盘活技艺

国家级"非遗"传承人史徐平（右一），市级"非遗"传承人杨海滨（左一）

的太多太多，这一切铭记一生的岁月剪影，足以使他想起在开炉凿锤，火花飞溅时，怀揣五彩梦想的誓言。他哽咽地说："我割舍不下王麻子。"史徐平是有故事的，点点滴滴都是真实的感悟。

"剪裁奇妙随心动，斩切艰难任意行。"这是现任企业总经理张天怀的诗句。我们衷心祝愿王麻子日新月异不断发展，在新的形势下铸就更加绚烂多彩的新篇章。

（口述：王麻子剪刀传统锻制技艺国家级"非遗"传承人史徐平

撰稿：北京老字号协会张青）

昌明教育　开启民智

——120 年文化引领和传承中的商务印书馆

商务印书馆 1897 年创办于上海，1954 年迁址北京，是中国第一家现代出版企业，也是中国唯一一家跨越三个世纪的出版社。她的创立标志着中国现代出版业的开端。120 年来，商务印书馆以"昌明教育，开启民智"为己任，竭力继承中华文化，积极传播海外新知，曾创造了"亚洲第一，世界前三"的辉煌历史，与北京大学一起被誉为中国近现代文化史上的双子星座，创造了中国现代文化史上的奇迹。

作为中国近现代出版事业的引路者，商务印书馆经历了近代中国社会变革的各个历史时期，参与和见证了中国革命历程和现代化进程，一脉传承至今，不断续写辉煌。经过 120 年的发展，商务印书馆积累了深厚的文化传统，自觉肩负起传播知识、担当文化的使命，以优异的图书产品质量获

昌明教育　开启民智

得"工具书王国"和"学术出版重镇"的社会美誉，成为当今中国民族出版的品牌标杆，为我国社会主义精神文明建设做出了重要贡献。

雨后的商务印书馆

一个多世纪以来，中国社会经历了翻天覆地的巨大变革，而商务印书馆也同中国民众一道，经受种种磨难，经历世态变迁，为赢得繁荣富强的新中国而砥砺奋斗。无论身处顺境还是逆境，商务印书馆和商务人始终抱定这样一种信念，它同时也是商务印书馆所承载的文化担当：商务印书馆为中华民族和中国文化的崛起和发展而存在。正是这样的"商务精神"，让商务印书馆在家国危难时，在文化沉寂时，在伟大复兴时，都展现出开拓者和领路人的视野和胸襟，成为时代变迁和文化进步的引领者、参与者、见证者。120年间商务印书馆凝聚并塑造了一批批文化英才，可谓群贤毕至，群英荟萃，他们不仅铸就了商务印书馆文化渊薮的美名，而且将他们身上所具有的社会责任感和使命感，凝结成一脉相承的文化基因，传承到每一代商务人的思想和行动中。这种传承，内含了民族觉醒的奋斗和呐喊，展现了民族振兴的志向和抱负，更昭示了民族强盛的决心和动力。

中国现代出版从这里开始

19、20世纪之交，甲午战败后的中国内忧外患，满目疮痍。人民处于水

商务印书馆在上海创业初期

深火热、饥寒交迫的境地，文盲遍野。满怀爱国救国之志的年轻排字工人夏瑞芳，联合与他同样掌握英文和印刷技术的同窗好友鲍咸恩、鲍咸昌兄弟与高凤池等人，集资 3750 元大洋在上海江西路德昌里创办了商务印书馆。这是中国第一家民族出版企业，她的创办标志着中国现代出版业的发端。初创之时的商务印书馆是家族企业，规模很小，但在很短时间内，被推举为总经理的夏瑞芳就以他高远的理想和广阔的视野，对商务印书馆进行增资扩股和重组，并亲赴国外购买新式机器，学习最新印刷技术，很快就将商务印书馆经营成为具有出版、印刷能力的现代企业，奠定了中国现代民族印刷业的基础。

1901 年，夏瑞芳力邀翰林出身的张元济加入商务印书馆，"吾辈当以扶助教育为己任"的共同理想，让两人将商务印书馆作为实现远大抱负和文化理想的阵地。当时的中国虽然是有着几千年历史的文明古国，但是对于普通百姓来说，学习文化只是少数人才可以享受的特权，普通民众识字的人极少，穷苦家的孩子根本没有机会接受教育，更无从谈起文化。夏瑞芳通过自身的经历和对社会局势的审视和思考认识到，教育和文化对于当时的国家和民族是多么重要。张元济从维新变法的失败中深刻意识到，要强国富民就要教育救国，构筑国人的思想文化根基。他在致盛宣怀的信中说："中国号称四万万人，其受教育者不过四十万人，是才得千分之一耳。且此四十万人者，亦不过能背诵四书五经，能写几句八股八韵而已，于今世界所应知之

事，茫然无所知也。"夏瑞芳和张元济都认识到，出版可以通过传播知识和
文化达到教育国民、救亡图存的目的，于是将"昌明教育，开启民智"确
立为商务印书馆的使命。自此，在这样高远的文化理念影响下，商务印书
馆迅速发展成为具有总管理处、编译所、印刷所、发行所和研究所等"一
处四所"的现代化出版企业。她自觉肩负起推动民族教育和振兴民族文化
的双重责任，以现代学术和现代思想的方法，从教育和人的现代化入手，
将中华民族拉入人类现代文明的主航道。无论是出版工作还是文化和教育
活动，商务印书馆始终遵循这一使命，绵延 120 年传承至今，创新不辍，
屡开先河，创造了中国现代出版、教育、学术和文化史上的诸多"第一"，
不断推进中国现代化的发展进程，书写了中国现代出版文化史上的一段段

20 世纪 30 年代商务印书馆上海总公司全景

传奇。

商务印书馆对中国现代化发展的第一个贡献就是以"扶助教育为己任",创建了现代教育普及的思想和制度,从而开启了全民文化启蒙的新体系。1898年,商务印书馆出版了第一本英文教材《华英初阶》,为当时处在东西文化交融中的知识阶层开启了通向世界的大门;1912年出版《新字典》,1915年出版《辞源》,出版以自主发明的四角号码检字法为基础的《四角号码字典》,还包括《植物学大辞典》《动物学大辞典》《中国人名大辞典》《中国医学大辞典》《中国古今地名大辞典》等各种专业辞典,都可谓中国辞书出版史上的首创之功。商务印书馆编辑出版的各类新式工具书,成为实践现代教育理念和制度的强大工具。1904年,商务印书馆编写出版了中国第一部教材《最新教科书》,这套书科目齐全,并且附有教学方法介绍,在学校初兴之际、白话文教科书面世之前,盛行十余年,行销数百万册。随后商务印书馆又续编了中学、师范和大专院校教材,其中《大学丛书》是我国自行编写的第一套大学教材。这些新式大中小学教材,参照了西方新式的教育方式,以塑造现代人格和推动全民族进步为目标,构建起中国现代教科书乃至现代教育体系。商务印书馆还开办了幼儿园、小学、中学、商业补习学校、贫民夜校以及函授学社等,使得普通民众也能拥有接受教育、获得文化启蒙的机会。可以说,商务印书馆为中华民族的文化启蒙和现代转型贡献了重要的力量。

整理国故,译介西学是早期商务印书馆的又一项开拓性工作。商务印书馆整理出版的《百衲本二十四史》《四部丛刊》《丛书集成》《四库全书珍本》等,均为古籍整理的显著成果;编辑出版的国内第一部原创学术著作《马氏文通》、大型综合性丛书《万有文库》等一大批图书,则为普及学术、传播新知的佳作，为中华文化的传承和发展提供了丰厚的基础和源泉。在译介西学，引进世界先进的现代化思想成果方面，商务印书馆更是顺应时代之潮流，首开先河。以翻译出版《天演论》《原富》《法意》等外国先进的思想学术名著，以及《鲁滨逊漂流记》《茶花女遗事》《伊索寓言》等一大批文学名著为始，商务印书馆将西方最新的科学成就和思想理论介绍到中国，使中国知识界大开眼界，并为此后一个多世纪不断垒筑"汉译世界学术名著丛书"奠定了基础，同时为中国现代化进程准备了充分的思想动力，极大地促进了中国的思想解放和民族复兴，被誉为"没有围墙的大学"与"中国现代学术文化的摇篮"。

商务印书馆还创办了《东方杂志》《教育杂志》《小说月报》《妇女杂志》《儿童世界》等第一批现代意义上的期刊，涉及自然科学和人文社会科学等众多领域，连同此后创刊出版的一百余种杂志成为商务印书馆出版史上的重要篇章。商务印书馆创立了中国第一家电影制片厂，以拍摄教育片、时事片、戏曲片和风光片为主，"表彰吾国文化"，"冀为通俗教育之助"，不仅开创了中国现代电影事业，而且为民族教育塑造了现代化的艺术方式。商务印书馆还以一家企业的一己之力创办了东方图书馆，其前身是创立于1904年的涵芬楼资料馆，1926年涵芬楼正式更名为"东方图书馆"，并对公众开放，藏书量超过51.8万册，以其收藏之富、藏品之精，享誉全亚洲，被誉为"东亚闻名文化宝库"和"亚洲第一图书馆"。在印刷设备、工艺水平和制作技术等方面，商务印书馆也保持着诸多"第一"。第一个聘请外国技术专家；第一个使用纸型印书；第一个使用珂罗版印刷；第一个使用自动铸字机；第一个采用胶版彩印；第一个制作教育幻灯片；拍摄了我国第一部动画广告片；发明生产了我国第一部汉字打印机并荣获万国博览会大奖。

东方图书馆

坚守着"昌明教育，开启民智"的使命，20世纪20年代的商务印书馆经营规模和业绩不仅傲视亚洲，而且跻身世界前三甲之列，被誉为中国文化的制高点。这一时期，一批批当时中国各界的文化精英和有识之士纷至沓来，在商务印书馆这个舞台上施展才华、实现理想抱负。同时商务印书馆也为中国培养和造就了一代又一代文化新人，形成了满腔热忱为国为民的文化人集体。这些都奠定了商务印书馆在中国现代文化史上无可匹敌的地位。

1932年日军进犯淞沪，商务印书馆作为中国文化教育的大本营，被日本军国主义分子列为重点轰炸目标，东方图书馆更是遭到纵火焚毁。当时日本海军陆战队司令盐泽幸一叫嚣道："烧毁闸北几条街，一年半年就可恢复。只有把商务印书馆、东方图书馆这个中国最重要的文化机关焚毁了，它则永远不能恢复。"可见商务印书馆对于中国文化的象征意义和重要价值。炮火中，除移藏在银行保险库中574种约5000余册善本精品得以幸免外，其余包括大量善本在内的约46.3万余册图书均化为灰烬。纸灰纷纷扬扬飘洒于空中，数日不绝。沉重的打击并未使商务人屈服，灾难更激发了商务人的文化报国之志，他们提出"为国难而牺牲，为文化而奋斗"的口号，开始着手出版物和东方图书馆的恢复工作，很快达到"日出一书"，在全国的市场占有率仍然独占鳌头，到了1937年"八·一三"事变前，东方图书馆又集有图

为国难而牺牲　为文化而奋斗

书近 40 万册。战争可以摧毁厂房和设备，却摧毁不了商务人不屈不挠的精神，摧毁不了其坚毅的文化追求和志向。商务印书馆在 1937 年至 1946 年九年间，依然以出版图书服务社会为宗旨，共出版"抗战小丛书""战时常识丛书""战时经济丛书"和《战时手册》等战时读物，以及张元济的《中华民族的人格》、陈寅恪的《隋唐制度渊源略论稿》、钱穆的《国史大纲》、金岳霖的《论道》、王力的《中国文法学初探》、《辞源》正续编合订本、《马可波罗行纪》、但丁的《神曲·地狱》、罗曼·罗兰的《约翰·克里斯朵夫》等书籍共 2827 种，续出大丛书 9 部 3266 种，教科书 100 多种。商务人在颠沛流离中却更加明确了自己的文化坚守。

可以说，无论是编纂新式教科书工具书，还是整理出版中国传统古籍；无论是译介西方现代化思想的学术著作，还是创办杂志、开办学校，在文化教育领域做实业；无论是雄踞"亚洲第一，世界前三"之高地，还是饱受战火的摧残和洗礼，商务印书馆始终在以张元济、夏瑞芳等为代表的领导人群体带领下，百折不挠地坚守着"昌明教育，开启民智"之创立初心，怀着开拓者的热情、建设者的情怀和文化人的信念，把握时代需求，为开创中国民族出版的新纪元，提高全民族的文化水平，促进教育事业发展不懈努力，为中国竖立起一座造福子孙后代的文化大厦，同时也将其坚韧的文化精神代代相传。

民族出版的品牌标杆

新中国成立后，商务印书馆在党和国家领导人的亲切关怀和大力支持下，迁至北京，主要承担翻译出版外国哲学社会科学著作和编纂出版中外语文辞书的出版任务，成为新中国文化的建设者。到改革开放后数十年间，商务印书馆再创辉煌，也成为一个时代的文化标志。历数这段时期的各位商务当家人，袁翰青、陈翰伯、陈原、林尔蔚、杨德炎、王涛等，无不乐于学术、勤于思考、勇于变革，他们身上继承了前辈传承下来的强烈的社会责任感和希望民族振兴的伟大抱负，为传承"昌明教育，开启民智"的使命，审时度势，孜孜奉献，他们是这一历史时期为新中国文化建设辛勤耕耘的众多商务人的代表。正是在这几辈商务人的开拓下，商务印书馆为中国文化发展提供了丰厚的思想营养，同时对中国现代化进程和社会主义精神文明建设提供了强大的精神动力。

百废待兴的新中国，文化建设和复兴至关重要。当时的中国人民刚刚摆脱压迫和苦难，有一半多人口都是文盲，这成为新中国发展路上的拦路虎，扫盲工作是新中国亟须解决的难题。商务印书馆作为近代中国文化的建设和传承者，义无反顾地承担起扫盲工作的社会义务和责任。1957年出版《新华字典》新1版、1978年出版《现代汉语词典》第1版，商务印书馆为扫除文盲和促进汉字改革、推广普通话和实现汉语规范化做出了不懈的努力。《新华字典》是新中国成立后出版的第一部以白话文释义、白话文举例的字典，也是迄今最有影响和权威的小型汉语字典，60 余年印行 5.67 亿册，成为全世界发行量最大的工具书。这部倾举国之力修成的大国经典，承载了深厚的大国文化，伴随几代国人成长，影响亿万中国民众。由周恩来总理亲自签署政府令交由商务印书馆出版的《现代汉语词典》，是中国第一部规范型词典，至今已出版至第 7 版，发行量超过 5000 万册，是中国国民教育的权威工具书。两部工具书的编写、出版和多次修订再版，以及"新华"系列的其他汉语工具书的出版使得越来越多的普通民众掌握了语言文字工具，从而获得了思考的权利和参与社会的能力，对普及文化知识，昌明新中国国民教育，促进中国文化教育事业的发展，甚至推动中国建立完善的社会文明秩序，都有着极为深远的影响，是"一项伟大的文化成就"。

各版本《新华字典》合影

各版本《现代汉语词典》合影

引进西学的集大成者莫过于商务印书馆出版的"汉译世界学术名著丛书"。这套诞生于20世纪80年代的丛书，最初却可以追溯到商务印书馆创立初期引进、移译的各类西学名著。那时，西方新的思想理论和科技成就使中国知识界大开眼界，冲击、改变了中国人几千年来的思维方法，渴求进步的中国人迫切要求了解西方学术思想。商务印书馆顺应时代潮流，肩负启蒙重任，积极推动各类西学名著的移译、出版。1982年，经过近百年坚持不懈的努力，系统介绍西方哲学、教育学、社会科学、自然科学、文学等现代学科体系和成就的一系列学术经典名著终于集结成一部举世瞩目的大型学术经典丛书——"汉译世界学术名著丛书"，引领时代思想，奠基中国学术，为当时的中国开启了一扇扇关闭许久的、通向世界和了解人类所达精神境界的窗口。"汉译世界学术名著丛书"这一浩大工程从规划到实施出版，经过了文化荒漠的时代，其间受到了多次严重干扰，但是商务人却通过"消毒"、"供批判用"的"灰皮书"等形式顽强地译介出版，使得这项伟大的学术出版工作得以延续至今，并保证了其体系的完整性和系统性。也正因如此，"汉译名著"成为中国人学习世界先进文明的首选读物，成为推动中国现代化进程的重要思想工具。如今，得到重新论证的"汉译世界学术名著丛书"2000 种出版规划仍然在落实中，这套被胡乔木等人评价为"引领时代，激动潮流，奠基学术，担当文化"的展现人类迄今为止达到的最

汉译世界学术名著丛书

高思想境界和文明成果的丛书，一脉相传了一百余年，它的顽强的积累和传承正是商务人一以贯之的对中华民族文化提升、社会进步和民族复兴的担当精神和责任意识最集中的体现。

改革开放后，除了"汉译世界学术名著丛书"集结出版外，《辞源》第二版、《古汉语常用字字典》、《新华词典》、《汉英词典》、《牛津现代高级英汉双解词典》、《俄汉便携大辞典》、《中华人民共和国地名词典》、"世界名人传记丛书"、"商务印书馆文库"、"日本丛书"、"美国丛书"、"莎士比亚注释丛书"、"中国自然地理知识丛书"、"中国文化史丛书"、"中国文化史知识丛书"等相继出版，《英语世界》创刊，构筑起商务印书馆出版文化的新版图。

商务印书馆在党和政府的领导和关心下，在历代商务人的不懈努力下，始终秉承"昌明教育，开启民智"之使命，着眼时代发展进步，为每个时代的文化建设和复兴做出自己应有的努力。商务印书馆的 5 万余种出版物中有许多屡获"中国图书奖"、"国家图书奖"、"国家辞书奖"、"五个一工程奖""国际白金星质量大奖"等多项国家级和国际级大奖，首届中国出版政府奖"全国优秀出版社"、"全国百佳出版社"、"全国新闻出版系统先进集体

称号"、"中华老字号"等奖项和荣誉称号纷至沓来。商务印书馆以其高品质、高学术价值的品牌出版物，以其百余年传承至今的文化担当，赢得了社会各界和国际社会的广泛认可，被誉为"工具书王国""学术出版重镇"，成为中国民族出版的品牌标杆。

担当文化，激动潮流

进入新世纪，站在全球经济信息化发展、中国文化大发展大繁荣和出版社全面市场化的新时代面前，时代发展变革的洪流给当代商务人提出了一个个崭新的课题。如何用出版回应时代潮流和时代需求？当代商务人在新一代领导集体的带领下，给出了精彩的答案。新时期，商务印书馆坚守传承了120年始终不渝的"昌明教育，开启民智"思想，强化了文化就是生产力的企业文化新理念，明确了"服务教育，引领学术，担当文化，激动潮流"的企业宗旨，提出了"品质、责任、创新、合作"的核心价值观，以及"在商言商，文化当先；创意无疆，品牌至上"的核心经营理念。在继承传统出版优势和特色的同时，不断顺应国家之需、民族之需和时代之需，努力承担起满足人民精神文化需求的历史重任，以内容创新为

2016年《新华字典》获得两项吉尼斯世界纪录

核心，用思想和文化担当起时代赋予出版人的使命和责任，创造着中国文化出版业历史上新的奇迹与辉煌。

根据社会不断增长的文化需求，商务印书馆以内容创新为驱动，出版了一系列反映民族智慧、弘扬民族文化、实现文化传承和发展的填补空白之作。接续出版的《新华字典》（第11版）、《现代汉语词典》（第6版、第7版）、《辞源》（第3版），拓展出版的"汉译世界学术名著丛书"700种，既继承了百年来商务印书馆缔造的出版品牌，又在反映时代特色和时代精神方面屡创新绩。创新出版的彰显中国现当代学术成果的"中华现代学术名著丛书"（200种）、"中华当代学术著作辑要"，填补国内设计学术空白的《中国设计全集》（20卷）、《中国当代设计全集》（20卷），唤醒国民文化自觉意识、开启新文化时代思想启蒙的"国际文化版图研究文库"，展示自然博物之精妙的"自然博物系列丛书"等，均为体现大时代发展趋势，充分反映时代精神的传世作品。出版的具有重大文化传承价值的《钱锺书手稿集》（72卷）、文津阁本《四库全书》原大复制工程，《全球华语词典》《全球华语大辞典》《普什图语汉语词典》和《当代外国文学纪事》（10卷）等，在品牌创新和学术创新方面一直处于行业领先地位。这些以内容创新为宗旨的优秀出版物，不断引领和提升着中国学术界、出版界的眼光和品位，产生了广泛的影响，充分展示出商务印书馆弘扬文化、创新文化的自觉

中华现代学术名著丛书

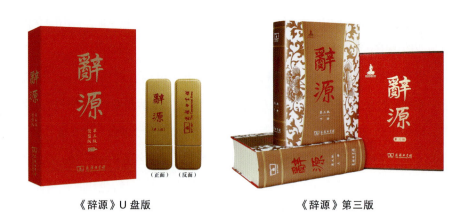

《辞源》U 盘版   《辞源》第三版

担当意识。

　　面对新时期充满挑战的出版环境和产业形势，商务印书馆深切把握和引领时代发展的先进潮流，开发了百种精品工具书数据库、《东方杂志》全文检索数据库等行业领先的数据库产品，并率先实施了以纸电同步为标志的全媒体出版战略，即在推出纸质书的同时开发 APP 应用和电子书等形式的数字产品，积极实施电子书与纸质书（EP）同步出版。面对全球数字化信息化发展日新月异的未来，商务印书馆计划在全面实现 EP 同步的基础上，全力打造全媒体融合出版数字化平台，由全媒体出版逐步转向平台建设，从以内容为主、主要提供内容资源的传统出版者，向着以内容为核心，互联网、大数据、媒体融合等为手段的知识服务者的角色转变，实现出版在新的数字化时代的优势转化。可以说，一百多年前的商务印书馆是社会发展、时代进步的推动者，一百多年后，在当今瞬息万变的数字化时代，商务印书馆依然传承使命，扮演着引领者和推动者的角色，在媒体融合发展方面走在了时代前列，率先为出版产业转型升级开辟出新的道路。

纸电同步战略合作暨汉译世界学术名著 Kindle 版上线仪式

在新的历史时期，商务印书馆不仅着眼于行业发展本身，更在创新、多元的文化领域发出自己的声音。大力发扬品牌的公益传统，推动全民阅读，通过开展捐赠、援建、《新华字典》文化民生工程等公益行动，积极组织、参与众多具有广泛影响力的社会公益活动；实施"跨媒体、跨地区、跨行业、跨所有制、跨国"的"五跨"发展战略，19 家子公司陆续成立乃至逐步发展完善，使商务品牌不断得以巩固，品牌影响力日益提升；实施编印发一体化管理、版权一体化经营、财务一体化管理，大刀阔斧推行"科学化、精细化、标准化"的经营管理战略，带动了经营管理的全面科学化，

公益活动

《新华字典》《现代汉语词典》汉英版签约仪式

使百年企业焕发出更加现代的气息和活力；放眼全球，积极开展对外交流与合作，与牛津大学出版社、荷兰威科出版集团、德国施普林格出版社、德国德古意特出版社、英国卢德里奇出版社等多家国际知名的出版机构建立战略合作及其伙伴关系，强化双向出版合作为中国学术和文化走出国门、享誉世界开创了崭新的局面；文化创意产品的设计和开发，通过其所承载的文化内涵，满足读者新的文化需求。商务印书馆主动承担起新时期"文化启蒙"的社会责任，唤醒和推动了社会公众的文化自觉、自省和自信，也为夯实"文化强国"和"文化大发展大繁荣"战略根基做出自己的努力。

有责任有担当的传承人集体

纵观商务印书馆 120 年的发展史，不难发现，这个经历了两个甲子风云变幻却依然屹立于世界民族之林的出版文化机构，在今天看来依然那么年轻、那么充满活力，支撑她不断发展前行的是精神，是文化，是为整个民族发展复兴而努力的伟大使命。正是这样一种使命，将120年间每一代商务人紧紧连接在一起，形成了一个为了共同的文化理想而不断奋斗的商务人集体，他们传承商务文化，一辈人接着一辈人的事业，不断谱写着担当文化、激动潮流的时代凯歌。

商务文化是使命文化，不管在何种环境下都坚持自己独特的文化风骨。无论是夏瑞芳等人创业时所心系的家国情怀，还是张元济主持工作时所秉持的民族大义；无论是"以昌明文化以济世"，用文化拯救平民大众，全力推进中国走上现代化发展轨道的宏愿，还是在国难当头之际提出"为国难而牺牲，为文化而奋斗"的口号，以激励国人，重树中国出版大旗；无论是在特殊文化政治时期重启和坚持移译西学的事业，打造哺育滋养几代学人的"汉译名著"和众多品牌图书，还是在新的历史发展时期，提出"服务教育，引领学术，担当文化，激动潮流"的大文化战略，努力承担起体现中国特色的现代化国家发展成果，记录新时代前进脚步的责任……商务印书馆始终在"昌明教育，开启民智"的使命指引下，用文化不断刷新着企业生命的长度和高度，以矢志不渝的生命基因，担当起文化救国、文化兴国、文化强国的社会责任。

商务文化也是创新文化，始终顺应时代潮流，变革创新，引领时代发展的步伐。从一百多年前的一家民间机构，成长为20世纪最壮大的文化机构，再到如今中国出版业的领军企业，商务印书馆紧紧把握住时代发展的大方向，求新求变，成就了中国现代企业的百年典范。在创立早期，夏瑞芳就积极革新印刷技术，不仅根据市场需求勇于竞争，而且着眼于整个国家和民族利益，不断开发出适应新形势的产品，引领当时的社会风潮。张元济时期、王云五时期的商务印书馆制定有完善的公司章程、科学的产权制度和法人治理结构、多元化的经营模式、先进的财务管理制度、强大的销售发行网络、规范的版权管理等，在经营和管理方面走在了时代的前列，成为中国现代化过程中企业现代化的楷模。陈翰伯、陈原时期的商务印书馆虽然经历了那个时期特有的各方压力和干扰，但是商务印书馆始终没有放弃对于文化的坚守，不仅使"大洋古"的西学名著得以不间断地出版，而且顺应时代以"东方红出版社"名义出版了俄文版和英汉对照本《毛主席语录》。改革开放后的商务印书馆乘着改革的春风，推出了中国改革开放后第一本《汉英词典》，成立了中国目前唯一一家合资的图书出版企业——商务印书馆国际有限公司，率先开展国际合作，奠定了双语词典出版的权威地位。进入新时期，商务印书馆不断顺应着时代发展变化的大势，顺应着社会发展进步的大势，以内容创新为核心，以现代的科学技术和管理方法，开启了跨越式发展的新篇章。120 年间，商务印书馆始终处于先进文化和先进思想的最前沿，引领时代不断前行。

商务文化还是人才文化，120 年间商务印书馆走过的每一步都是仰仗着智慧勤勉的众多人才得以实现。从夏瑞芳力邀张元济加入商务印书馆开始，张元济又多方求贤，使高梦旦、杜亚泉、蒋维乔、庄百俞、谢仁冰、寿孝天、黄元吉等一大批知识分子先后加入商务，还吸引了包括蔡元培、严复和林纾等众多思想进步的知名人士成为商务印书馆的员工或作者，从此商务印书馆便成为知识分子施展才华、实现理想抱负的重要舞台，一直延续至今。商务印书馆对于人才的重视还表现在培养年轻人和队伍建设方面。早期开办师范讲习班、函授学校、附属小学、养真幼稚园等各级教育机构，并且专门安排年轻员工学习书法、珠算、印刷等各种技艺；多年来始终坚持的老带新的培训方式，近年来也固定成为更加科学严谨的"新员工导师制"，全员培训的制度化使得编辑队伍的素质更加符合时代需求。一代代知识分子在商务印书馆的大舞台上实现着"昌明教育，开启民智"的远大理想，商务印书馆的文化中也会永远镌刻着每一代商务人奋斗的足迹。

数百年旧家无非积德，第一件好事还是读书。120年，商务印书馆见证、参与了中华民族从羸弱到复兴的全部征程，并成为中国现代文化的开启者和引领者。能够做到这一点，根本原因就在于商务印书馆始终不变的文化传承。她传承的是视野、是品格、是担当，是一以贯之的企业之魂。商务人用匠人的专注与执着、学者的智慧与才情、商人的果敢与敏锐、智者的远见、诗人的浪漫，打造了一个个泽被后世的传世佳作，谱写出一段段引领时代潮流的文化礼赞。这样一种传承，看似无形，实则蕴含着无与伦比的强大思想和力量，推动着商务印书馆乃至中国和中国文化一路向前……

数百年旧家无非积德
第一件好事还是读书

张元济

张元济字

（商务印书馆）